丝绸之路钱币图鉴

之路 钱币图鉴 丝绸

SICHOU ZHILU QIANBI TUJIAN

王涛／编著

陕西师范大学出版总社　西安

图书代号　SK24N0976

图书在版编目（CIP）数据

　　丝绸之路钱币图鉴 / 王涛编著. —西安：陕西师范
大学出版总社有限公司，2024.8
　　ISBN 978-7-5695-3491-7

　　Ⅰ . ①丝⋯　Ⅱ . ①王⋯　Ⅲ . ①货币—世界—图集
Ⅳ . ①F821-49

　　中国国家版本馆 CIP 数据核字(2023)第 008102 号

丝 绸 之 路 钱 币 图 鉴
SICHOUZHILU QIANBI TUJIAN

王　涛　编著

出　版　人	刘东风
出版统筹	曹联养　侯海英
责任编辑	景　明
责任校对	张爱林
出版发行	陕西师范大学出版总社
	（西安市长安南路 199 号　邮编 710062）
网　　址	http://www.snupg.com
印　　刷	中煤地西安地图制印有限公司
开　　本	787 mm × 1092 mm　1/16
印　　张	41.75
字　　数	650 千
版　　次	2024 年 8 月第 1 版
印　　次	2024 年 8 月第 1 次印刷
书　　号	ISBN 978-7-5695-3491-7
定　　价	860.00 元

读者购书、书店添货或发现印装质量问题，请与本公司营销部联系、调换。
电话：（029）85307864　85303635　传真：（029）85303879

绪　论

19世纪，德国地理学家李希霍芬在地图上画了一条线，揭开了一条古代中国经中亚通往南亚、西亚、欧洲及北非贸易通道的神秘面纱，这就是我们常说的丝绸之路。丝绸之路自古有之，从公元前2世纪起，中国的丝绸、茶叶、铜器和漆器以及中东、中亚、印度等地的玻璃、宝石、香料和马匹等商品一起，沿着这条商路来来往往，川流不息。丝绸之路历经2000千多年，对古代中国、印度、伊朗以及亚洲腹地和地中海周围许多国家的政治、经济、文化产生了极大的影响，是希腊文化、波斯文化、印度文化、伊斯兰文化等和中国文化的文明交汇点。体现了人类跨越阻隔、交流互鉴的胆识和毅力，在古代东西方文明交流交往历史中写下重要篇章。

长期以来，伴随着丝绸之路贸易商旅的足迹，在丝路沿线留存下众多的各种钱币，这直接见证了丝绸之路贸易的繁荣和兴盛。历史上沿途各国制造发行的多样钱币，客观记录了当时的政治、经济、文化、科技、对外交流等内容以及沿线各王朝政权的更替、语言文字的变迁、民俗宗教的传播等多方面的历史文化信息。各种货币在流通中的文化传播、交流、借鉴和融合的结果，是亚欧大陆多元文化交流的重要见证。由于丝绸之路上的历史古国留存下来的历史文献相对匮乏，丝绸之路钱币的历史佐证作用尤显突出，是丝绸之路宝贵的文化遗产，具有极其重要的历史价值。所以丝绸之路既是一条商贸之路，也是一条钱币之路。

丝绸之路上的不少古国曾焕发出绚丽的光彩，可以说，如果对古代丝绸之路没有作深入研究，那么对古代亚欧历史的了解就不算完整和全面。而在丝绸之路历史的研究中，古代钱币的收集、解读、分析与研究，是不可或缺的重要一环。钱币虽小，但其记录下的信息极为丰富，钱币对人们认知和了解丝绸之路的历史文化、政治、经济、宗教及艺术等许多方面，发挥出无可替代的作用。

世界上最古老的金属钱币大约出现于公元前6世纪小亚细亚的吕底亚王国，随着周边国家逐步意识到钱币在贸易流通中的方便性，钱币形式和制作工艺迅速向周边地区传播。东部伊朗高原的阿契美尼德王朝、西部的古希腊各城邦国家均受其影响，也在公元前6—前5世纪开始铸造钱币。古希腊由于城邦商业贸易的需要，打制了大量设计精美的金银币。古希腊金银币的设计风格顺着地中海沿岸，向东影响到了中东至印度的广大地区。

中国在商周时期就出现了布币、刀币、圜钱等多种货币体系，秦统一之后，圆形方孔钱成为通用货币，并一直沿用至民国以前。周边国家，如日本、朝鲜、越南等东亚很多国家的货币体系都受到了中国的影响。随着丝绸之路上东西方贸易交流的日趋频繁，价值大、体量小、便于结算和携带的金银钱币，成为丝绸之路上跨地域、国家和文化的通用货币。以钱币的制作工艺来区分，世界钱币文化可以分为两大类：一是以浇铸法加工为特点的东方钱币文化，如中国古代铸币；二是以打压法制作为代表的西方钱币文化，如古代希腊、印度以及伊斯兰钱币。丝绸之路西端的中亚、西亚及欧洲等国使用的打制钱币，与东亚以中国为主的浇铸方孔钱形成了鲜明的对比，反映了东西方文化、技术、审美等方面的不同。

本书以历史脉络为线，以古钱币为珠，重新串起丝绸之路古国的璀璨，通过一枚枚钱币，探寻丝绸之路上古国的一段段跌宕起伏的历史。丝绸之路钱币是丝绸之路悠久历史文化的见证，涉及历史、政治、经济、文化、艺术、民族、民俗、宗教、语言文字等多方面内容，是丝绸之路留给我们的珍贵物质文化遗产。

本书共收录丝绸之路125个古国的金、银、铜币，绝大部分是笔者的收藏品，共计3189枚。从公元前6世纪的阿赫美尼德王朝钱币到公元19世纪的浩罕汗国伊斯兰式钱币，时代跨越近2500年。这些钱币有西方的打制金银币、东方的浇铸圆形方孔钱，种类多样、内涵丰富。本书以高清的图片、准确而翔实的说明文字，对丝绸之路钱币的外延及内涵进行细致的考证和注释。以期此书抛砖引玉，为丝绸之路历史文化研究贡献自己的绵薄之力。

序 一

近闻王涛《丝绸之路钱币图鉴》一书即将付梓，甚为之高兴。

王涛是国内知名的丝绸之路钱币收藏家，受钱币文化之吸引，早在中学时代他就步入了钱币收藏领域。1990年，在新疆艺术学院、中央工艺美术学院深造之后，他对钱币与钱币收藏有了更深入的认识：钱币是一个时代历史、政治与经济的凝聚物，一枚小小的钱币集文化、艺术、科技及人文地理于一体，尤其是丝绸之路上的钱币，还蕴涵了中西交通、文化传播与融合等方面的重要信息。于是，从1997年起，他便醉心于对丝路钱币的收藏、整理与研究。

丝绸之路上的钱币涵盖了丝路沿线的许多古国，有些早已绝迹，涉及的历史人文知识非常广泛而深奥，对一个没有受过中亚、西亚的历史、语言、文字、考古等方面知识训练的年轻人来说，困难之多不言而喻。尤其是多种古代文字的识读，如佉卢文、婆罗米文、巴列维文、希腊文、贵霜文、阿拉伯文、波斯文等，虽然以往的钱币研究者已经在文字识读方面做了大量的工作，但还是有不少钱币文字难以识读或识读有误，有些既行的识读还与历史人文对应不上。为此，王涛一方面潜心请教国内外有关专家，另一方面发挥自己在钱币实物方面多年积累的优势，并托人从英国、美国、法国、日本等地购买相关图书资料刻苦钻研，从而建立起一套独特的解读途径，即通过钱币正、背面两种文字的发音比对，寻求识读的方法。由此，他在佉卢文和库法体阿拉伯文的识读工作中取得了成效，解决了不少疑难问题。再就是对丝绸之路钱币上经常遇到的符号和象征性器物的解读。对此，王涛花力气、下功夫翻阅大量文献，并结合钱币实物作反复的比对，终于破解了诸如贵霜王朝钱币上器物的由来及含义等一系列问题。

2013年，习近平总书记提出"一带一路"倡议后，王涛意识到，收藏研究丝绸之路钱币的意义重大。古代丝绸之路上，有许多古国早已不复存在，但有钱币留存下来，通过研究钱币实物，我们可以揭开那些被尘封了的古国历史，追寻古国的历史足迹；通过这些钱币，我们可以了解当时国与国之间的贸易与往来，追寻人类历史上的不同信仰、不同文化、不同国别之间互惠互通、共同发展的辉煌印记。于是，他觉得有必要出一本关于丝绸之路钱币方面的书，把自己收藏、研究丝绸之路钱币的收获发表出来，一来便于与业内同好交流，二来为从事"一带一路"及相关工作研究者提供参考。2017年我去新疆出差与王涛见面时，他的这项工作刚刚启动，经过多年的努力，这项研究成果即将要与读者见面了，可喜可贺！

《丝绸之路钱币图鉴》共收录古代丝绸之路上的古国金银铜币共3189枚，是王涛收藏、研究丝绸之路钱币20余年积累、感悟之汇集；书中，百分之九十九的钱币实物出自其本人藏品，其中有很多珍稀品种在国内尚属首次披露，尤其是本书在贵霜王朝钱币、贵霜萨珊钱币、印度印记币及伊斯兰钱币方面颇具特色，融合了作者诸多最新的研究成果，并附有手绘徽记、古文字比对及丝路古国大事年表等。我们相信，此书的出版不仅给广大丝路钱币收藏爱好者带来了福音，为中西交通史研究者、边界史地研究者提供了借鉴，同时也为贯彻"一带一路"倡议的相关工作提供了有益的参考。

周卫荣

中国钱币博物馆馆长

中国钱币学会秘书长

2020年8月25日

序 二

　　王涛先生的巨著《丝绸之路钱币图鉴》即将问世，这是我国钱币界企盼已久的一大喜讯。喜从心来，欣然提笔。

　　我原是"理工男"，20世纪80年代在英国访问期间受到启发，开始对世界钱币感兴趣。合写了几本介绍近现代世界钱币的读物后，转入译介世界古钱币，特别是丝绸之路钱币领域。2001年首次出版了《古希腊罗马币鉴赏》。接着陆续出版了《拜占庭币》（2004年）、《古波斯币》（2006年）、《古中亚币》（2008年）、《印度币》（2011年）、《古希腊币》（2013年）、《古罗马币》（2013年）。在此过程中，我结识了许多国内外世界古钱币爱好者、收藏家和钱币商，其中包括王涛先生。2012年我曾有幸与他在他的寓所愉快相聚，此后便书信往来不断。

　　王涛先生这本巨著的出版兼得"天时、地利、人和"之益。所谓"天时"是指2013年习近平总书记提出了"一带一路"伟大倡议，有关丝绸之路的各类研究便成为了热点，丝绸之路钱币也成为钱币学领域中的瞩目课题；所谓"地利"是指王涛先生身居新疆乌鲁木齐市，与中亚多国相邻，得以接触各方钱币商人，搜购中亚传世及出土珍稀钱币；所谓"人和"是指王涛先生年富力强、家庭和睦、广交币友，拥有强大的经济基础。

　　王涛先生这本巨著有以下三个特点：一是覆盖面广，内容丰富。不但包括传统的丝绸之路古国钱币，而且还有国内少见的伊斯兰币、印度币，许多币图可能是国内首发；二是藏品精湛，美不胜收。三千多枚钱币中99%为作者自藏，其中不乏稀缺币品。绝大部分钱币品相完美，铭文清晰，可谓集精品珍品之大成；三是资料完整，解读正确。每枚钱币均有简明的历史介绍：钱币打制年代、材质、重量、尺寸等数据和钱币的铭文解读，便于读者查找、引用。正、背面币图彩色精印，落落大方。

可以毫不夸大地说，迄今为止本书为我国丝绸之路钱币收藏家中最为丰富、完整的图鉴。它一方面反映了王涛先生本人的学识、经济能力、坚韧不拔和乐于追寻的勇气与毅力；另一方面也反映了改革开放后短短几十年内，我国在钱币学，特别是丝绸之路钱币学方面的飞速发展和赶超世界水平的可喜兆头。

我已耄耋，曾数度催促此书早日问世，以便拜读。今日如愿以偿，乐为之序。

李铁生于呼和浩特

2020年8月

目 录

阿契美尼德王朝

阿契美尼德王朝,又称波斯"第一帝国"。于公元前559年由居鲁士二世统一波斯后建立。居鲁士二世击败了当时统治波斯的米底亚人,使波斯成为一个强盛的帝国。到了大流士一世时期,帝国疆域得到了空前的发展。

居鲁士二世死后,其子冈比西斯二世继任王位。冈比西斯二世于公元前525年在埃及建立了第二十七个王朝。

接续大流士一世的分别是薛西斯一世、阿塔薛西斯一世、薛西斯二世和大流士二世。其中,薛西斯二世执政时间只有45天。在他们之后接任的是阿塔薛西斯二世。

公元前359年,阿塔薛西斯三世登基。

公元前330年,阿契美尼德王朝灭亡。

表001　阿契美尼德王朝世系表

序号	王名	在位年代
1	阿契美尼斯	约公元前 700 – 前 675 年
2	居鲁士二世	约公元前 559 – 前 530 年
3	冈比西斯二世	约公元前 530 – 前 522 年
4	大流士一世	约公元前 522 – 前 486 年
5	薛西斯一世	约公元前 486 – 前 465 年
6	阿塔薛西斯一世	约公元前 465 – 前 424 年
7	薛西斯二世	约公元前 424 – 前 423 年
8	大流士二世	约公元前 423 – 前 404 年
9	阿塔薛西斯二世	约公元前 404 – 前 359 年
10	阿塔薛西斯三世	约公元前 359 – 前 338 年
11	阿尔塞斯	约公元前 338 – 前 336 年
12	大流士三世	约公元前 336 – 前 330 年

阿塔薛西斯一世—薛西斯二世

约公元前485—前420年。正面是有须国王头戴芒冠，左手持弓，右手持矛，面右半跪像。背面不规则凹印。

0001　1西格罗斯银币 5.6克，15.5毫米　　　　0002　1西格罗斯银币 5.4克，14.2毫米

阿塔薛西斯三世

约公元前400—前333年。正面是有须国王头戴芒冠，左手持弓，右手持矛，面右半跪像。背面龟甲型凹印。

0003 1大流克金币 8.1克，15.1毫米   0004 2大流克金币 16.0克，17.0毫米

阿塔薛西斯三世—大流士三世

公元前375—前340年。正面是有须国王头戴芒冠，左手持弓，右手持匕首，面右半跪像。背面方形凹印。

0005 1西格罗斯银币 5.5克，14.0毫米   0006 1西格罗斯银币5.3克，16.1毫米

安息王朝

安息王朝，也称作帕提亚，起源于里海东南的达赫地区塞克游牧民族的帕尔尼部族。汉朝取其开国者阿萨克斯的汉语音译"安息"作为国名，安息王朝与汉朝关系密切，是丝绸之路的必经之地。

公元前323年，亚历山大三世去世，其建立的亚历山大帝国瓦解，分裂为三个希腊化王朝，一是欧洲的马其顿王朝，二是北非的托勒密王朝，三是西亚的塞琉古王朝。

安息王朝在米特拉达特斯一世时强大起来，他自称"爱希腊者"。从米特拉达特斯一世到米特拉达特斯二世是安息王朝最强盛的时期。爱希腊时代终结于奥罗奈斯一世统治时期，这时安息王朝在西方与罗马帝国时有战争，在东方有新兴起来的大月氏及后继者贵霜王朝的压力，王朝开始走向衰落。

表002　安息王朝世系表

序号	王名	在位年代
1	阿萨克斯一世	约公元前 247 – 前 211 年
2	阿萨克斯二世	约公元前 211 – 前 191 年
3	弗雷亚帕蒂乌斯	约公元前 191 – 前 176 年
4	弗拉特斯一世	约公元前 176 – 前 171 年
5	米特拉达特斯一世	约公元前 171 – 前 138 年
6	弗拉特斯二世	约公元前 138 – 前 127 年
7	阿塔巴努斯一世	约公元前 127 – 前 127 年
8	米特拉达特斯二世	约公元前 123 – 前 88 年
9	戈塔泽斯一世	约公元前 95 – 前 90 年
10	奥罗德斯一世	约公元前 90 – 前 80 年
11	未知国王	约公元前 80 – 前 70 年
12	西纳特鲁克斯	约公元前 77 – 前 70 年
13	大流士	约公元前 70 年
14	弗拉特斯三世	约公元前 70 – 前 57 年
15	米特拉达特斯三世	约公元前 57 – 前 54 年
16	奥罗德斯二世	约公元前 57 – 前 38 年
17	帕柯罗斯一世	约公元前 39 年
18	弗拉特斯四世	约公元前 38 – 前 2 年
19	特里达特斯一世	约公元前 29 – 前 27 年
20	弗拉特克斯	约公元前 2 – 公元 4 年
21	奥罗德斯三世	公元 6 年
22	奥罗奈斯一世	约公元 8 – 12 年
23	阿塔巴努斯二世	约公元 10 – 38 年
24	瓦尔达尼斯一世	约公元 40 – 45 年
25	戈塔泽斯二世	约公元 40 – 51 年
26	奥罗奈斯二世	约公元 51 年
27	奥罗伽西斯一世	约公元 51 – 78 年
28	瓦尔达尼斯二世	约公元 55 – 58 年

续表

序号	王名	在位年代
29	奥罗伽西斯二世	约公元 77 - 80 年
30	帕柯罗斯二世	约公元 78 - 105 年
31	阿塔巴努斯三世	约公元 80 - 81 年
32	奥罗伽西斯三世	约公元 105 - 147 年
33	奥斯罗斯一世	约公元 109 - 129 年
34	帕萨马斯帕特斯	约公元 116 年
35	米特拉达特斯四世	约公元 140 年
36	奥罗伽西斯四世	约公元 147 - 191 年
37	奥斯罗斯二世	约公元 190 年
38	奥罗伽西斯五世	约公元 191 - 208 年
39	奥罗伽西斯六世	约公元 208 - 228 年
40	阿塔巴努斯四世	约公元 216 - 224 年

米特拉达特斯一世

约公元前171-前138年。正面国王头戴尖顶风帽，面左胸像。背面牧人持弓，面右坐于脐石上，两侧币文"阿萨克斯国王"。

0007　1德拉克马银币 3.5克，19.7毫米　　　　0008　1德拉克马银币 3.9克，20.2毫米

弗拉特斯二世

约公元前138-前127年。正面国王束头带，面左胸像。背面牧人持弓，面右坐于脐石上，两侧币文"尊父为神的大王阿萨克斯"。

0009　1德拉克马银币 3.5克，18.7毫米　　　　0010　1德拉克马银币 4.0克，18.7毫米

0011　1德拉克马银币　3.4克，17.9毫米

阿塔巴努斯一世

约公元前127—前124年。正面国王束头带，面左胸像。背面牧人持弓，面右坐于脐石上，币文"尊父为神的大王阿萨克斯"。

0012　1德拉克马银币　4.3克，19.6毫米

米特拉达特斯二世（一）

约公元前123—前88年。正面国王束头带，面左胸像。背面牧人持弓，面右坐于脐石上，币文"伟大的国王阿萨克斯，显贵者"。

0013　1德拉克马银币，3.5克，19.2毫米　　　0014　1德拉克马银币　4.0克，20.7毫米

0015　1德拉克马银币　4.3克，19.4毫米　　　0016　1德拉克马银币　3.8克，19.4毫米

米特拉达特斯二世（二）

正面国王束头带，面左胸像。背面牧人持弓，面右坐于椅凳上，币文"王中之王阿萨克斯"。

0017　1德拉克马银币　3.9克，19.4毫米　　　　0018　1德拉克马银币　4.0克，20.0毫米

0019　1德拉克马银币　4.1克，20.6毫米

米特拉达特斯二世（三）

正面国王束头带，面左胸像。背面是马头图案，币文"伟大的国王阿萨克斯，显贵者"。

0020　4查卡铜币　4.9克，17.7毫米

米特拉达特斯二世（四）

正面国王戴有3道珠圈及1颗芒星的圆顶冠，面左胸像。背面牧人持弓，面右坐于椅凳上，币文"伟大的国王阿萨克斯，显贵者"。

0021　1德拉克马银币　3.8克，19.4毫米　　　　0022　1德拉克马银币　4.0克，20.1毫米

0023　1德拉克马银币 4.0克，19.4毫米　　　　0024　1德拉克马银币 4.1克，19.0毫米

0025　1德拉克马银币 4.1克，18.7毫米

米特拉达特斯二世（五）

正面国王戴有3道珠圈及1颗芒星的圆顶冠，面左胸像。背面右向有翼飞马，币文"伟大的王中之王阿萨克斯，显贵者"。

0026　2查卡铜币 2.5克，14.3毫米

戈塔泽斯一世

约公元前95-前90年。正面国王戴有3道珠圈及1个尖角的圆顶冠，面左胸像，圆顶冠外围有一圈牡鹿图案。背面牧人持弓，面右坐于椅凳上，币文"伟大的国王阿萨克斯，尊父为神的征服者"。

0027　1德拉克马银币 4.2克，18.3毫米　　　　0028　1德拉克马银币 4.1克，20.2毫米

奥罗德斯一世

约公元前90—前80年。正面国王戴有3道珠圈及1颗芒星的圆顶冠，面左胸像。背面牧人持弓，面右坐于椅凳上，币文"伟大的国王阿萨克斯，爱父亲者，独裁统治者，爱希腊者，显贵者"。

0029　1德拉克马银币 3.9克，20.2毫米　　　0030　1德拉克马银币 3.9克，18.7毫米

0031　1德拉克马银币 4.2克，19.5毫米　　　0032　1德拉克马银币 4.1克，20.4毫米

0033　1德拉克马银币 4.1克，19.9毫米

未知国王

约公元前80—前70年。正面国王束头带，面左胸像。背面牧人持弓，面右坐于椅凳上，币文"伟大的国王阿萨克斯，尊父为神的，施恩者，显贵者，爱希腊者"。

0034　1德拉克马银币 3.9克，18.6毫米　　　0035　1德拉克马银币 3.3克，19.3毫米

0036 1德拉克马银币 3.9克，17.9毫米

大流士（一）

约公元前70年。正面国王束头带，面左胸像。背面牧人持弓，面右坐于椅凳上，币文"伟大的国王阿萨克斯，显贵者，爱希腊者，爱父亲者，施恩者"。

0037 1德拉克马银币 3.7克，20.5毫米

大流士（二）

正面国王束头带，正面胸像。背面右向立马，币文"伟大的国王阿萨克斯，尊父为神的，施恩者，显贵者，爱希腊者"。

0038 4查卡铜币 4.1克，16.4毫米

大流士（三）

正面国王束头带，面左胸像，头后有奈克女神为其加冕。背面右向立马，币文"伟大的国王阿萨克斯，爱父亲者，施恩者，显贵者，爱希腊者"。

0039 2查卡铜币 2.4克，20.4毫米

弗拉特斯三世（一）

约公元前70–前57年。正面国王束头带，面左胸像。背面牧人持弓，面右坐于椅凳上，币文"伟大的国王阿萨克斯，施恩者，显贵者，爱希腊者"。

0040 1德拉克马银币 4.1克，20.5毫米   0041 1德拉克马银币 4.0克，18.7毫米

0042 1德拉克马银币 4.1克，21.0毫米

弗拉特斯三世（二）

正面国王戴有3道珠圈及1个尖角的圆顶冠，面左胸像，圆顶冠外有一圈牡鹿图案。背面牧人持弓，面右坐于椅凳上，币文"伟大的国王阿萨克斯，施恩者，显贵者，爱希腊者"。

0043 1德拉克马银币 4.0克，20.2毫米   0044 1德拉克马银币 4.1克，19.1毫米

0045 1德拉克马银币 4.0克，19.0毫米   0046 1德拉克马银币 4.0克，20.3毫米

米特拉达特斯三世

约公元前57-前54年。正面国王束头带，面左胸像。背面牧人持弓，面右坐于椅凳上，币文"伟大的国王阿萨克斯，显贵者，爱希腊者，尊贵的父亲，正直者"。

0047　1德拉克马银币　3.7克，19.4毫米

0048　1德拉克马银币　3.8克，19.6毫米

0049　1德拉克马银币　4.0克，19.6毫米

0050　1德拉克马银币　4.0克，20.2毫米

0051　1德拉克马银币　4.0克，18.9毫米

奥罗德斯二世（一）

约公元前57-前38年。正面国王束头带，面左胸像。背面牧人持弓，面右坐于椅凳上，币文"王中之王阿萨克斯，爱父亲者，正直者，显贵者，爱希腊者"。

0052　1德拉克马银币　4.1克，18.9毫米

0053　1德拉克马银币　4.0克，18.9毫米

0054　1德拉克马银币　4.0克，19.7毫米

奥罗德斯二世（二）

正面国王束头带，面左胸像。背面牧人持弓，面右坐于椅凳上，币文"王中之王阿萨克斯，施恩者，正直者，显贵者，爱希腊者"。

0055　1德拉克马银币　4.0克，18.8毫米

奥罗德斯二世（三）

正面国王束头带，面左胸像，头后有一月纹。背面牧人持弓，面右坐于椅凳上，币文"王中之王阿萨克斯，施恩者，正直者，显贵者，爱希腊者"。

0056　1德拉克马银币　4.0克，19.5毫米

0057　1德拉克马银币　3.9克，18.1毫米

0058　1德拉克马银币　4.1克，18.3毫米

0059　1德拉克马银币　4.0克，18.9毫米

奥罗德斯二世（四）

正面国王束头带，面左胸像，头前有一星纹，头后有一月纹。背面牧人持弓，面右坐于椅凳上，币文"王中之王阿萨克斯，施恩者，正直者，显贵者，爱希腊者"。

0060　1德拉克马银币　4.1克，19.0毫米

0061　1德拉克马银币　4.0克，20.1毫米

奥罗德斯二世（五）

正面国王束头带，面左胸像，颈部有双翼马头鱼尾神兽项饰，头前有一星纹，头后有一星纹一月纹。背面牧人持弓，面右坐于椅凳上，币文不可读。

0062　1德拉克马银币 3.9克，18.5毫米　　　　0063　1德拉克马银币 3.9克，17.5毫米

弗拉特斯四世（一）

约公元前38–前2年。正面国王束头带，面左胸像，头后有奈克女神化身为鹰为其加冕。背面牧人持弓，面右坐于椅凳上，币文"王中之王阿萨克斯，施恩者，正直者，显贵者，爱希腊者"。

0064　1德拉克马银币 4.0克，17.4毫米　　　　0065　1德拉克马银币 4.0克，19.7毫米

0066　1德拉克马银币 4.0克，18.0毫米　　　　0067　1德拉克马银币 4.0克，18.4毫米

0068　1德拉克马银币 3.7克，17.4毫米

弗拉特斯四世（二）

正面国王束头带，面左胸像。背面弗拉特斯四世面左坐于王座上，右手持杖，左手托住奈克女神化身为鹰为其加冕。币文"王中之王阿萨克斯，施恩者，正直者，显贵者，爱希腊者"。

0069　4德拉克马银币　14.6克，27.1毫米

弗拉特斯四世（三）

正面国王束头带，面左胸像，头前有一月纹，头后有奈克女神化身为鹰为其加冕。背面牧人持弓，面右坐于椅凳上，币文"王中之王阿萨克斯，施恩者，正直者，显贵者，爱希腊者"。

0070　1德拉克马银币　3.7克，16.7毫米

0071　1德拉克马银币　3.1克，17.2毫米

弗拉特斯四世（四）

正面国王束头带，面左胸像，头前有一星纹，头后有奈克女神化身为鹰为其加冕。背面牧人持弓，面右坐于椅凳上，币文"王中之王阿萨克斯，施恩者，正直者，显贵者，爱希腊者"。

0072　1德拉克马银币　3.7克，17.0毫米

0073　1德拉克马银币　3.8克，18.7毫米

弗拉特斯四世（五）

正面国王束头带，面左胸像，头前有一星纹一月纹，头后有奈克女神化身为鹰为其加冕。背面牧人持弓，面右坐于椅凳上，币文"王中之王阿萨克斯，施恩者，正直者，显贵者，爱希腊者"。

0074 1德拉克马银币 3.5克，17.3毫米

0075 1德拉克马银币 3.8克，17.5毫米

0076 1德拉克马银币 3.8克，17.2毫米

0077 1德拉克马银币 3.4克，17.8毫米

弗拉特克斯（一）

约公元前2-公元4年。正面国王束头带，面左胸像，头前有一星纹和一月纹，头后有奈克女神为其加冕。背面牧人持弓，面右坐于椅凳上，币文不可读。

0078 1德拉克马银币 3.6克，17.0毫米

0079 1德拉克马银币 3.7克，15.9毫米

弗拉特克斯（二）

正面国王束头带，面左胸像，头前和头后都有奈克女神为其加冕。背面为王后穆萨，面左胸像，币文"乌兰尼娅女神，王后穆萨"。

0080 1德拉克马银币（低银） 3.5克，18.0毫米

奥罗奈斯一世

约公元8-12年。正面国王束头带，面左胸像，外圈有文字"国王奥罗奈斯"。背面有右行手持棕榈枝的奈克女神，币文"国王奥罗奈斯，阿塔巴努斯的征服者"。

0081　1德拉克马银币　3.5克，17.9毫米

0082　1德拉克马银币　3.9克，19.2毫米

0083　1德拉克马银币　3.6克，19.5毫米

阿塔巴努斯二世

约公元10-38年。正面国王束头带，面左胸像，头前有一星纹和一月纹。背面牧人持弓，面右坐于椅凳上，币文"王中之王阿萨克斯，施恩者，正直者，显贵者，爱希腊者"。

0084　1德拉克马银币　3.7克，17.9毫米

0085　1德拉克马银币　3.3克，19.1毫米

0086　1德拉克马银币　3.5克，17.5毫米

瓦尔达尼斯一世（一）

约公元40-45年。正面国王束头带，面左胸像。背面牧人持弓，面右坐于椅凳上，币文不可读。

0087　1德拉克马银币　3.5克，21.5毫米

瓦尔达尼斯一世（二）

正面国王束头带，面左胸像。背面瓦尔达尼斯一世面右坐于王座上，右侧堤喀女神，左手握丰饶角，右手给国王递棕榈枝，币文"王中之王阿萨克斯，施恩者，正直者，显贵者，爱希腊者"。

0088　4德拉克马银币　14.5克，27.2毫米　　　　0089　4德拉克马银币　14.5克，25.6毫米

0090　4德拉克马银币　14.4克，27.3毫米

戈塔泽斯二世（一）

约公元40-51年。正面国王束头带，面左胸像。背面牧人持弓，面右坐于椅凳上，币文"王中之王阿萨克斯，施恩者，正直者，显贵者，爱希腊者"。

0091　1德拉克马银币　3.6克，20.9毫米　　　　0092　1德拉克马银币　3.8克，18.9毫米

0093　1德拉克马银币　3.8克，18.5毫米　　　　0094　1德拉克马银币　3.9克，19.3毫米

戈塔泽斯二世（二）

正面国王束头带，面左胸像。背面为瓦尔达尼斯一世，面右坐于王座上，右侧有堤喀女神，左手握丰饶角，右手拿花环为国王加冕，币文"王中之王阿萨克斯，施恩者，正直者，显贵者，爱希腊者"。

0095　4德拉克马银币　14.5克，25.5毫米　　0096　4德拉克马银币　14.4克，25.7毫米

0097　4德拉克马银币　14.5克，25.4毫米

奥罗奈斯二世

约公元51年。正面国王戴圆顶冠，正面胸像，左右两侧各有一颗六芒星。背面牧人持弓，面右坐于椅凳上，币文不可读。

0098　1德拉克马银币　3.7克，18.5毫米　　0099　1德拉克马银币　3.7克，19.4毫米

0100　1德拉克马银币　3.7克，20.6毫米

奥罗伽西斯一世（一）

约公元51-78年。正面国王束头带，面左胸像。背面牧人持弓，面右坐于椅凳上，币

文"王中之王阿萨克斯，施恩者，正直者，显贵者，爱希腊者"。

0101　1德拉克马银币 3.5克，19.3毫米　　　　0102　1德拉克马银币 3.6克，18.9毫米

奥罗伽西斯一世（二）

正面国王束头带，面左胸像，右侧有2个阿拉米字母为国王名讳"奥罗伽西斯"简写。背面牧人持弓，面右坐于椅凳上，币文不可读。

0103　1德拉克马银币 3.7克，19.1毫米　　　　0104　1德拉克马银币 3.3克，18.9毫米

奥罗伽西斯一世（三）

正面国王束头带，面左胸像。背面为奥罗伽西斯一世，面左坐于王座上，左侧有堤喀女神，左手握权杖，右手拿花环为国王加冕，币文"王中之王阿萨克斯，施恩者，正直者，显贵者，爱希腊者"。

0105　4德拉克马银币 14.3克，26.3毫米

瓦尔达尼斯二世（一）

约公元55-58年。正面国王束头带，面左胸像。背面牧人持弓，面右坐于椅凳上，币文不可读。

0106　1德拉克马银币 3.6克，20.5毫米　　　　0107　1德拉克马银币 3.6克，17.3毫米

瓦尔达尼斯二世（二）

正面国王束头带，面左胸像。背面为瓦尔达尼斯二世，面左坐于王座上，左侧有堤喀女神，左手握权杖，右手拿花环为国王加冕，币文"王中之王阿萨克斯，施恩者，正直者，显贵者，爱希腊者"。

0108　4德拉克马银币 13.9克，25.8毫米

奥罗伽西斯二世

约公元77-80年。正面国王戴圆顶冠，面左胸像，冠顶有钩状饰物。背面牧人持弓，面右坐于椅凳上，币文不可读。

0109　1德拉克马银币 3.5克，19.2毫米　　　　0110　1德拉克马银币 2.9克，20.1毫米

0111　1德拉克马银币 3.6克，22.9毫米

帕柯罗斯二世（一）

约公元78-105年。正面国王束头带，面左胸像。背面牧人持弓，面右坐于椅凳上，币文不可读。

0112　1德拉克马银币　3.4克，18.0毫米　　　0113　1德拉克马银币　3.7克，18.5毫米

帕柯罗斯二世（二）

正面国王束头带，面左胸像。背面为帕柯罗斯二世，面左坐于王座上，左侧有堤喀女神，左手握权杖，右手拿花环为国王加冕，币文"王中之王阿萨克斯，帕柯罗斯，正直者，显贵者，爱希腊者"。

0114　4德拉克马银币　13.6克，27.3毫米

奥罗伽西斯三世

约公元105-147年。正面国王束头带，面左胸像。背面牧人持弓，面右坐于椅凳上，币文不可读。

0115　1德拉克马银币　3.5克，18.1毫米　　　0116　1德拉克马银币　3.5克，18.8毫米

0117　1德拉克马银币　3.7克，18.6毫米

0118　1德拉克马银币　3.7克，19.1毫米

0119　1德拉克马银币　3.7克，18.8毫米

米特拉达特斯四世

约公元140年。正面国王束头带，面左胸像。背面牧人持弓，面右坐于椅凳上，希腊文不可读，阿拉米文"米特拉达特斯"。

0120　1德拉克马银币　3.4克，17.8毫米

0121　1德拉克马银币　3.2克，17.3毫米

0122　1德拉克马银币　3.7克，18.2毫米

0123　1德拉克马银币　3.1克，18.7毫米

奥罗伽西斯四世

约公元147-191年。正面国王戴圆顶冠，面左胸像，冠顶有半圈星纹装饰。背面牧人持弓，面右坐于椅凳上，希腊文不可读，阿拉米文"国王奥罗伽西斯"。

0124　1德拉克马银币 3.5克，19.5毫米

0125　1德拉克马银币 3.7克，19.3毫米

0126　1德拉克马银币 3.7克，18.9毫米

0127　1德拉克马银币 3.8克，18.3毫米

奥斯罗斯二世

　　约公元190年。正面国王戴圆顶冠，面左胸像，冠顶有半圈星纹装饰。背面牧人持弓，面右坐于椅凳上，希腊文不可读，阿拉米文"国王奥斯罗斯"。

0128　1德拉克马银币 3.7克，19.3毫米

0129　1德拉克马银币 3.3克，17.4毫米

0130　1德拉克马银币 3.7克，19.4毫米

0131　1德拉克马银币 3.8克，18.7毫米

奥罗伽西斯五世

　　约公元191-208年。正面国王束头带，正面胸像。背面牧人持弓，面右坐于椅凳上，币文不可读。

0132　1德拉克马银币　3.9克，18.7毫米

奥罗伽西斯六世

约公元208-228年。正面国王戴圆顶冠，面左胸像，冠顶有半圈星纹装饰，右侧2个阿拉米字母为国王名讳"奥罗伽西斯"简写。背面牧人持弓，面右坐于椅凳上，币文不可读。

0133　1德拉克马银币　3.7克，18.1毫米

0134　1德拉克马银币　3.7克，19.8毫米

0135　1德拉克马银币　3.6克，20.1毫米

0136　1德拉克马银币　3.7克，19.2毫米

安息式人物宝石印章戒面

红色石榴石雕刻，留安息式发型的人物，正面胸像。

0137　8.2毫米 × 7.5毫米

埃兰

埃兰，是公元前2世纪至公元3世纪初存在于波斯西南部的古国。埃兰王国的历史可以追述到公元前3000年前，是伊朗最早的文明古国。在《圣经》中称为以兰，称他们是诺亚儿子闪的后代，其人民非常善战。

埃兰是美索不达米亚地区的强国。自卡姆纳斯克里斯一世至奥罗德斯五世，埃兰始终拥有自主铸币权。

表003　埃兰王朝世系表

序号	王名	在位年代
1	卡姆纳斯克里斯一世	约公元前 147 - 前 139 年
2	卡姆纳斯克里斯二世	约公元前 147 - 前 139 年
3	奥孔纳普西斯	约公元前 144 - 前 139 年
4	提格拉奥斯	约公元前 138 - 前 133 年
5	大流士	约公元前 129 年前
6	卡姆纳斯克里斯三世和安扎泽	约公元前 82 - 前 73 年

续表

序号	王名	在位年代
7	卡姆纳斯克里斯四世	约公元前 63 – 前 54 年
8	卡姆纳斯克里斯五世	约公元前 54 – 前 33 年
9	卡姆纳斯克里斯五世后无名王	公元前 1 世纪末至公元 2 世纪初
10	奥罗德斯一世	公元 1 世纪末至公元 2 世纪初
11	卡姆纳斯克里斯 – 奥罗德斯	公元 2 世纪初至中期
12	奥罗德斯二世	公元 2 世纪初至中期
13	弗拉特斯	公元 2 世纪初至中期
14	奥罗德斯三世	公元 2 世纪中期
15	奥罗德斯四世	公元 2 世纪末
16	奥罗德斯五世	公元 2 世纪末至公元 3 世纪初
17	无名王 A	公元 2 世纪末至公元 3 世纪初
18	无名王 B	公元 2 世纪末至公元 3 世纪初

卡姆纳斯克里斯三世和安扎泽（一）

公元前82－前73年。正面国王束头带及王后面左胸像，右侧为造币厂徽记。背面为宙斯，左手持杖，右手托奈克女神，币文为希腊文"国王卡姆纳斯克里斯和王后安扎泽"。

0138 4德拉克马银币 15.6克，29.7毫米　　0139 4德拉克马银币 13.7克，28.3毫米

卡姆纳斯克里斯三世和安扎泽（二）

正面国王束头带及王后面左胸像，右侧的造币厂徽记上复打两个戳记，一个字母徽记一个奈克女神。背面为宙斯，左手持杖，右手托奈克女神，币文为希腊文"国王卡姆纳斯克里斯和王后安扎泽"。

0140　4德拉克马银币　15克，29毫米

卡姆纳斯克里斯四世

公元前63–前54年。正面国王束头带短须，面左胸像，右侧的造币厂徽记复打奈克女神戳记。背面为宙斯，左手持杖，右手托奈克女神，币文为希腊文"国王卡姆纳斯克里斯之孙卡姆纳斯克里斯"。

0141　4德拉克马银币　14.8克，29.3毫米

卡姆纳斯克里斯五世（一）

公元前54–前33年。正面国王束头带长须，面左胸像。背面中间为束头带短须人物，面左胸像，币文为希腊文"国王卡姆纳斯克里斯之孙卡姆纳斯克里斯"。

0142　1/2 德拉克马银币　1.9克，16.1毫米

卡姆纳斯克里斯五世（二）

正面国王束头带长须，面左胸像，右侧为造币厂徽记。背面中间为束头带短须人物，面左胸像，币文为希腊文"国王卡姆纳斯克里斯之孙卡姆纳斯克里斯"。

0143　1德拉克马银币　4.0克，17.2毫米

卡姆纳斯克里斯五世（三）

　　正面国王束头带长须，面左胸像，右侧有一芒星纹和造币厂徽记。背面中间为束头带短须人物，面左胸像，币文为希腊文"国王卡姆纳斯克里斯之孙卡姆纳斯克里斯"。

0144　4德拉克马银币　14.4克，28.4毫米

0145　4德拉克马银币　14.4克，28.4毫米

0146　4德拉克马银币　14.9克，28.2毫米

卡姆纳斯克里斯五世后无名王（一）

　　约公元前1世纪末-2世纪早期。正面国王束头带长须，面左胸像，右侧有一星月纹和造币厂徽记。背面中间为束头带短须人物，面左胸像，币文不可读。

0147　4德拉克马银币（低银）　13.3克，30.5毫米

卡姆纳斯克里斯五世后无名王（二）

正面国王束头带长须，面左胸像，右侧有一芒星纹和造币厂徽记。背面中间为束头带短须人物，面左胸像，币文不可读。

0148　4德拉克马银币（低银）15.3克，30.7毫米　　0149　4德拉克马银币（低银）14.9克，30.3毫米

卡姆纳斯克里斯五世后无名王（三）

正面国王束头带长须，面左胸像，右侧有一星月纹和造币厂徽记。背面中间为束头带短须人物，面左胸像，币文不可读。

0150　4德拉克马铜币　15.2克，31.4毫米

卡姆纳斯克里斯五世后无名王（四）

正面国王束头带长须，面左胸像，右侧有一星月纹和造币厂徽记。背面图案不识。

0151　4德拉克马铜币　14.7克，27.1毫米　　0152　4德拉克马铜币　15.0克，26.1毫米

奥罗德斯二世（一）

公元2世纪早期。正面国王束头带，正面胸像，右侧有一星月纹和造币厂徽记。背面为退化变形的人物像，币文为阿拉米文"奥罗德斯之子国王奥罗德斯"。

0153　1德拉克马铜币　3.8克，14.6毫米

0154　1德拉克马铜币　3.5克，16.0毫米

奥罗德斯二世（二）

正面国王束头带，正面胸像，右侧有一星月纹和造币厂徽记。背面为有规律的短横线。

0155　1德拉克马铜币　3.9克，14.3毫米

0156　1德拉克马铜币　3.6克，13.4毫米

弗拉特斯（一）

公元2世纪中期。正面国王束头带，正面胸像，右侧有一星月纹和造币厂徽记。背面狩猎女神阿尔忒弥斯持弓搭箭，币文为希腊文"弗拉特斯国王"。

0157　1德拉克马铜币　3.6克，15.3毫米

弗拉特斯（二）

正面国王束头带，正面胸像，右侧有一星月纹和造币厂徽记。背面为一束头带图案，代表王权神授。

0158　1德拉克马铜币　3.4克，12.6毫米

弗拉特斯（三）

正面国王束头带，正面胸像，右侧有一星月纹和造币厂徽记。背面有一只左向站立的鹰，代表宙斯。

0159　1德拉克马铜币　3.3克，13.9毫米

弗拉特斯（四）

正面国王戴圆顶冠，面左胸像，右侧有一星月纹和造币厂徽记。背面狩猎女神阿尔忒弥斯持弓搭箭，币文为希腊文"弗拉特斯国王"。

0160　1德拉克马铜币　3.5克，15.1毫米

奥罗德斯三世（一）

公元2世纪。正面国王戴圆顶冠，面左胸像，右侧有一星月纹和造币厂徽记。背面有一船锚图案和有规律的短横线。

0161　1德拉克马铜币　3.4克，14.5毫米

奥罗德斯三世（二）

正面国王戴圆顶冠，面左胸像，右侧有一星月纹和造币厂徽记。背面是有规律的短横线。

0162　1德拉克马铜币　3.8克，15.3毫米　　　　0163　1德拉克马铜币　3.5克，16.2毫米

奥罗德斯三世（三）

正面国王戴圆顶冠，面左胸像，右侧有一星月纹和造币厂徽记。背面有一面左人像，似为幸运女神。

0164　1德拉克马铜币　3.3克，13.5毫米

奥罗德斯三世（四）

正面国王戴圆顶冠，面左胸像，右侧有一星月纹和造币厂徽记。背面为阿尔忒弥斯，面右胸像，外圈为希腊文"国王奥罗德斯"。

0165　1德拉克马铜币　3.1克，15.0毫米　　　　0166　1德拉克马铜币　3.2克，13.2毫米

奥罗德斯四世（一）

公元2世纪末。正面国王束头带，正面胸像。背面为阿尔忒弥斯，面左胸像，右侧有一船锚徽记。

0167　1德拉克马铜币　3.4克，13.5毫米

奥罗德斯四世（二）

正面国王束头带，正面胸像。背面中间是船锚徽记，其两侧各一星月纹，外围为花环。

0168　1德拉克马铜币 3.4克，13.9毫米

奥罗德斯五世

公元2世纪末–3世纪初期。正面国王束头带，面左胸像，头顶有一发髻。背面为阿尔忒弥斯，面左胸像。

0169　1德拉克马铜币 2.8克，13.4毫米

0170　1德拉克马铜币 2.0克，11.7毫米

0171　1德拉克马铜币 3.2克，14.8毫米

无名王A

公元2世纪末–3世纪初期。正面国王束头带，面左胸像，头顶有一发髻。背面为狩猎女神阿尔忒弥斯，右向持弓搭箭。

0172　1德拉克马铜币 2.1克，12.6毫米

0173　1德拉克马铜币 1.9克，13.5毫米

0174　1德拉克马铜币　2.7克，13.0毫米

无名王B

公元3世纪初期。正面国王束头带，面左胸像，头顶有一发髻，背面是雅典娜女神，一手持矛一手扶盾。

0175　1德拉克马铜币　1.8克，13.8毫米

0176　1德拉克马铜币　3.1克，13.7毫米

塞克王朝

公元前80-前78年，巴尔赫、赫拉特以及马尔吉亚那地区的塞克人帮助年老的西纳特鲁克斯登上了安息王位，因而获得了地区独立铸币权。

塞克王朝的钱币主要是在安息钱币及仿制的安息币上加盖戳记，一般都是在钱币人物的颈部加盖徽记或带有人物头像的戳记。

表004　塞克王朝世系表

序号	王名	在位年代	备注
赫拉特地区			
1	坦利斯米亚达特斯和拉克德米	约公元前 85 - 前 78 年	
2	奥坦尼斯 / 坦利斯	约公元前 80 - 前 40 年	人物头像戳记
3	国王 A	约公元前 40 - 前 1 年	人物头像戳记
4	国王 B	约公元 11 - 20 年	人物头像戳记

续表

序号	王名	在位年代	备注
塞克斯坦地区			
5	国王 C	约公元前 60 年	人物头像戳记
6	国王 D	约公元前 50 – 前 20 年	族徽戳记
7	奥塔格尼斯	约公元前 1 – 公元 37 年	族徽戳记
8	贡多法雷斯及继承人	自公元 20 年起	族徽戳记

坦利斯米亚达特斯

约公元前85-前78年。正面是国王戴圆顶护耳冠，面右胸像，外圈为希腊文"坦利斯米亚达特斯"。背面是拉克德米，面右胸像，外圈为希腊文"坦利斯米亚达特斯妻子"。

0177　1德拉克马银币 3.3克，17.1毫米

坦利斯（一）

约公元前80-前40年。在坦利斯米亚达特斯银币人物的颈部加盖戳记，是一右向无须卷发人物头像，外圈为希腊文"坦利斯"。

0178　1德拉克马银币 3.5克，17.9毫米　　　0179　1德拉克马银币 3.1克，19.3毫米

坦利斯（二）

在安息王朝奥罗德斯二世银币人物的颈部加盖戳记，是一左向无须人物头像。

0180　1德拉克马银币　3.6克，18.4毫米

国王A

约公元前60年。仿制的安息王朝弗拉特斯四世银币人物的颈部有一戳记，该戳记不是再打压的，而是随钱币模具一起雕刻完成，戳记内容是一右向戴头盔人物胸像。

0181　1德拉克马银币　3.4克，17.6毫米

0182　1德拉克马银币　3.5克，18.8毫米

波西斯王朝

安息王朝时期，波西斯是波斯湾三个王国中最重要的一个，波西斯也是阿契美尼德王朝的发源地，都城是波斯波利斯。

阿契美尼德王朝灭亡后，波西斯的统治者仍然保持着相当程度的自治。公元前180年，塞琉古王朝衰亡后，波西斯便开始长期自行打制银币，一直到阿塔希尔一世建立了萨珊王朝。

表005　波西斯王朝世系表

序号	王名	在位年代
1	巴伊达	公元前 3 世纪末 - 公元前 2 世纪初
2	阿塔希尔一世	公元前 2 世纪初
3	瓦赫巴兹	公元前 2 世纪初
4	瓦德弗拉达一世	公元前 2 世纪中
5	瓦德弗拉达二世	约公元前 140 年
6	无名王 A	公元前 2 世纪末

续表

序号	王名	在位年代
7	大流士一世	公元前 2 世纪末
8	瓦德弗拉达三世	公元前 1 世纪初
9	大流士二世	公元前 1 世纪中
10	阿塔希尔二世	公元前 1 世纪末
11	瓦赫沙尔一世	公元前 1 世纪末
12	帕克尔一世	公元 1 世纪初
13	帕克尔二世	公元 1 世纪初
14	纳姆巴德	公元 1 世纪中
15	纳帕德	公元 1 世纪末
16	无名王 B	公元 1 世纪末
17	曼奇赫尔一世	公元 2 世纪初
18	阿塔希尔三世	公元 2 世纪初
19	曼奇赫尔二世	公元 2 世纪中
20	无名王 C	公元 2 世纪末
21	曼奇赫尔三世	公元 2 世纪末
22	阿塔希尔四世	公元 2 世纪末
23	瓦赫沙尔二世	约公元 206-210 年
24	沙普尔	公元 3 世纪初

巴伊达（一）

公元前 3 世纪末-前 2 世纪初。正面国王戴有护耳的翻沿软帽，面右胸像。背面为国王右手持杖，面左坐于王座上，左侧有一面旗帜，外圈为阿拉米文"巴伊达，神之总督"。

0183　4德拉克马银币 16.7克，28.6毫米

巴伊达（二）

正面国王戴有护耳的翻沿软帽，面右胸像。背面中间是琐罗亚斯德教神庙，左侧国王双手举于胸前，面右站像，右侧有一面旗帜，外圈为阿拉米文 "巴伊达，神之总督，巴伊瓦德之子，波西斯的"。

0184　4德拉克马银币　15.9克，27.9毫米

瓦德弗拉达一世

公元前2世纪中期。正面国王戴有护耳的长沿软帽，面右胸像。背面中间是琐罗亚斯德教神庙，左侧国王双手举于胸前，面右站像，右侧有一面旗帜，外圈为阿拉米文 "瓦德弗拉达，神之总督"。此币是在巴伊达4德拉克马银币上再次打压而成的。

0185　4德拉克马银币　16.9克，31.3毫米

大流士一世

公元前2世纪末。正面国王戴平顶长沿帽，面右胸像，帽顶有一新月。背面中间是琐罗亚斯德教神庙，上部是有双翼的阿胡拉马兹达神，左侧国王双手举于胸前，面右站像，右侧有一只站立的鹰，下方为阿拉米文 "大流士国王"。

0186　1德拉克马银币　3.8克，18.3毫米　　　0187　1德拉克马银币　4.1克，18.8毫米

0188　1德拉克马银币 3.7克，17.8毫米　　　0189　1/2德拉克马银币 2.1克，13.9毫米

0190　1/2德拉克马银币 2.0克，15.8毫米　　0191　1/2德拉克马银币 2.1克，13.5毫米

0192　1奥波银币 0.7克，9.7毫米　　　　　0193　1奥波银币 0.7克，8.9毫米

0194　1奥波银币 0.7克，9.0毫米

瓦德弗拉达三世

公元前1世纪初期。正面国王束头带，面右胸像，顶部有一新月。背面中间是琐罗亚斯德教神庙，上部是有双翼的阿胡拉马兹达神，左侧国王双手举于胸前，面右站像，右侧有一只站立的鹰，下方为阿拉米文 "瓦德弗拉达国王"。

0195　1德拉克马银币 3.8克，17.3毫米　　　0196　1奥波银币 0.7克，9.8毫米

0197　1奥波银币　0.7克，8.7毫米　　　　　　0198　1奥波银币　0.7克，8.6毫米

大流士二世

　　公元前1世纪。正面国王戴圆顶冠，面左胸像，冠中间有一新月装饰。背面国王双手举于胸前站立于祭火坛前，外圈为阿拉米文 "国王大流士，国王瓦德弗拉达之子"。

0199　1德拉克马银币　4.0克，16.6毫米　　　0200　1德拉克马银币　4.1克，20.0毫米

0201　1德拉克马银币　3.9克，18.0毫米　　　0202　1/2德拉克马银币　2.0克，13.1毫米

0203　1/2德拉克马银币　1.7克，11.1毫米　　0204　1奥波银币　0.6克，10.0毫米

0205　1奥波银币　0.7克，8.7毫米　　　　　　0206　1奥波银币　0.7克，9.1毫米

阿塔希尔二世（一）

　　公元前1世纪末。正面国王束头带，面左胸像，右侧有一徽记。背面国王双手举于胸前，站立于祭火坛前，外圈为阿拉米文 "国王阿塔希尔，国王大流士之子"。

0207　1/2德拉克马银币　1.8克，15.8毫米

阿塔希尔二世（二）

正面国王戴城齿冠，面左胸像，右侧有一徽记。背面国王双手举于胸前，站立于祭火坛前，外圈为阿拉米文"国王阿塔希尔，国王大流士之子"。

0208　1德拉克马银币　3.8克，20.7毫米

0209　1德拉克马银币　3.9克，21.8毫米

0210　1/2德拉克马银币　2.0克，13.9毫米

0211　1/2德拉克马银币　1.9克，15.1毫米

0212　1/2德拉克马银币　2.1克，16.0毫米

0213　1奥波银币　0.7克，11.36毫米

0214　1奥波银币　0.5克，11.1毫米

0215　1奥波银币　0.6克，11.4毫米

瓦赫沙尔一世

公元前1世纪末。正面国王束头带，面左胸像，背面国王双手举于胸前，站立于祭火

坛前，外圈为阿拉米文 "国王瓦赫沙尔，国王大流士之子"。

0216　1/2德拉克马银币 2.0克，13.6毫米

0217　1奥波银币 0.5克，8.6毫米

0218　1奥波银币 0.7克，9.6毫米

0219　1奥波银币 0.7克，10.3毫米

帕克尔一世

公元1世纪初期。正面国王束头带，面左胸像。背面是三旋图案，外圈为阿拉米文 "国王帕克尔，国王瓦赫沙尔之子"。

0220　1/2德拉克马银币 1.7克，15.3毫米

帕克尔二世

公元1世纪初期。正面国王束头带，面左胸像。背面为其先辈，面左胸像，外圈为阿拉米文 "国王帕克尔"。

0221　1奥波银币 0.4克，9.1毫米

0222　1奥波银币 0.6克，11.1毫米

0223　1奥波银币 0.6克，11.2毫米

纳姆巴德

公元1世纪中期。正面国王戴城齿冠，面左胸像。背面为国王在反光锅前取圣火种，外圈为阿拉米文 "国王纳姆巴德，阿塔希尔之子"。

0224 1/2德拉克马银币 1.6克，15.2毫米

0225 1奥波银币 0.6克，11.6毫米

0226 1奥波银币 0.6克，10.8毫米

0227 1奥波银币 0.4克，9.8毫米

纳帕德

公元1世纪末。正面国王戴圆顶冠，面左胸像，冠中间有一新月装饰。背面为其先辈，面左胸像，外圈为阿拉米文 "国王纳帕德，国王纳姆巴德之子"。

0228 1/2德拉克马银币 1.9克，15.0毫米

0229 1/2德拉克马银币 1.3克，11.9毫米

0230 1奥波银币 0.4克，10.0毫米

0231 1奥波银币 0.5克，8.7毫米

无名王

公元1世纪末。正面国王戴圆顶冠，面左胸像，冠中间有一新月装饰。背面是一环形有结发带。

0232　1德拉克马银币 2.8克，16.6毫米

0233　1/2德拉克马银币 1.5克，12.7毫米

0234　1/2德拉克马银币 1.0克，12.0毫米

0235　1奥波银币 0.6克，8.6毫米

0236　1奥波银币 0.3克，8.4毫米

0237　1奥波银币 0.4克，8.3毫米

曼奇赫尔一世

公元2世纪初期。正面国王戴圆顶冠，面左胸像，冠中间有一新月装饰。背面为其先辈，面左胸像。

0238　1德拉克马银币 2.9克，17.0毫米

阿塔希尔四世

公元2世纪末。正面国王束头带，面左胸像。背面为其先辈戴城齿冠，面左胸像，外圈为阿拉米文"曼奇赫尔国王之子"。

0239　1德拉克马银币 2.5克，17.8毫米

萨珊王朝

萨珊王朝，又称波斯"第二帝国"。在安息王朝晚期的波西斯、法尔斯地区，伊斯塔克尔神庙祭司萨珊的后人帕佩克继承了神庙大祭司之位。帕佩克的长子沙普尔在与安息王朝的征战中战死，次子阿塔希尔一世接任，公元224年成为萨珊王朝的开创之年。

萨珊王朝的文化影响已远超其国界，其绘画技艺、贵金属加工工艺、建筑艺术、宗教等随发达的商队贸易广泛传播至西欧、北非、中亚、中国及印度等地。

自阿塔希尔一世开始，之后其儿子沙普尔一世继位到沙普尔二世，这期间萨珊王朝巩固强化中央集权，整顿国家管理机构，强调王权神授，统一宗教信仰，完成君王和宗教的一体化。后来，在沙普尔二世统治时期，萨珊王朝的势力得到前所未有的壮大。

六世纪中叶，库思老一世即位，库思老一世是萨珊王朝著名的强有力的统治者，在位48年。他在位期间，西与拜占庭王朝抗衡，东与突厥结盟，萨珊王朝再次繁盛起来。

六世纪末，库思老二世即位，他是在拜占庭皇帝莫里斯的扶持下才坐稳王位的。库思老二世统治时期王朝曾有过短暂的辉煌，但为了稳定统治，他连年征战，造成王朝经济衰退，国库空虚，军力衰败，耗尽了国力。公元628年库思老二世的儿子卡瓦德二世弑父登基，不到一年，卡瓦德二世去世，库思老二世的孙辈们在各自军队的扶持下引发内战，争夺王位。随后的五年间更换了五位君王，萨珊王朝进一步衰败。公元651年，萨珊王朝灭亡。

表006 萨珊王朝世系表

序号	王名	在位年代	备注
1	阿塔希尔一世	公元 224 – 241 年	
2	沙普尔一世	公元 241 – 272 年	1 之子
3	霍尔姆兹德一世	公元 272 – 273 年	1 之子
4	瓦赫兰一世	公元 273 – 276 年	2 之次子
5	瓦赫兰二世	公元 276 – 293 年	4 之子
6	瓦赫兰三世	公元 293 年	5 之子
7	纳尔斯	公元 293 – 303 年	2 之幼子
8	霍尔姆兹德二世	公元 303 – 309 年	7 之子
9	沙普尔二世	公元 309 – 379 年	8 之子
10	阿塔希尔二世	公元 379 – 383 年	9 之长子
11	沙普尔三世	公元 383 – 388 年	9 之次子
12	瓦赫兰四世	公元 388 – 399 年	9 之幼子
13	耶兹德格一世	公元 399 – 420 年	12 之子
14	瓦赫兰五世	公元 420 – 438 年	13 之幼子
15	耶兹德格二世	公元 438 – 457 年	14 之子
16	霍尔姆兹德三世	公元 457 – 459 年	15 之子，无币
17	卑路斯	公元 459 – 484 年	15 之子
18	巴拉什	公元 484 – 488 年	15 之子
19	卡瓦德一世	公元 488 – 497 年 公元 499 – 531 年	17 之子
20	札马斯普	公元 497 – 499 年	17 之子 篡位王
21	库思老一世	公元 531 – 579 年	19 之子
22	霍尔姆兹德四世	公元 579 – 590 年	21 之子

续表

序号	王名	在位年代	备注
23	瓦赫兰六世（楚宾）	公元 590－591 年	13 之幼子
24	库思老二世	公元 591－628 年	22 之子
25	维斯塔姆	公元 592－596 年	篡位王
26	卡瓦德二世	公元 628 年	24 之子
27	阿塔希尔三世	公元 628－630 年	26 之子
28	沙赫巴兹	公元 629 年	篡位王，无币
29	库思老三世	公元 629 年	22 之侄，无币
30	卑路斯二世	公元 629－630 年	22 之侄，无币
31	布伦女王	公元 630－631 年	24 之女
32	阿札米	公元 631－632 年	24 之女，无币
33	霍尔姆兹德五世	公元 631－632 年	24 之孙
34	库思老五世	公元 630－633 年	24 之孙
35	耶兹格德三世	公元 632－651 年	24 之孙

表007　萨珊王朝钱币上巴列维文数字表

数字	巴列维文	拉丁文音译	数字	巴列维文	拉丁文音译
1		AiVaKI	25		PaNJSIH
2		TRIN	26		ShaShSIH
3		TaLaTA	27		HaFTVIST
4		ARBA	28		HaShTVIST
5		KhUMShI	29		NUHVIST
6		ShiTA	30		SIII
7		ShaBA	31		YAJSI
8		TUMaNA	32		DVaJSI
9		TiShA	33		SIJSIH

续表

数字	巴列维文	拉丁文音译	数字	巴列维文	拉丁文音译
10		ASRA	34		ChaHaRSI
11		YAJDaH	35		PaNJSIH
12		DaVaJDaH	36		ShaShSIH
13		SiJDaH	37		HaFTSI
14		chaHaRDaH	38		HaShTSIH
15		PaNJDaH	39		NUISI
16		ShaJDaH	40		CheHeLI
17		HaFTDaH	41		YAJCheHEL
18		HiShTDaH	42		DVAJCheHeL
19		NUJDaH	43		SIJCheHeL
20		VISTI	44		ChaHaRCheHeL
21		YAJVISTI	45		DaNJCheHeL
22		DVaJIST	46		ShaShCheHeL
23		SIJVIST	47		HaFTCheHeL
24		ChaHaRVIST	48		HaShTCheHeL

表008　萨珊王朝钱币上巴列维文字母表

拉丁字母音译	早期	巴列维文字母	晚期
A			
B			
D			
G			
H、Kh			
I、Y			
J、Ch			
K			

拉丁字母音译	早期	巴列维文字母	晚期
M			
N			
K			
P、F			
R、L			
S			
Sh			
T			
V、O、U、W			
Z			

表009 萨珊王朝钱币上造币厂铭文

序号	巴列维文	拉丁字母音译	英文转写	中文翻译
1		AH AHM	Ahmatana (Hamadan)	哈马丹
2		AI AIRAM	Eran-Kwawah-Shapur (Shu sh)	苏萨
3		AM	Amol	阿姆尔
4		AP APR	Aparshahr	阿帕沙尔
5		AR ARP	Armin (Amenia)	亚美尼亚
6		ART	Artashir-Kwarrah (Gor)	古尔
7		AS ASP	Aspadana	伊斯法罕
8		AT	Adurbadgan (Azerbaijian)	阿塞拜疆
9		AU AUH	Auhrmanzd-Artashir (Ahwaz)	阿瓦兹
10		BISh	Bishapur	比沙普尔

续表

序号	巴列维文	拉丁字母音译	英文转写	中文翻译
11		BBL	Court (Military)	行走 （随军制币）
12		BHL	Balkh	巴里赫
13		BST	Bost	波斯特
14		CHAChU	Chach (Tashkent)	塔什干
15		DA DAR	Darabgird	迪拉布格德
16		DIN	Dinavar	迪纳瓦尔
17		GD	Jay	杰伊
18		GN	Gundshpur	贡德沙普尔
19		GNChKR	Ganzak	甘扎克
20		GO GOR	Gurgan (Hyrcania)	戈尔甘
21		HLM	Khlom	库尔姆
22		HR HRI	Herat	赫拉特
23		HUCh	Khuzistan	胡齐斯坦
24		HVAS	Kvas	柯瓦斯
25		KR	Kirman (Carmania)	克尔曼
26		MA	Mah (Media)	米底亚
27		MI	Meshan (Mesene)	梅善
28		MR MRVI	Marv (Margiana)	谋夫
29		NAR	Nahr-Tire	纳赫－迪雷
30		NI NIH	Nihavand	尼哈旺德

续表

序号	巴列维文	拉丁字母音译	英文转写	中文翻译
31		NIHCh	Nishapur	尼沙普尔
32		PR	Forat	弗拉特
33		RA RAM	Ram-Auhrmazd	蕾姆－霍米兹德
34		RD	Ray (Rhagae)	雷伊（今德黑兰）
35		RIU	Rev-Artashir	雷夫－阿塔希尔
36		RHV	Rokhvadh	罗赫瓦德
37		SK	Sakastan (Sagistan)	塞卡斯坦
38		SMR	Samarkand	撒马尔罕
39		ST	Stakhr (Istakhr)	伊斯塔尔克
40		ShI	Shiz	希兹
41		TR TRUKVART		
42		TU TUS	Tus	图兹
43		YZ	Yazd	耶兹德
44		VH	Veh-Artashir (Seleucia)	塞琉西亚
45		ZU ZUZAN	Zuzan	楚赞

图001　萨珊王朝徽记

阿塔希尔一世（一）

公元224-241年。正面国王戴圆顶护耳冠，面右胸像，冠中有一颗芒星装饰，外圈为巴列维文"马兹达崇拜者，神圣的伊朗国王阿塔希尔"。背面是祭火坛，币文"阿塔希尔之火"。

0240　1德拉克马银币　3.7克，23.6毫米　　　0241　1德拉克马银币　3.0克，23.2毫米

阿塔希尔一世（二）

正面国王戴圆顶球髻冠，面右胸像，外圈为巴列维文"马兹达崇拜者，神圣的伊朗国王阿塔希尔"。背面是祭火坛，币文"阿塔希尔之火"。

0242　1德拉克马银币　4.4克，25.7毫米　　　0243　1德拉克马银币　4.4克，26.3毫米

0244　1德拉克马银币　4.6克，26.0毫米

阿塔希尔一世（三）

正面国王戴圆顶球髻护耳冠，面右胸像，外圈为巴列维文"马兹达崇拜者，神圣的伊朗国王阿塔希尔"。背面是祭火坛，币文"阿塔希尔之火"。

0245　1德拉克马银币　4.4克，25.8毫米　　　　0246　1德拉克马银币　4.1克，24.9毫米

0247　1德拉克马银币　4.2克，24.3毫米

阿塔希尔一世（四）

正面国王戴城齿球髻冠，面右胸像，外圈为巴列维文"马兹达崇拜者，神圣的伊朗国王阿塔希尔"。背面是祭火坛，币文"阿塔希尔之火"。

0248　1德拉克马银币　4.2克，24.9毫米　　　　0249　1/2德拉克马银币　2.0克，19.7毫米

阿塔希尔一世（五）

正面国王戴圆顶球髻护耳冠与其子沙普尔，面对面胸像，外圈为巴列维文"天降的伊朗国王阿塔希尔"。背面是祭火坛，币文"阿塔希尔之火"。

0250　6查卡铜币　9.3克，26.4毫米

沙普尔一世

公元241-272年。正面国王戴球髻城齿冠，面右胸像，外圈为巴列维文"天降伊朗的王中之王，马兹达的崇拜者，神圣的沙普尔"。背面是国王与祭司分站在祭火坛两侧，币文"沙普尔之火"。

0251　1第纳尔金币　7.4克，22.8毫米　　　　0252　1德拉克马银币3.9克，25.4毫米

0253　1德拉克马银币　4.1克，27.7毫米　　　0254　1德拉克马银币　4.5克，27.5毫米

0255　1德拉克马银币　4.5克，24.5毫米　　　0256　1德拉克马银币　4.4克，23.7毫米

0257　1奥波银币　0.6克，13.8毫米

瓦赫兰一世（一）

公元273-276年。正面国王戴球髻护耳芒冠，面右胸像，外圈为巴列维文"马兹达的崇拜者，伊朗和非伊朗的王中之王，天降神圣的瓦赫兰"。背面是国王与祭司分站在祭火坛两侧，币文"瓦赫兰之火"。

0258　1德拉克马银币　4.3克，27.5毫米

瓦赫兰一世（二）

正面国王戴球髻护耳芒冠，面右胸像，外圈为巴列维文"马兹达的崇拜者，伊朗和非伊朗的王中之王，天降神圣的瓦赫兰"。背面是国王与祭司分站在祭火坛两侧，祭火坛柱上有一徽记，币文"瓦赫兰之火"。

0259　1德拉克马银币　4.0克，24.8毫米

瓦赫兰一世（三）

正面国王戴球髻护耳芒冠，面右胸像，外圈为巴列维文"马兹达的崇拜者，伊朗和非伊朗的王中之王，天降神圣的瓦赫兰"。背面是国王与祭司分站在祭火坛两侧，祭火坛柱上有三点徽记，币文"瓦赫兰之火"。

0260　1德拉克马银币　4.2克，26.3毫米

瓦赫兰二世（一）

公元276-293年。正面国王戴鹫头冠，面右胸像，外圈为巴列维文"马兹达的崇拜者，伊朗和非伊朗的王中之王，天降神圣的瓦赫兰"。背面是两祭司分站在祭火坛两侧，币文"瓦赫兰之火"。

0261　1德拉克马银币　4.1克，26毫米

瓦赫兰二世（二）

正面国王戴球髻翅冠与其子，面对面胸像，外圈为巴列维文"马兹达的崇拜者，伊朗和非伊朗的王中之王，天降神圣的瓦赫兰"。背面是国王和祭司分站在祭火坛两侧，币文"瓦赫兰之火"。

0262　1德拉克马银币　4.4克，26.8毫米　　　　0263　1德拉克马银币　4.4克，26.9毫米

0264　1德拉克马银币　4.2克，27.7毫米

瓦赫兰二世（三）

正面是戴球髻翅冠的国王和戴野猪首冠的王后，叠像胸像，右侧是戴鹰首冠的王子，外圈为巴列维文"马兹达的崇拜者，伊朗和非伊朗的王中之王，天降神圣的瓦赫兰"。背面是国王和祭司分站在祭火坛两侧，上部火焰左侧有一徽记，币文"瓦赫兰之火"。

0265　1德拉克马银币　4.3克，27.8毫米　　　　0266　1德拉克马银币　4.1克，26.7毫米

0267　1德拉克马银币　4.4克，25.9毫米　　　0268　1德拉克马银币　4.3克，26.7毫米

纳尔斯

公元293-303年。正面国王戴球髻枝叶冠，面右胸像，外圈为巴列维文"马兹达的崇拜者，伊朗和非伊朗的王中之王，天降神圣的纳尔斯"。背面是国王和祭司分站在祭火坛两侧，上部火焰左右两侧各有一徽记，币文"纳尔斯之火"。

0269　1德拉克马银币　3.8克，27.8毫米

霍尔姆兹德二世

公元303-309年。正面国王戴球髻鹰首翅冠，面右胸像，外圈为巴列维文"马兹达的崇拜者，伊朗和非伊朗的王中之王，天降神圣的霍尔姆兹德"。背面是国王和祭司分站在祭火坛两侧，祭火坛上的火焰中有阿胡拉·马兹达半身像，币文"霍尔姆兹德之火"。

0270　1第纳尔金币　7.4克，21.6毫米　　　0271　1德拉克马银币　4.2克，27.2毫米

0272　1德拉克马银币　4.2克，26.7毫米　　　0273　1德拉克马银币　3.2克，27.9毫米

沙普尔二世（一）

公元309-379年。正面国王戴球髻城齿冠，面右胸像，外圈为巴列维文"神圣的沙普尔"。背面是祭火坛，币文"沙普尔之火"。（东方币型，喀布尔打制。）

0274　1第纳尔金币　7.3克，20.8毫米

沙普尔二世（二）

正面国王戴球髻城齿冠，面右胸像，外圈为巴列维文"马兹达的崇拜者，伊朗的王中之王，天降神圣的沙普尔"。背面是国王与祭司分站在祭火坛两侧，上部火焰两边各有一徽记，币文"沙普尔之火"。

0275　1德拉克马银币　3.5克，28.4毫米

沙普尔二世（三）

正面国王戴球髻城齿冠，面右胸像，外圈为巴列维文"马兹达的崇拜者，伊朗的王中之王，天降神圣的沙普尔"。背面是国王与祭司分站在祭火坛两侧，祭火坛柱上有一徽记。

0276　1德拉克马银币　3.1克，25.0毫米　　0277　1德拉克马银币　3.5克，24.1毫米
　　　　　　　　　　　　　　　　　　　　　　　宋志勇藏

0278　1德拉克马银币3.8克，27.7毫米
宋志勇藏

沙普尔二世（四）

正面国王戴球髻城齿冠，面右胸像，外圈为巴列维文"马兹达的崇拜者，王中之王，神圣的沙普尔"。背面是国王与祭司分站在祭火坛两侧，祭火坛上的火焰中有阿胡拉·马兹达面左半身像，祭坛柱上有铭文"正直"。

0279　1德拉克马银币 4.1克，22.3毫米

沙普尔二世（五）

正面国王戴球髻城齿冠，面右胸像，外圈为巴列维文"马兹达的崇拜者，王中之王，神圣的沙普尔"。背面是国王与祭司分站在祭火坛两侧，祭火坛上的火焰中有阿胡拉·马兹达面右半身像，祭坛柱上有铭文"正直"。

0280　1德拉克马银币 4.2克，24.1毫米　　　0281　1德拉克马银币 4.1克，23.6毫米

0282　1德拉克马银币 4.1克，24.0毫米　　　0283　1德拉克马银币 4.1克，24.2毫米

0284　1德拉克马银币　4.2克，20.9毫米　　　　0285　1德拉克马银币　4.0克，20.2毫米

阿塔希尔二世（六）

公元379-383年。正面国王戴球髻圆顶冠，面右胸像，外圈为巴列维文"马兹达的崇拜者，伊朗和非伊朗的王中之王，神圣的阿塔希尔"。背面是国王与祭司分站在祭火坛两侧。

0286　1德拉克马银币　4.1克，28.8毫米　　　　0287　1德拉克马银币　4.3克，30.0毫米

0288　1德拉克马银币　3.8克，27.5毫米　　　　0289　1德拉克马银币　4.3克，27.9毫米

0290　1德拉克马银币　4.1克，29.9毫米　　　　0291　1德拉克马银币　4.4克，28.0毫米

0292　1德拉克马银币　4.2克，25.4毫米

沙普尔三世（一）

　　公元383－388年。正面国王戴球髻花饰廊冠，面右胸像，外圈为巴列维文"马兹达的崇拜者，伊朗和非伊朗的王中之王，神圣的沙普尔"。背面是国王与祭司分站在祭火坛两侧。

0293　1德拉克马银币　4.2克，27.2毫米　　　　0294　1德拉克马银币　4.0克，26.0毫米
宋志勇藏。　　　　　　　　　　　　　　　　宋志勇藏品。

沙普尔三世（二）

　　正面国王戴球髻花饰廊冠，面右胸像，外圈为巴列维文"马兹达的崇拜者，伊朗和非伊朗的王中之王，神圣的沙普尔"。背面是国王与祭司分站在祭火坛两侧，祭火坛上的火焰中有阿胡拉·马兹达面右半身像，祭坛柱上有铭文"正直"。

0295　1德拉克马银币　4.0克，26.5毫米　　　　0296　1德拉克马银币　4.3克，26.9毫米

0297　1德拉克马银币　4.1克，28.3毫米　　　　0298　1德拉克马银币　3.7克，25.3毫米

瓦赫兰四世（一）

公元388-399年。正面国王戴球髻鹰翅城齿冠，面右胸像，外圈为巴列维文"马兹达的崇拜者，王中之王，神圣的瓦赫兰"。背面是国王与祭司分站在祭火坛两侧。

0299　1德拉克马银币 4.0克，26.1毫米　　　　0300　1德拉克马银币 3.9克，23.3毫米

瓦赫兰四世（二）

正面国王戴球髻鹰翅城齿冠，面右胸像，外圈为巴列维文"马兹达的崇拜者，王中之王，神圣的瓦赫兰"。背面是国王与祭司分站在祭火坛两侧，祭火坛上的火焰中有阿胡拉·马兹达面右半身像，祭坛柱上有铭文"正直"。

0301　1德拉克马银币 3.9克，23.8毫米

耶兹德格一世（一）

公元399-420年。正面国王戴球髻新月城齿冠，面右胸像，币文不清。背面是国王与祭司分站在祭火坛两侧，上部火焰两侧各一星月纹。

0302　1德拉克马银币 4.0克，29.5毫米　　　　0303　1德拉克马银币 3.9克，26.5毫米

耶兹德格一世（二）

正面国王戴球髻新月城齿冠，面右胸像，币文不清。背面是国王与祭司分站在祭火坛两侧，上部火焰左侧是双月纹、右侧是星月纹。

0304　1 德拉克马银币　4.3 克，28.7 毫米

耶兹德格一世（三）

　　正面国王戴球髻新月城齿冠，面右胸像，币文不清。背面是国王与祭司分站在祭火坛两侧，上部火焰左侧为铸币地名"克尔曼"。

0305　1 德拉克马银币　4.2 克，25.8 毫米

瓦赫兰五世

　　公元 420-438 年。正面国王戴球髻新月城齿冠，面右胸像，币文"瓦赫兰国王"。背面是国王与祭司分站在祭火坛两侧，祭火坛中部有国王头像，右侧边缘为铸币地简写。

0306　1 德拉克马银币　4.0 克，30.7 毫米　　　0307　德拉克马银币　4.2 克，28.7 毫米
苏萨铸。

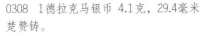　　

0308　1 德拉克马银币　4.1 克，29.4 毫米　　　0309　1 德拉克马银币　4.1 克，28.9 毫米
楚赞铸。　　　　　　　　　　　　　　　　　　克尔曼铸。

耶兹格德二世

公元438–457年。正面国王戴球髻新月城齿冠，面右胸像，币文"马兹达崇拜者，王中之王，幸运神圣的耶兹格德"。背面是国王与祭司分站在祭火坛两侧，祭火坛柱上有铭文"正直"，两侧有铭文"赞美者耶兹格德"。

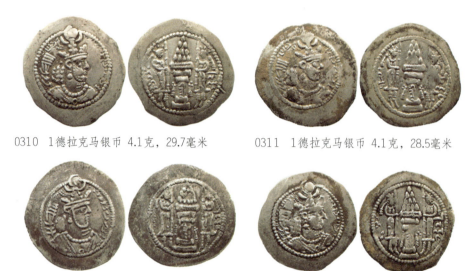

0310　1德拉克马银币　4.1克，29.7毫米　　　　0311　1德拉克马银币　4.1克，28.5毫米

0312　1德拉克马银币　4.0克，30.9毫米　　　　0313　1德拉克马银币　3.9克，27.8毫米

卑路斯一世（一）

公元459–484年。第一次执政，正面国王戴新月上球髻城齿冠，面右胸像，币文"马兹达崇拜者，幸运的卑路斯"。背面是国王与祭司分站在祭火坛两侧，上部火焰左右有星月纹，左侧铸币纪年，右侧铸币地。

0314　1德拉克马银币　3.9克，26.9毫米
伊斯法罕铸。

0315　1德拉克马银币　4.1克，27.6毫米
苏萨铸。

0316　1德拉克马银币　4.2克，26.3毫米
塞琉西亚铸。

0317　1奥波银币　0.5克，13.6毫米
行走（随军铸币）。

卑路斯一世（二）

　　第二次执政，正面国王戴新月上球髻双翅城齿冠，面右胸像，币文"幸运的卑路斯国王"。背面是国王与祭司分站在祭火坛两侧，上部火焰左右有星月纹，右侧铸币地名简写。

0318　1第纳尔金币 4.2克，20.1毫米　　　　0319　1第纳尔金币 4.2克，19.5毫米
　　　　　　　　　　　　　　　　　　　　　　行走（随军铸币）。

0320　德拉克马银币 4.2克，27.2毫米　　　　0321　德拉克马银币 4.2克，27.0毫米
塞琉西亚铸。　　　　　　　　　　　　　　　塞琉西亚铸。

0322　1德拉克马银币 4.2克，27.4毫米　　　　0323　1德拉克马银币 4.2克，25.7毫米
伊斯塔尔克铸。　　　　　　　　　　　　　　迪拉布格德铸。

0324　1德拉克马银币 4.2克，27.2毫米
苏萨铸。

巴拉什

公元484-488年。正面国王戴新月上球髻城齿冠，面右胸像，单侧焰肩，币文"巴拉什"。背面是国王与祭司分站在祭火坛两侧，上部火焰左右有星月纹，祭火坛中间是国王面右头像，右侧铸币地"伊斯法罕"。

0325　1德拉克马银币　4.2克，27.0毫米　　0326　1德拉克马银币　2.8克，27.0毫米
　　　　　　　　　　　　　　　　　　　　　　　宋志勇藏品。

卡瓦德一世（一）

公元488-497年。第一次执政，正面国王戴新月上球髻城齿冠，面右胸像，币文"卡瓦德"。背面是国王与祭司分站在祭火坛两侧，上部火焰左右有星月纹，左侧铸币纪年，右侧铸币地。

0327　1德拉克马银币　3.9克，29.7毫米　　0328　1德拉克马银币　3.9克，27.1毫米
伊斯法罕铸，宋志勇藏品。　　　　　　　伊斯法罕铸。

0329　1德拉克马银币　4.0克，27.8毫米
雷姆铸。

卡瓦德一世（二）

公元499-531年。第二次执政，正面国王戴新月上球髻双翅城齿冠，面右胸像，币文"繁荣昌盛，卡瓦德"。背面是国王与祭司分站在祭火坛两侧，上部火焰左右有星月纹，

左侧铸币纪年，右侧铸币地，外缘为双珠圈。

0330　1德拉克马银币　3.9克，29.0毫米
阿瓦兹铸。

0331　1德拉克马银　4.0克，26.9毫米

0332　1德拉克马银币　4.1克，25.9毫米
雷夫铸。

札马斯普

公元497-499年。正面国王戴新月上球髻城齿冠，面右胸像，左侧为马兹达为其加冕，币文"札马斯普"。背面是国王与祭司分站在祭火坛两侧，上部火焰左右有星月纹，左侧铸币纪年，右侧铸币地。

0333　1德拉克马银币　4.1克，28.2毫米
塞卡斯坦铸。

0334　1德拉克马银币　4.2克，28.1毫米
塞琉西亚铸。

0335　1德拉克马银币　3.7克，28.6毫米
塞琉西亚铸。

库思老一世

公元531-579年。正面国王戴球髻星月城齿冠，面右胸像，币文"繁荣昌盛，库思老"，外圈有3个新月纹。背面是国王与祭司分站在祭火坛两侧，上部火焰左右有星月纹，左侧铸币纪年，右侧铸币地。

0336　1德拉克马银币　4.0克，30.3毫米
塞琉西亚铸。

0337　1德拉克马银币　3.8克，29.7毫米
比沙普尔铸。

0338　1德拉克马银币　3.6克，29.2毫米
雷伊铸。

霍尔木兹德四世

公元579-590年。正面国王戴球髻星月城齿冠，面右胸像，币文"繁荣昌盛，霍尔木兹德"，外圈有3个星月纹。背面是国王与祭司分站在祭火坛两侧，上部火焰左右有星月纹，左侧铸币纪年，右侧铸币地。

0339　1德拉克马银币　4.1克，27.2毫米
希兹铸。

0340　1德拉克马银币　4.0克，29.6毫米
雷伊铸。

0341　1德拉克马银币 4.0克，30.7毫米
杰伊铸。

瓦赫兰六世

公元590－591年。正面国王戴球髻星月城齿冠，面右胸像，币文"繁荣昌盛，瓦赫兰"，外圈有3个新月纹。背面是国王与祭司分站在祭火坛两侧，上部火焰左右有星月纹，左侧铸币纪年"2"，右侧铸币地"阿帕沙尔"。

0342　1德拉克马银币，4.1克，28.6毫米

库思老二世（一）

公元591－628年。正面国王戴星月双翅城齿冠，面右胸像，币文"繁荣昌盛，库思老"，双珠圈外有3个星月纹。背面是国王与祭司分站在祭火坛两侧，上部火焰左右有星月纹，左侧铸币纪年，右侧铸币地，3层珠圈外有4个星月纹。

0343　1德拉克马银币 4.1克，29.6毫米
尼沙普尔铸。

0344　1德拉克马银币 4.0克，31.6毫米
塞琉西亚铸。

0345　1德拉克马银币　4.1克，31.7毫米　　　　0346　1德拉克马银币　4.1克，31.7毫米
　　　行走（随军铸币）。　　　　　　　　　　　　　尼沙普尔铸。

库思老二世（二）

　　正面国王戴星月双翅城齿冠，面右胸像，币文"繁荣昌盛，库思老"，双珠圈外有3个星月纹，右下有铭文"赞美"。背面是国王与祭司分站在祭火坛两侧，上部火焰左右有星月纹，左侧铸币纪年，右侧铸币地，3层珠圈外有4个星月纹。

0347　1德拉克马银币　4.1克，29.8毫米　　　　0348　1德拉克马银币　4.1克，32.5毫米
　　　哈马丹铸。　　　　　　　　　　　　　　　　古尔铸。

0349　1德拉克马银币　4.2克，31.4毫米
　　　比沙普尔铸。

阿塔希尔三世（一）

　　公元628-630年。正面国王戴新月上球髻城齿冠，面右胸像，币文"繁荣昌盛，阿塔希尔"，珠圈外有3个星月纹。背面是国王与祭司分站在祭火坛两侧，上部火焰左右有星月纹，左侧铸币纪年，右侧铸币地，珠圈外有4个星月纹。

0350　1德拉克马银币　4.1克，31.2毫米
弗拉特铸。

0351　1德拉克马银币　4.2克，31.2毫米
古尔铸。

0352　1德拉克马银币　4.2克，31.8毫米
贡德沙普尔铸。

阿塔希尔三世（二）

正面国王戴新月上球髻双翅城齿冠，面右胸像，币文"繁荣昌盛，阿塔希尔"，珠圈外有3个星月纹。背面是国王与祭司分站在祭火坛两侧，上部火焰左右有星月纹，左侧铸币纪年，右侧铸币地，珠圈外有4个星月纹。

0353　1德拉克马银币　4.1克，32.6毫米
纳赫-迪雷铸。

0354　1德拉克马银币　4.2克，32.8毫米
雷伊铸。

0355　1德拉克马银币　4.1克，31.7毫米
比沙普尔铸。

0356　1德拉克马银币　4.2克，32.5毫米
苏萨铸。

0357 德拉克马银币 4.2克，31.6毫米
塞琉西亚铸。

0358 1德拉克马银币 4.1克，32.5毫米
尼哈旺德铸。

0359 1德拉克马银币 4.1克，33.6毫米
阿姆尔铸。

布伦女王

公元630-631年。正面国王留辫戴新月上球髻双翅圆顶冠，面右胸像，币文"繁荣昌盛，布伦"，双珠圈外有3个星月纹。背面是国王与祭司分站在祭火坛两侧，上部火焰左右有星月纹，左侧铸币纪年"2"，右侧铸币地"塞卡斯坦"，3层珠圈外有4个星月纹。

0360 1德拉克马银币 4.1克，31.8毫米

0361 1德拉克马银币 4.1克，32.5毫米

0362 1德拉克马银币 4.1克，32.6毫米

0363 1德拉克马银币 2.2克，28.0毫米

库思老五世

公元630-633年。正面国王戴星月双翅城齿冠，面右无须胸像，币文"繁荣昌盛，库思老"，双珠圈外有3个星月纹。背面是国王与祭司分站在祭火坛两侧，上部火焰左右有星月纹，左侧铸币纪年"2"，右侧铸币地"尼哈旺德"，3层珠圈外有4个星月纹。

0364 1德拉克马银币 4.1克，33.0毫米

霍尔姆兹德五世

公元631-632年。正面国王戴星月双翅城齿冠，面右胸像，币文"繁荣昌盛，霍尔姆兹德"，双珠圈外有3个星月纹。背面是国王与祭司分站在祭火坛两侧，上部火焰左右有星月纹，左侧铸币纪年，右侧铸币地，3层珠圈外有4个星月纹。

0365 1德拉克马银币 3.2克，30.3毫米
梅善铸。

0366 1德拉克马银币 4.0克，32.0毫米
希兹铸，宋志勇藏品。

耶兹格德三世（一）

公元632-651年。正面国王戴星月双翅城齿冠，面右无须胸像，币文"繁荣昌盛，耶兹格德"，珠圈外有3个星月纹。背面是国王与祭司分站在祭火坛两侧，上部火焰左右有星月纹，左侧铸币纪年，右侧铸币地，双层珠圈外有4个星月纹。

0367　1德拉克马银币　4.1克，32.7毫米　塞卡斯坦铸。

0368　1德拉克马银币　4.1克，31.7毫米　塞卡斯坦铸。

0369　1德拉克马银币　4.0克，34.0毫米

耶兹格德三世（二）

　　正面国王戴星月双翅城齿冠，面右有须胸像，币文"繁荣昌盛，耶兹格德"，双层珠圈外有3个星月纹。背面是国王与祭司分站在祭火坛两侧，上部火焰左右有星月纹，左侧铸币纪年，右侧铸币地，3层珠圈外有4个星月纹。

0370　1德拉克马银币　3.9克，34.0毫米　纳赫−迪雷铸，宋志勇藏品。

0371　1德拉克马银币　3.9克，31.3毫米　行走（随军铸币）。

阿拉伯萨珊

　　阿拉伯萨珊钱币是阿拉伯人在萨珊王朝灭亡后，早期使用的钱币。阿拉伯人建立新的王朝后，大约于公元651年开始打制阿拉伯萨珊钱币，钱币沿用了前萨珊王朝库思老二世和耶斯提泽德三世的钱币样式，铭文改为阿拉伯文。公元698年，大马士革造币厂开始打制具有伊斯兰特色的第尔汗钱币，铭文为阿拉伯文，之后阿拉伯萨珊钱币停用。

　　阿拉伯萨珊钱币分为耶斯提泽德三世币型、库思老二世币型、总督币型、匿名币型。阿拉伯萨珊钱币未有打制的金币，银币重约4.10克-4.15克，有些钱币被剪边至各种重量标准，约2.3克-3.8克，钱币上有巴列维文、阿拉伯文、巴克特里亚文、粟特文等或加盖各类符号戳记，正面图案以国王胸像为主，一般为右侧向，国王头戴王冠，背面为袄教祭火坛及祭司，上部有火焰或者星月图案。另，同时代还打制有各种阿拉伯萨珊模仿币，形制基本一致，但是重量、质量都有明显的模仿特征。

仿库思老二世

正面国王戴星月双翅城齿冠，面右胸像，巴列维文"繁荣昌盛，库思老"，双珠圈外有3个星月纹，右下为阿拉伯文"以安拉的名义"。背面是国王与祭司分站在祭火坛两侧，上部火焰左右有星月纹，左侧铸币纪年，右侧铸币地名简写，3层珠圈外有4个星月纹。

0372　1德拉克马银币　4.2克，32.0毫米　　　　0373　1德拉克马银币　3.7克，30.0毫米

吉亚德·本·阿布·苏福颜（总督）

公元665-674年。正、背面仿库思老二世币型，正面右侧为巴列维文"吉亚德·本·阿布·苏福颜"，右下为阿拉伯文"以安拉的名义"。

0374　1德拉克马银币　4.0克，32.2毫米　　　　0375　1德拉克马银币　4.0克，32.0毫米

乌巴德·本·吉亚德（总督）

公元674-683年。正、背面仿库思老二世币型，正面右侧为巴列维文"乌巴德·本·吉亚德"，右下为阿拉伯文"以安拉的名义"。

0376　1德拉克马银币　4.1克，31.8毫米　　　　0377　1德拉克马银币　3.9克，32.0毫米

阿卜杜勒·本·祖拜尔（争位哈里发）

公元680-692年。正、背面仿库思老二世币型，正面右侧为巴列维文"阿卜杜勒·本·祖拜尔"，右下为阿拉伯文"以安拉的名义"。

0378　1德拉克马银币　4.2克，29.2毫米　　　　0379　1德拉克马银币　3.9克，27.7毫米

乌玛尔·本·乌巴德（总督）

公元686-691年。正、背面仿库思老二世币型，正面右侧为巴列维文"乌玛尔·本·乌巴德"，右下为阿拉伯文"赞美安拉"。

0380　1德拉克马银币　4.0克，31.9毫米　　　　0381　1德拉克马银币　3.9克，31.5毫米

穆哈拉布·本·阿比·苏福拉（总督）

公元694-698年。正、背面仿库思老二世币型，正面右侧为巴列维文"穆哈拉布·本·阿比·苏福拉"，右下为阿拉伯文"以安拉的名义"。

0382　1德拉克马银币　3.9克，31.5毫米

贾赫纳赫（锡斯坦总督）

约公元760年。正、背面仿库思老二世币型，正面右侧为阿拉伯文"贾赫纳赫"。

0383　1德拉克马银币　3.3克，29.1毫米

穆拉德（锡斯坦总督）

约公元770年。正、背面仿库思老二世币型，正面右侧为阿拉伯文"穆拉德"。

0384　1德拉克马银币　3.7克，33.4毫米

拉达（锡斯坦总督）

约公元780年。正、背面仿库思老二世币型，正面右侧为阿拉伯文"拉达"。

0385　1德拉克马银币　3.2克，30.1毫米

塔明·本·赛依德（锡斯坦总督）

约公元783-786年。正、背面仿库思老二世币型，正面右侧为阿拉伯文"塔明"。

0386　1德拉克马银币　3.6克，30.9毫米

陀拔里斯坦

陀拔里斯坦，也译作大不里士、太伯里斯坦、陀拔斯单等，是古代伊朗的一个地区，位于里海南岸的高地。在阿契美尼德王朝统治时期，陀拔里斯坦属于其下的希尔卡尼亚行省。在阿契美尼德王朝灭亡后的近十个世纪里，陀拔里斯坦地区一直是近乎独立的状态。

萨珊王朝灭亡后，陀拔里斯坦宣布独立，并开始造币。其银币形制是萨珊王朝库思老二世银币样式，重量1/2德拉克马，比萨珊王朝银币小了一半，正面右侧是巴列维文王名。陀拔里斯坦独立时与我国唐朝有过友好交往，《新唐书》（卷二百二十一下·列传第一百四十六下·西域下）载："又有陀拔斯单者，或曰陀拔萨惮。其国三面阻山，北濒小海。居婆里城，世为波斯东大将。波斯灭，不肯臣大食。天宝五载，王忽鲁汗遣使入朝，封为归信王。后八年，遣子自会罗来朝，拜右武卫员外中郎将，赐紫袍、金鱼，留宿卫。"

陀拔里斯坦自公元651年独立后历经百余年。公元761年，陀拔里斯坦被阿巴斯王朝攻灭。自此由阿巴斯王朝派总督在这一地区进行统治和管理，总督拥有造币权，并在钱币正面右侧用阿拉伯文标注总督名讳，样式完全照搬陀拔里斯坦银币。所以陀拔里斯坦钱币有两个时期，一是陀拔里斯坦独立时期，二是阿拉伯总督时期。

表010　陀拔里斯坦王朝世系表

序　号	王　名	在位年代	备　注
伊斯帕赫巴德王朝			
1	戈巴拉	公元 652 – 690 年	无币
2	达布瓦	公元 650 – 711 年	无币
3	法尔罕	公元 711 – 728 年	
4	达特布杰米赫尔	公元 728 – 740 年	
5	萨鲁雅	公元 739 – 740 年	无币
6	库沙德	公元 740 – 761 年	
阿巴斯王朝总督			
序　号	总督名	在位年代	备　注
1	哈立德	公元 766 – 771 年	
2	乌玛尔	公元 771 – 780 年	有 3 种币型
3	赛依德	公元 772 – 778 年	
4	叶赫亚	公元 779 – 781 年	
5	米赫兰	公元 786 年	
6	贾尔	公元 786 – 788 年	
7	苏莱曼	公元 787 – 789 年	
8	马阿德	公元 789 年	有 2 种币型
9	穆卡提尔	公元 788 – 792 年	
10	哈尼	公元 788 – 789 年	
11	阿卜杜勒	公元 790 – 791 年	
12	阿卜杜勒·本·阿尔夫	公元 792 年	

图002　陀拔里斯坦徽记

法尔罕

公元711-728年。正、背面仿库思老二世币型，正面右侧为巴列维文"法尔罕繁荣昌盛"，右下有铭文"赞美"。背面左侧为巴列维文铸币纪年，右侧为铸币地。

0387　1/2德拉克马银币 2.1克，23.4毫米

0388　1/2德拉克马银币 2.0克，23.8毫米

库沙德

公元740-761年。正、背面仿库思老二世币型，正面右侧为巴列维文"库沙德繁荣昌盛"，右下有铭文"赞美"。背面左侧为巴列维文铸币纪年，右侧为铸币地。

0389　1/2德拉克马银币 1.7克，22.3毫米

0390　1/2德拉克马银币 2.0克，24.2毫米

0391　1/2德拉克马银币 2.1克，24.2毫米

乌玛尔·本·安拉

公元771-780年。正、背面仿库思老二世币型，正面右侧为巴列维文"乌玛尔繁荣昌盛"，右下有铭文"赞美"。背面左侧为巴列维文铸币纪年，右侧为铸币地。

0392 1/2德拉克马银币 1.9克，22.9毫米

0393 1/2德拉克马银币 2.0克，22.8毫米

0394 1/2德拉克马银币 1.9克，24.2毫米

赛依德·本·达拉杰

公元772—778年。正、背面仿库思老二世币型，正面右侧为库法体阿拉伯文"赛依德"，右下有铭文"赞美"。背面左侧为巴列维文铸币纪年，右侧为铸币地。

0395 1/2德拉克马银币 1.9克，23.4毫米

0396 1/2德拉克马银币 2.1克，23.8毫米

0397 1/2德拉克马银币 1.9克，23.2毫米

贾尔（一）

公元786—788年。正、背面仿库思老二世币型，正面右侧为库法体阿拉伯文"贾尔"，右下有铭文"赞美"。背面左侧为巴列维文铸币纪年，右侧为铸币地。

0398　1/2德拉克马银币　1.8克，22.3毫米　　　　0399　1/2德拉克马银币　2.0克，24.0毫米

0400　1/2德拉克马银币　2.0克，22.8毫米

贾尔（二）

　　正、背面仿库思老二世币型，正面右侧为巴列维文"繁荣昌盛"，左下为库法体阿拉伯文"贾尔"，右下有铭文"赞美"。背面左侧为巴列维文铸币纪年，右侧为铸币地。

0401　1/2德拉克马银币　2.0克，23.6毫米　　　　0402　1/2德拉克马银币　2.0克，24.1毫米

0403　1/2德拉克马银币　1.9克，23.5毫米

苏莱曼·本·穆萨

　　公元787–789年。正、背面仿库思老二世币型，菱形人面，中书阿拉伯文"好的"，正面左侧为巴列维文"繁荣昌盛"，右侧为库法体阿拉伯文"苏莱曼"，右下铭文"赞美"。背面左侧为巴列维文铸币纪年，右侧为铸币地。

0404　1/2德拉克马银币　1.8克，22.8毫米　　　0405　1/2德拉克马银币　1.8克，23.9毫米

0406　1/2德拉克马银币　2.2克，22.4毫米

哈尼

公元788-790年。正、背面仿库思老二世币型，正面左侧为巴列维文"繁荣昌盛"，右侧为库法体阿拉伯文"哈尼"，右下有铭文"赞美"。背面左侧为巴列维文铸币纪年，右侧为铸币地。

0407　1/2德拉克马银币　2.0克，23.3毫米　　　0408　1/2德拉克马银币　1.9克，22.5毫米

0409　1/2德拉克马银币　1.8克，22.5毫米

匿名（一）

公元780-793年。正、背面仿库思老二世币型，正面右侧为巴列维文"繁荣昌盛"，左下为巴列维文"好"，右下有铭文"赞美"。背面左侧为巴列维文铸币纪年，右侧为铸币地。

0410　1/2德拉克马银币 1.9克，24.4毫米

0411　1/2德拉克马银币 1.9克，23.1毫米

0412　1/2德拉克马银币 2.0克，24.1毫米

匿名（二）

公元780-793年。正、背面仿库思老二世币型，正面右侧为巴列维文"繁荣昌盛"，左下为阿拉伯"很好"，右下有铭文"赞美"。背面左侧为巴列维文铸币纪年，右侧为铸币地。

0413　1/2德拉克马银币 1.7克，23.8毫米

0414　1/2德拉克马银币 1.9克，23.5毫米

0415　1/2德拉克马银币 1.9克，23.6毫米

无名王

正、背面仿库思老二世币型，右下有铭文"赞美"。背左侧为巴列文铸币纪年，右侧为铸币地。

0416　1/2德拉克马银币 2.0克，23.4毫米

亚历山大帝国、塞琉古王朝和托勒密王朝

公元前334年，马其顿国王菲利普二世之子亚历山大推翻了阿契美尼德王朝，随后他建立起了一个横跨亚欧非三大洲的亚历山大帝国。

公元前323年，年仅33岁的亚历山大大帝在巴比伦去世，因为王权之争，部将们互相攻伐，内战不断，其建立的亚历山大帝国瓦解，最后分裂为三个希腊化国家。一是欧洲的马其顿王朝，二是西亚的塞琉古王朝，三是北非的托勒密王朝。马其顿王朝在亚历山大统治时也被称为亚历山大帝国，后于公元前148年并入罗马帝国。

塞琉古王朝是由亚历山大大帝的部将塞琉古建立的。亚历山大帝国分裂后，塞琉古拥兵自立，于公元前305年正式称王，建立了塞琉古王朝，都城塞琉西亚。从公元前305年至公元前64年，王朝历经241年。

托勒密王朝是由亚历山大帝国时的埃及总督托勒密建立的。亚历山大大帝死后，埃及总督托勒密宣布独立，自称埃及法老，继承了埃及法老的君主专制制度，定都亚历山大港。托勒密王朝于公元前30年末王克里奥佩特拉七世（埃及艳后）自杀后并入了罗马帝国。从公元前305年至公元前30年，王朝历经275年。

马其顿，亚历山大三世（一）

公元前336-前323年。正面赫拉克勒斯戴狮皮头盔，面右头像。背面宙斯右手托鹰并腿，面左坐像，下方及右侧为希腊文"亚历山大国王"。此为亚历山大生前造币。

0417　4德拉克马银币 17.2克，24.5毫米　　0418　4德拉克马银，17.0克，25.8毫米

0419　1奥波银币 0.6克，8.3毫米

马其顿，亚历山大三世（二）

1奥波银币和4德拉克马银币对比。

0420 小为1奥波银币，大为4德拉克马银币

马其顿，亚历山大三世（三）

公元前323-前320年。正面赫拉克勒斯戴狮皮头盔，面右头像。背面宙斯左手持杖，右手托鹰交脚，面左坐像，右侧为希腊文"亚历山大国王"。此为亚历山大逝后造币。

0421　4德拉克马银币 16.9克，26.0毫米　　0422　1德拉克马银币 4.0克，15.0毫米

0423　1德拉克马银币　4.1克，17.1毫米

0424　1德拉克马银币　4.1克，16.6毫米

0425　1德拉克马银币　4.1克，16.4毫米

马其顿，菲力三世

正面巴力神持杖，面左坐像。背面左向站立的雄狮，上方是造币厂印记。此币是摄政王佩尔狄卡斯为菲力三世打制的波斯型银币。

0426　4德拉克马银币　17.1克，26.2毫米

色雷斯，利西马柯斯

公元前323－前281年。正面赫拉克勒斯戴狮皮头盔，面右头像。背面雅典娜右手托胜利女神奈克，左手支撑在盾牌上，面左坐像，左右希腊文"利西马柯斯国王"。

0427　1德拉克马银币　3.8克，16.2毫米

塞琉古，安条克三世

公元前223－前187年。正面国王束头带，面右头像。背面阿波罗一手持弓，一手持

箭，面左坐于脐石上，左右为希腊文"安条克国王"。

0428　1德拉克马银币　4.2克，16.8毫米　　　　0429　1德拉克马银币　3.9克，15.6毫米

0430　4德拉克马银币　16.9克，30.0毫米

塞琉古，塞琉古四世

公元前187—前175年。正面国王束头带，面右头像。背面阿波罗一手持弓，一手持箭，面左坐于脐石上，左右为希腊文"塞琉古国王"。

0431　1德拉克马银币　4.0克，16.1毫米

塞琉古，德米特里乌斯一世（一）

公元前161—前150年。正面国王束头带，面右头像。背面阿波罗一手持弓，一手持箭，面左坐于脐石上，下方及左右为希腊文"救世主德米特里乌斯国王"。

0432　1德拉克马银币　3.8克，15.0毫米　　　　0433　1德拉克马银币　4.0克，16.4毫米

塞琉古，德米特里乌斯一世（二）

正面国王束头带，面右头像。背面提喀女神一手持丰饶角，一手持杖面，左坐像，椅下是小海神特里同，左右希腊文"救世主德米特里乌斯国王"。

0434　4德拉克马银币 15.6克，26.5毫米　　　0435　4德拉克马银币 16.4克，26.2毫米

塞琉古，德米特里乌斯一世（三）

正面国王束头带，面右头像。背面提喀女神一手持丰饶角，一手持杖面，椅下是小海神特里同，左右希腊文"德米特里乌斯国王"。

0436　4德拉克马银币 16.5克，30.1毫米

塞琉古，安条克七世（一）

公元前138-前129年。正面国王束头带，面右头像。背面奈克女神手持花环，面左站像，左右希腊文"仁慈的安条克国王"。

0437　1德拉克马银币 3.9克，18.3毫米

塞琉古，安条克七世（二）

正面国王束头带，面右头像。背面雅典娜一手托奈克女神，一手持杖，面左站像，左右为希腊文"仁慈的安条克国王"。

0438　4德拉克马银币　16.1克，29.5毫米

塞琉古，安条克八世

公元前125-前96年。正面国王束头带，面右头像。背面宙斯一手托芒星，一手持杖，面左站像，左右为希腊文"高贵的安条克国王"。

0439　4德拉克马银币　16.4克，30.7毫米

托勒密，托勒密六世

公元前163-前145年。正面国王束头带，面右头像。背面雄鹰抓握霹雳，左右为希腊文"托勒密国王"。

0440　4德拉克马银币　14.0克，26.2毫米　　0441　4德拉克马银币　14.1克，26.0毫米

巴克特里亚王朝

公元前255年，塞琉古王朝最东部的巴克特里亚总督狄奥多托斯宣布独立，建立起巴克特里亚王朝，都城巴克特拉（今阿富汗巴尔赫）。巴克特里亚是古希腊人对兴都库什山以北阿富汗东北地区的称呼，西方也称作吐火罗斯坦。

表011　巴克特里亚王朝世系表

序号	王名	在位年代	备注
1	狄奥多托斯一世	公元前 256 - 前 248 年	开国君主
2	狄奥多托斯二世	公元前 248 - 前 235 年	1 之子
3	攸赛德莫斯一世	公元前 235 - 前 200 年	
4	德米特里乌斯一世	公元前 200 - 前 185 年	3 之子
5	攸赛德莫斯二世	公元前 200 - 前 190 年	3 之子
6	安蒂马柯斯一世	公元前 190 - 前 180 年	3 之子
7	潘塔利翁	公元前 185 - 前 175 年	4 之子
8	阿加索克勒斯	公元前 185 - 前 165 年	4 之子

序号	王名	在位年代	备注
9	德米特里乌斯二世	公元前 180- 前 165 年	6 之子
10	阿波罗多托斯一世	公元前 180- 前 169 年	
11	攸克拉提底斯一世	公元前 171- 前 155 年	
12	赫里奥克勒斯一世	公元前 155- 前 140 年	11 之子
13	帕拉图	公元前 155 年 - ?	11 之子
14	米南德	公元前 155- 前 130 年	9 之子
15	攸克拉提底斯二世	公元前 140 年 - ?	12 之子
16	佐伊洛斯一世	? - 公元前 125 年	4 之子
17	帕里赛努斯	? - 公元前 130 年	
18	伊潘德尔	? - 公元前 130 年	
19	安蒂马柯斯二世	公元前 130- 前 125 年	9 之子
20	斯特拉托一世	公元前 130- 前 95 年	14 之子
21	阿基比奥斯	公元前 130- 前 120 年	15 之子
22	菲罗赛努斯	公元前 125- 前 115 年	19 之子
23	鲁西亚斯	公元前 120- 前 110 年	16 之子
24	赫里奥克勒斯二世	公元前 120- 前 115 年	12 之子
25	阿波罗多托斯二世	公元前 115- 前 95 年	14 之子
26	安提亚基达斯	公元前 155- 前 100 年	24 之子
27	阿特米多罗斯	? - 前 95 年	
28	皮克拉奥斯	? - 前 95 年	
29	德奥米底斯	公元前 95- 前 85 年	26 之子
30	泰勒福斯	公元前 95- 前 80 年	26 之子
31	尼基亚斯	公元前 95- 前 85 年	22 之子
32	泰奥费洛斯	? - 前 85 年	23 之子
33	佐伊洛斯二世	公元前 95- 前 80 年	25 之子
34	狄奥尼索斯	公元前 95- 前 80 年	25 之子
35	阿波罗法尼斯	公元前 95- 前 80 年	25 之子
36	赫帕斯特拉托斯	公元前 85- 前 70 年	31 之子

续表

序号	王名	在位年代	备注
37	阿孟塔斯	公元前 85－前 75 年	26 之子
38	斯特拉托二世	公元前 85－前 75 年	20 之子
39	赫马厄斯	公元前 75－前 50 年	37 之子

狄奥多托斯一世

公元前256-前248年。正面国王束头带，面右头像。背面宙斯左手托神盾，右手持霹雳，左行像，左右为希腊文"安条克国王"。此时仍以塞琉古王朝为宗主国，因此以安条克的名义铸币。

0442　1斯达特金币　8.4克，19.0毫米
宋志勇藏品

0443　1斯达特金币　8.3克，18.8毫米

0444　1斯达特金币　8.3克，17.7毫米

0445　1斯达特金币　8.0克，16.2毫米
宋功藏品

狄奥多托斯二世（一）

公元前248-前235年。正面国王束头带，面右头像。背面宙斯左手托神盾，右手持霹雳，左行像，左右为希腊文"狄奥多托斯国王"。

0446　1斯达特金币　8.4克，20.0毫米
宋志勇藏品

狄奥多托斯二世（二）

正面国王束头带，面右头像。背面左向站立的神像，左右为希腊文"狄奥多托斯国王"。

0447 1查卡铜币 3.8克，16.5毫米

攸赛德莫斯一世（一）

公元前235-前200年。正面国王束头带，面右少年像。背面赫拉克勒斯持棒，面左坐像，左右为希腊文"攸赛德莫斯国王"。

0448 4德拉克马银币 15.8克，28.5毫米

攸赛德莫斯一世（二）

正面国王束头带，面右青年像。背面赫拉克勒斯持棒，面左坐像，左右为希腊文"攸赛德莫斯国王"。

0449 4德拉克马银币 16.3克，29.0毫米

攸赛德莫斯一世（三）

正面国王束头带，面右老年像。背面赫拉克勒斯持棒，面左坐像，左右为希腊文"攸赛德莫斯国王"。

0450 4德拉克马银币 16.7克，27.3毫米

攸赛德莫斯一世（四）

正面国王束头带，面右头像。背面是右向奔马，上下为希腊文"攸赛德莫斯国王"。

0451 2查卡铜币 8.3克，21.1毫米

德米特里乌斯一世

公元前200—前185年。正面国王戴象头盔，面右胸像。背面赫拉克勒斯左手持大棒和狮皮，右手为自己加冕，站像，左右为希腊文"德米特里乌斯国王"。

0452 4德拉克马银币 16.5克，32.1毫米

攸赛德莫斯二世

公元前200—前190年。正面国王束头带，面右胸像。背面赫拉克勒斯左手持大棒和狮皮，右手持花环，站像，左右为希腊文"攸赛德莫斯国王"。

0453　4德拉克马银币　16.8克，31.0毫米　　　　0454　4德拉克马银币　16.6克，31.4毫米

安蒂马柯斯一世

公元前190—前180年。正面国王戴扁平帽，面右胸像。背面海神波塞冬右手持三叉戟，左手握棕榈枝正面，站像，左右为希腊文"圣神的安蒂马柯斯国王"。

0455　4德拉克马银币　16.3克，32.8毫米

阿加索克勒斯

公元前185—前165年。正面国王束头带，面右胸像。背面宙斯左手持权杖，右手托赫卡忒，站像，左右为希腊文"阿加索克勒斯国王"。

0456　4德拉克马银币　16.6克，30.4毫米

德米特里乌斯二世

公元前180—前165年。正面国王束头带，面右胸像。背面雅典娜右手持矛，左手扶盾，站像，左右为希腊文"德米特里乌斯国王"。

0457　4德拉克马银币　15.7克，34.5毫米

攸克拉提底斯一世（一）

公元前171－前155年。正面国王束头带，面右胸像。背面是象征双子座神的双帽，左右为希腊文"攸克拉提底斯国王"。

0458　1奥波银币　0.7克，11.5毫米　　　　0459　1奥波银币　0.68克，11.7毫米

攸克拉提底斯一世（二）

正面国王戴脊盔，面右胸像。背面是象征双子座神的双帽，左右为希腊文"攸克拉提底斯国王"。

0460　1奥波银币　0.46克，9.9毫米　　　　0461　1奥波银币　0.63克，10.7毫米

攸克拉提底斯一世（三）

正面国王束头带，面右胸像。背面双子座神持矛和棕榈枝，骑马像，上下为希腊文"攸克拉提底斯大王"。

0462　1德拉克马银币　4.2克，21.0毫米

攸克拉提底斯一世（四）

正面国王戴脊盔，面右胸像。背面双子座神持矛和棕榈枝，骑马像，上下为希腊文"攸克拉提底斯大王"。

0463　4德拉克马银币 17.0克，31.6毫米　　　　0464　4德拉克马银币 17.0克，32.9毫米

0465　4德拉克马银币16.6克，33.5毫米，宋功藏品

攸克拉提底斯一世（五）

1奥波银币和4德拉克马银币对比。

0466　左为1奥波银币，右为4德拉克马银币

攸克拉提底斯一世（六）

正面国王戴脊盔，面右胸像，外圈为希腊文"攸克拉提底斯大王"。背面双子座神持矛和棕榈枝，骑马像，外圈为佉卢文"攸克拉提底斯国王"。

0467　4查卡铜币　9.4克，23.2毫米　　　　0468　4查卡铜币　9.1克，23.6毫米

阿波罗多托斯一世

公元前180-前169年。正面右行大象，外圈为希腊文"救世主阿波罗多托斯国王"。背面右行瘤牛，外圈为佉卢文"阿波罗多托斯国王"。

0469　1/2德拉克马银币　1.0克，13.1毫米　　0470　1德拉克马银币　2.4克，14.5毫米

0471　1德拉克马银币　2.3克，16.4毫米　　0472　1德拉克马银币　2.5克，16.2毫米

0473　1德拉克马银币　2.4克，16.8毫米　　0474　1德拉克马银币　2.3克，15.0毫米

0475　1德拉克马银币　2.2克，15.4毫米

赫里奥克勒斯一世

公元前155-前140年。正面国王束头带，面右胸像，外圈为希腊文"公正的赫里奥克勒斯国王"。背面为左行的大象，外圈为佉卢文"赫里奥克勒斯国王"。

0476　4查卡铜币　8.2克，20.1毫米

帕拉图

公元前155-？年。正面右行瘤牛。背面是徽记。

0477　1查卡铜币　2.0克，14.8毫米

米南德（一）

公元前155-前130年。正面国王戴脊盔，面右胸像，外圈为希腊文"救世主米南德国王"。背面雅典娜手持霹雳及神盾，左行像，外圈为佉卢文"米南德国王"。

0478　1德拉克马银币　2.5克，17.6毫米　　0479　1德拉克马银币　2.5克，17.4毫米

0480　1德拉克马银币　2.5克，16.7毫米　　0481　4德拉克马银币　9.6克，24.1毫米

米南德（二）

正面国王束头带，面右胸像，外圈为希腊文"救世主米南德国王"。背面雅典娜手持

霹雳及神盾，左行像，外圈为佉卢文"米南德国王"。

0482　1德拉克马银币 2.5克，17.1毫米　　0483　1德拉克马银币 2.5克，17.7毫米

0484　1德拉克马银币 2.4克，16.3毫米

米南德（三）

正面国王束头带右手持矛，面左胸像，外圈为希腊文"救世主米南德国王"。背面雅典娜手持霹雳及神盾，左行像，外圈为佉卢文"米南德国王"。

0485　1德拉克马银币 2.4克，16.0毫米　　0486　1德拉克马银币 2.4克，16.5毫米

0487　1德拉克马银币 2.5克，17.2毫米　　0488　4德拉克马银币 9.8克，26.3毫米

米南德（四）

正面国王束头带右手持矛，面左胸像，外圈为希腊文"救世主米南德国王"。背面雅典娜手持霹雳及神盾，右行像，外圈为佉卢文"米南德国王"。

0489　1德拉克马银币 2.5克，15.5毫米　　　0490　1德拉克马银币 2.4克，17.3毫米

米南德（五）

正面系铃象首像，外圈为希腊文"救世主米南德国王"。背面大棒（赫拉克勒斯），外圈为佉卢文"米南德国王"。

0491　1查卡铜币 2.7克，13.5毫米　　　0492　1查卡铜币 2.5克，15.5毫米

安蒂马柯斯二世

公元前130-前125年。正面奈克女神左手握花环，右手持棕榈枝，左行像，外圈为希腊文"胜利者安蒂马柯斯国王"。背面国王骑马，右行像，外圈为佉卢文"安蒂马柯斯国王"。

0493　1德拉克马银币 2.4克，17.3毫米　　　0494　1德拉克马银币 2.5克，16.3毫米

斯特拉托一世（一）

公元前130-前95年。正面国王束头带，面右胸像，外圈为希腊文"公正的救世主斯特拉托国王"。背面雅典娜手持霹雳及神盾，左行像，外圈为佉卢文"斯特拉托国王"。

0495　1德拉克马银币 2.2克，16.5毫米

斯特拉托一世（二）

正面国王束头带肩扛大棒，面右胸像，外圈为希腊文"公正的救世主斯特拉托国王"。背面奈克女神手持花环及棕榈枝，右行像，外圈为佉卢文"斯特拉托国王"。

0496　4查卡铜币 8.2克，20.3毫米　　　0497　4查卡铜币 8.3克，18.0毫米

阿基比奥斯

公元前130-前120年。正面国王戴脊盔，面右胸像，外圈为希腊文"公正的胜利者阿基比奥斯国王"。背面宙斯一手握权杖，一手持霹雳，站像，外圈为佉卢文"阿基比奥斯国王"。

0498　1德拉克马银币 2.2克，16.1毫米

菲罗赛努斯（一）

公元前125-前115年。正面国王戴脊盔，面右胸像，外圈为希腊文"不可战胜的菲罗赛努斯国王"。背面国王骑马，右行像，外圈为佉卢文"菲罗赛努斯国王"。

0499　1德拉克马银币 2.0克，16.1毫米　　0500　4德拉克马银币 9.3克，27.2毫米

菲罗赛努斯（二）

公元前125-前115年。正面国王束头带，面右胸像，外圈为希腊文"不可战胜的菲罗赛努斯国王"。背面国王骑马，右行像，外圈为佉卢文"菲罗赛努斯国王"。

0501 1德拉克马银币 1.7克，15.4毫米　　　　0502 4德拉克马银币 9.3克，26.6毫米

菲罗赛努斯（三）

公元前125-前115年。正面提喀女神手持丰饶角，站像，外圈为希腊文"不可战胜的菲罗赛努斯国王"。背面右向瘤牛像，外圈为佉卢文"菲罗赛努斯国王"。

0503 2查卡铜币 5.5克，18.8毫米　　　　0504 4查卡铜币 8.0克，18.4毫米

阿波罗多托斯二世（一）

公元前115-前95年。正面国王束头带，面右胸像，外圈为希腊文"救世主和爱父的阿波罗多托斯大王"。背面雅典娜手持霹雳及神盾，左行像，外圈为佉卢文"阿波罗多托斯国王"。

0505 1德拉克马银币 2.5克，16.7毫米　　　　0506 1德拉克马银币 2.3克，16.5毫米

0507 1德拉克马银币 2.4克，16.1毫米　　　　0508 1德拉克马银币 2.4克，16.7毫米
造币厂徽记不同　　　　　　　　　　　　　　造币厂徽记不同

0509 1德拉克马银币 2.3克，15.8毫米

阿波罗多托斯二世（二）

正面阿波罗一手持弓一手握箭，站像，外圈为希腊文"救世主和爱父的阿波罗多托斯大王"。背面是三足祭坛，外圈为佉卢文"阿波罗多托斯国王"。

0510　1查卡铜币 2.1克，14.6毫米

0511　2查卡铜币 3.7克，14.8毫米

0512　4查卡铜币 9.6克，25.3毫米

安提亚基达斯（一）

公元前115−前95年。正面国王束头带，面右胸像，外圈为希腊文"胜利者安提亚基达斯国王"。背面宙斯左手持权杖，右手托奈克女神，坐像，旁边是印度象，外圈为佉卢文"安提亚基达斯国王"。

0513　1德拉克马银币 2.5克，15.5毫米

安提亚基达斯（二）

正面国王戴脊盔，面右胸像，外圈为希腊文"胜利者安提亚基达斯国王"。背面宙斯左手持权杖，右手托奈克女神，坐像，旁边是印度象，外圈为佉卢文"安提亚基达斯国王"。

0514　1德拉克马银币 2.5克，17.0毫米　　　0515　1德拉克马银币 2.5克，15.4毫米

安提亚基达斯（三）

正面国王戴扁平帽，面右胸像，外圈为希腊文"胜利者安提亚基达斯国王"。背面宙斯左手持权杖，右手托奈克女神，坐像，旁边是印度象，外圈为佉卢文"安提亚基达斯国王"。

0516　1德拉克马银币 2.5克，15.6毫米　　　0517　1德拉克马银币 2.5克，15.8毫米

安提亚基达斯（四）

正面宙斯手持霹雳，面右胸像，外圈为希腊文"胜利者安提亚基达斯国王"。背面是代表双子座的双帽，其中间有两枝棕榈枝，外圈为佉卢文"安提亚基达斯国王"。

0518　2查卡铜币 3.7克，23.1毫米　　　0519　4查卡铜币 8.2克，20.5毫米

德奥米底斯

公元前95-前85年。正面双子座持矛，站像，外圈为希腊文"救世主德奥米底斯国王"。背面右向瘤牛，外圈为佉卢文"德奥米底斯国王"。

0520　4查卡铜币 9.0克，20.5毫米

佐伊洛斯二世

公元前95-前80年。正面国王束头带，面右胸像，外圈为希腊文"救世主佐伊洛斯国王"。背面雅典娜手持霹雳及神盾，左行像，外圈为佉卢文"佐伊洛斯国王"。

0521　1德拉克马银币　2.3克，16.6毫米

0522　1德拉克马银币　2.2克，15.6毫米
造币厂徽记不同

0523　1德拉克马银币　2.3克，17.2毫米

0524　1德拉克马银币　2.0克，16.4毫米

0525　1德拉克马银币　2.1克，16.6毫米

赫马厄斯（一）

公元前75－前50年。正面国王束头带，面右胸像，外圈为希腊文"救世主赫马厄斯国王"。背面宙斯持权杖，坐像，外圈为佉卢文"赫马厄斯国王"。

0526　1德拉克马银币　2.5克，17.0毫米

0527　1德拉克马银币　2.5克，16.5毫米

0528　4德拉克马银币　8.4克，25.8毫米

0529　4查卡铜币　9.1克，22.9毫米

0530　4查卡铜币　9.1克，22.5毫米

赫马厄斯（二）

正面赫马厄斯及其妻卡里奥佩，叠像，外圈为希腊文"救世主国王赫马厄斯和卡里奥佩"。背面国王骑马像，外圈为佉卢文"国王赫马厄斯和卡里奥佩"。

0531　1德拉克马银币 2.4克，16.2毫米

赫马厄斯（三）

正面宙斯，面右胸像，外圈为希腊文"救世主赫马厄斯国王"。背面立马像，外圈为佉卢文"赫马厄斯国王"。

0532　2查卡铜币 6.2克，17.6毫米

0533　2查卡铜币 5.5克，19.9毫米

巴克特利亚时期雕刻的宝石戒面

由红色石榴石雕刻而成，戴脊盔武士，头像。

0534　8.5毫米X8.4毫米

印度塞克王朝

  印度塞克王朝，是公元前1世纪北方的塞克人南下到印度河下游地区及印度西北部地区后，建立起的一个松散联盟式的王朝，一般认为其开国之君是毛伊斯。毛伊斯死后，王朝分裂，约经百年最后分别被安息王朝和贵霜王朝所灭。

  塞克（斯基泰）人是指游牧于亚洲和欧洲北部广大草原地区族群的统称，希腊和罗马史书文献称他们为西徐亚人。关于塞克人南下的情况，史载不详。通过分析历史资料，在巴克特里亚王朝早期，锡尔河以北的塞克人就经常南下到王朝的北部边境。在公元前120年前后，中亚两河地区的塞克人大规模南下。塞克人推翻了巴克特里亚王朝，随后进入罽宾地区（克什米尔河谷），并继续向西南方向发展到达锡斯坦（塞克斯坦），最终移动到印度河下游地区，并在此建立了一个塞克人的松散联盟式的王朝，史称印度塞克王朝。

表012　印度塞克王朝世系表

序号	王名	在位年代
1	毛伊斯	约公元前 90- 前 60 年
2	沃罗奈斯	约公元前 75- 前 65 年
3	斯帕拉霍雷斯	约公元前 75- 前 75 年
4	斯帕拉雷西斯	约公元前 60- 前 57 年
5	阿泽斯一世	约公元前 57- 前 35 年
6	阿泽里西斯	约公元前 57- 前 35 年
7	阿泽斯二世	约公元前 35- 前 12 年
8	泽翁尼西斯	约公元前 10- 公元 10 年
9	喀拉霍斯提斯	约公元前 10- 公元 10 年
10	哈加特里亚	/

毛伊斯（一）

公元前90-前60年。正面宙斯持权杖，面左站像，外圈为希腊文"王中之王毛伊斯大王"。背面奈克女神一手持花环，一手握棕榈枝，面右站像，外圈为佉卢文"王中之王毛伊斯"。

0535　4德拉克马银币 9.8克，26.5毫米　　　　0536　4德拉克马银币 7.4克，25.9毫米

毛伊斯（二）

正面右行大象像，外圈为希腊文"王中之王毛伊斯大王"。背面国王盘腿，坐像，外圈，佉卢文"王中之王毛伊斯"。

0537　4查卡铜币 8.0克，18.8毫米　　　　0538　4查卡铜币 8.2克，20.4毫米

沃罗奈斯（一）

公元前75—前65年。正面国王骑马，右行像，外圈为希腊文"公正的爱兄弟的斯帕拉雷希斯国王"。背面赫拉克勒斯持大棒，面左坐像，外圈为佉卢文。此币是沃罗奈斯和斯帕拉雷希斯为副王时所铸造的。

0539　4查卡铜币　8.3克，22.6毫米　　　　0540　4查卡铜币　8.1克，22.9毫米

沃罗奈斯（二）

正面赫拉克勒斯持大棒及狮皮，站像，外圈为希腊文"王中之王沃罗奈斯大王"。背面雅典娜持长矛及神盾，面左站像，外圈为佉卢文"王中之王沃罗奈斯"。

0541　4查卡铜币　7.8克，21.8毫米　　　　0542　4查卡铜币　6.2克，22.4毫米

阿泽斯一世（一）

公元前57—前35年。正面国王持矛骑马，右行像，外圈为希腊文"王中之王阿泽斯大王"。背面宙斯一手握权杖，一手持霹雳，站像，外圈为佉卢文"王中之王阿泽斯"。

0543　4德拉克马银币　9.7克，28.2毫米　　　0544　1德拉克马银币　2.4克，17.0毫米

阿泽斯一世（二）

正面国王持矛骑马，右行像，外圈为希腊文"王中之王阿泽斯大王"。背面雅典娜手

持霹雳及神盾，左行像，外圈为佉卢文"王中之王阿泽斯"。

0545 4德拉克马银币 7.8克，24.9毫米　　0546 1德拉克马银币 2.4克，15.9毫米

0547 1德拉克马银币 2.6克，17.1毫米

阿泽斯一世（三）

正面国王持矛骑马，右行像，外圈为希腊文"王中之王阿泽斯大王"。背面右向瘤牛，站像，外圈为佉卢文"王中之王阿泽斯"。

0548 8查卡铜币 25.5克，31.0毫米

阿泽斯一世（四）

正面海神波塞冬手持三叉戟脚踩河神，正面像，外圈为希腊文"王中之王阿泽斯大王"。背面夜叉持矛，站像，外圈为佉卢文"王中之王阿泽斯"。

0549 4查卡铜币 11.8克，25.0毫米

阿泽里西斯（一）

公元前57-前35年。正面国王骑马，右行像，外圈为希腊文"王中之王阿泽里西斯大王"。背面赫拉克勒斯持大棒，面左坐像，外圈为佉卢文"王中之王阿泽里西斯"。

0550 2查卡铜币 3.6克，18.9毫米   0551 4查卡铜币 8.0克，23.3毫米

阿泽里西斯（二）

正面国王骑马，右行像，外圈为希腊文"王中之王阿泽里西斯大王"。背面右向瘤牛，站像，外圈为佉卢文"王中之王阿泽里西斯"。

0552 3查卡铜币 6.2克，24.1毫米   0553 4查卡铜币 8.3克，20.8毫米

0554 5查卡铜币 10.5克，21.5毫米

阿泽斯二世（一）

公元前35-前12年。正面国王骑马，右行像，外圈为希腊文"王中之王阿泽斯大王"。背面宙斯一手握权杖，一手托奈克女神，面左站像，外圈为佉卢文"王中之王阿泽斯"。

0555　4德拉克马银币 9.5克，24.6毫米　　0556　1德拉克马银币 2.6克，15.0毫米

阿泽斯二世（二）

正面国王骑马，右行像，外圈为希腊文"王中之王阿泽斯大王"。背面海神波塞冬持三叉戟，面右站像，外圈为佉卢文"王中之王阿泽斯"。

0557　4德拉克马银币 9.7克，23.5毫米　　0558　4德拉克马银币 9.7克，25.1毫米

0559　4德拉克马银币 9.5克，23.8毫米

阿泽斯二世（三）

正面国王骑马，右行像，外圈为希腊文"王中之王阿泽斯大王"。背面雅典娜女神持长矛及神盾，面右站像，外圈为佉卢文"王中之王阿泽斯"。

0560　4德拉克马银币 9.5克，23.6毫米　　0561　4德拉克马银币 9.4克，25.2毫米

0562　4德拉克马银币　9.8克，24.2毫米　　　　0563　4德拉克马银币　9.7克，24.2毫米

阿泽斯二世（四）

　　正面国王骑马，右行像，外圈为希腊文"王中之王阿泽斯大王"。背面雅典娜女神持长矛及神盾，正面站像，外圈为佉卢文"王中之王阿泽斯"。

0564　1德拉克马银币　2.5克，15.3毫米　　　　0565　4查卡铜币　9.8克，21.0毫米

阿泽斯二世（五）

　　正面右向瘤牛，站像，外圈为希腊文"王中之王阿泽斯大王"。背面右向雄狮，站像，外圈为佉卢文"王中之王阿泽斯"。

0566　4查卡铜币　15.5克，26.4毫米　　　　0567　4查卡铜币　14.5克，29.0毫米

0568　2查卡铜币　6.7克，24.1毫米

阿泽斯二世（六）

正面右向印度象，站像，外圈为希腊文"王中之王阿泽斯大王"。背面右向瘤牛，站像，外圈为佉卢文"王中之王阿泽斯"。

0569　4查卡铜币　13.7克，28.1毫米

阿泽斯二世（七）

正面国王骑马右行像，外圈讹写的希腊文。背面丰饶女神手捧丰饶角，站像。

0570　4查卡铜币　9.1克，20.8毫米

西郡太守

西郡太守，也称作西萨特拉普王朝（公元60-405年），是塞克人在西北印度统治时期较长的一个政权，中国古称"西郡太守"。

公元1世纪末，塞克人摆脱了印度帕提亚王朝及贵霜王朝的控制，团结在一起，在纳哈帕那的领导下建立起了西萨特拉普王朝，统治西北印度近4个世纪。在其近400年的统治时期，有历史记载的总督（太守）30多位，但有明确在位年代的不到10人。他们发行的钱币从最初仿制印度帕提亚王朝到逐渐印度化，钱币文字也从早期希腊文转为婆罗米文。

表013　西郡太守世系表

序号	王名	在位年代
1	毗萨尤	公元 60-78 年
2	阿格呼达卡	公元 78-90 年
3	比姆马卡	公元 90-100 年

续表

序号	王名	在位年代
4	纳哈帕那	公元 105－125 年
5	鲁陀拉达曼一世	公元 130－150 年
6	达玛加室利一世世	公元 170－175 年
7	鲁陀拉辛哈一世	公元 178－197 年
8	鲁陀拉斯纳一世	公元 199－222 年
9	辛格哈达曼	公元 222－223 年
10	达马斯那	公元 223－236 年
11	维拉达曼	公元 234－239 年
12	雅苏达曼一世	公元 238－239 年
13	维加亚斯纳	公元 238－250 年
14	达玛加室利三世	公元 250－255 年
15	鲁陀拉塞纳二世	公元 256－278 年
16	维斯瓦辛哈	公元 277－290 年
17	巴拉塔达曼	公元 278－295 年
18	维斯瓦斯那	公元 294－304 年
19	鲁陀拉辛马哈二世	公元 305－313 年
20	亚索达曼二世	公元 317－332 年
21	鲁陀拉塞纳三世	公元 348－390 年

毗萨尤

公元60-78年。正面国王戴冠，半身像。背面中间是"卐"字符，外圈为婆罗米文"卡沙哈拉塔王、毗萨尤、拉丹之子"。

0571　1德拉克马银币，3.3克，17毫米

0572　1德拉克马银币，2.2克，17.2毫米

纳哈帕那

公元105-125年。正面国王，面右头像，外圈为希腊文"总督纳哈帕那"。背面是一支箭及霹雳杖，一边佉卢文，一边婆罗米文"纳哈帕那总督王"。

0573　1德拉克马银币　2.5克，17.1毫米

达玛加室利三世

公元250-255年。正面国王戴平顶帽，面右头像。背面中间为三拱丘，上部有两个新月及太阳围绕，下部是河水，外圈为婆罗米文"达玛加室利总督王"。

0574　1德拉克马银币　2.2克，14.4毫米　　　0575　1德拉克马银币　2.1克，13.9毫米

鲁陀拉塞纳二世

公元256-278年。正面国王戴平顶帽，面右头像。背面中间为三拱丘，上部有两个新月及太阳围绕，下部是河水，外圈为婆罗米文"鲁陀拉塞纳总督王"。

0576　1德拉克马银币　2.3克，14.0毫米

巴拉塔达曼

公元278-295年。正面国王戴平顶帽，面右头像。背面中间为三拱丘，上部有两个新月及太阳围绕，下部是河水，外圈为婆罗米文"巴拉塔达曼总督王"。

0577　1德拉克马银币　2.3克，13.8毫米

鲁陀拉辛马哈二世

公元305-313年。正面国王戴平顶帽，面右头像。背面中间为三拱丘，上部有两个新月及太阳围绕，下部是河水，外圈为婆罗米文"鲁陀拉辛马哈总督王"。

0578　1德拉克马银币　2.0克，13.7毫米

0579　1德拉克马银币　2.1克，14.6毫米

亚索达曼二世

公元317-332年。正面国王戴平顶帽，面右头像。背面中间为三拱丘，上部有两个新月及太阳围绕，下部是河水，外圈为婆罗米文"亚索达曼总督王"。

0580　1德拉克马银币　2.5克，14.0毫米

鲁陀拉塞纳三世

公元348-390年。正面国王戴平顶帽，面右头像。背面中间为三拱丘，上部有两个新月及太阳围绕，下部是河水，外圈为婆罗米文"鲁陀拉塞纳总督王"。

0581　1德拉克马银币　1.9克，14.6毫米

梅特拉卡王朝

笈多王朝自塞健陀笈多后，国势渐衰，分裂为若干小国，梅特拉卡王朝（约公元470-800年）就此独立。现发现的梅特拉卡王朝银币都是以王朝创始人巴特拉卡名义发行的。

梅特拉卡王朝发行的银币，正面都是西郡太守型国王头像，背面外圈为婆罗米文"大萨特拉普神之子，斯里，巴特拉卡"，中间的三叉戟早期和晚期略有差别，早期三叉戟顶部两侧是直叉，晚期三叉戟顶部两侧是弯曲的。

梅特拉卡王朝钱币

公元470-780年。正面西郡太守型国王，头像。背面为三叉戟，外圈为婆罗米文"大萨特拉普神子，斯里，巴达尔伽"。梅特拉卡王朝钱币均以王朝创立人巴达尔伽的名义造币。

0582　1德拉克马银币 2.0克，12.3毫米

0583　1德拉克马银币 2.0克，11.0毫米

0584　1德拉克马银币 1.8克，11.2毫米

图003　梅特拉卡王朝徽记（三叉戟）

印度帕提亚

公元20年，原居于安息王朝（帕提亚）东部阿拉霍西亚的安息王子贡多法雷斯（波斯语意"荣誉获得者"）脱离安息王朝，建立了印度帕提亚王朝。在一个半世纪里，安息王朝、贵霜王朝和印度帕提亚王朝三足鼎立共存共处。印度帕提亚王朝虽不是安息王朝的属国，但其钱币明显受到了安息王朝文化的影响。

表014　印度帕提亚王朝世系表

序号	王名	在位年代	备注
1	贡多法雷斯	约公元 20-50 年	统治塞卡斯坦、阿拉霍西亚、塔克西拉、索拉施特拉
2	奥塔格尼斯 （总督）	约公元 25-55 年	1 之兄弟。统治塞卡斯坦及阿拉霍西亚
3	奥塔奈斯二世 （总督）	约公元 40 年	2 之子。统治塞卡斯坦
4	英德拉瓦尔玛 （总督）	约公元 20-50 年	统治塔克西拉
5	阿斯帕瓦尔玛（总督）	约公元 1-35 年	4 之侄。统治塔克西拉
6	萨珊（总督）	约公元 35-55 年	5 之侄。统治塔克西拉及班努

续表

序号	王名	在位年代	备注
7	拉德哈尼斯（总督）	约公元 45-55 年	统治索拉施特拉
8	阿布达加西斯	约公元 55-100 年	1 之侄。统治塞卡斯坦及塔克西拉
9	索庇多尼斯（总督）	约公元 65 年－？	统治阿拉霍西亚及班努
10	萨塔瓦斯特拉（总督）	约公元 90 年－？	统治班努
11	帕克雷斯	约公元 100-135 年	统治塞卡斯特及图兰
12	萨纳巴雷斯一世	约公元 135-160 年	统治塞卡斯特及图兰

图004 印度帕提亚王朝徽记

贡多法雷斯（一）

约公元20-50年。正面国王骑马，左行像，马前为王朝徽记，外圈为希腊文"王中之王贡多法雷斯大王"。背面雅典娜女神持长矛及神盾，面右站像，外圈为佉卢文"王中之王贡多法雷斯大王"。

0585 4德拉克马银币 9.7克，22.8毫米

贡多法雷斯（二）

正面国王骑马，右行像，马前为王朝徽记，外圈为希腊文"王中之王贡多法雷斯大王"。背面雅典娜女神持长矛及神盾，面右站像，外圈为佉卢文"王中之王贡多法雷斯大王"。

0586　4德拉克马银币 9.3克，24.2毫米

贡多法雷斯（三）

正面国王骑马，右行像，马前为王朝徽记，外圈为希腊文"王中之王贡多法雷斯大王"。背面宙斯持权杖，面右站像，外圈为佉卢文"王中之王贡多法雷斯大王"。

0587　4德拉克马银币 9.6克，22.7毫米

0588　4德拉克马银币 9.8克，23.1毫米

阿布达加西斯（一）

约公元50-100年。正面国王骑马，右行像，马前为王朝徽记，外圈为希腊文"王中之王阿布达加西斯大王"。背面宙斯持权杖，面右站像，外圈为佉卢文"王中之王阿布达加西斯大王"。

0589　4德拉克马银币 9.4克，23.5毫米

0590　4德拉克马银币 9.9克，24.6毫米
造币厂徽记不同

0591　4德拉克马银币 9.6克，23.7毫米
造币厂徽记不同

阿布达加西斯（二）

正面国王骑马，左行像，马前为王朝徽记，外圈为希腊文"王中之王阿布达加西斯大王"。背面宙斯持权杖，面右站像，外圈为佉卢文"王中之王阿布达加西斯大王"。

0592　4德拉克马银币　8.9克，22.3毫米

阿布达加西斯（三）

正面国王束头带，面右胸像，外圈为希腊文"救世主阿布达加西斯国王"。背面奈克女神，面右站像，外圈为佉卢文"王中之王阿布达加西斯大王"。

0593　4德拉克马铜币　9.9克，25.0毫米

索庇多尼斯

约公元65-？年。正面国王束头带，面左胸像，外圈为希腊文"王中之王索庇多尼斯大王"。背面奈克女神持花环，面右站像，外圈为佉卢文"王中之王索庇多尼斯大王"。

0594　4德拉克马铜币　8.0克，24.2毫米

帕克雷斯

约公元100-135年。正面国王束头带，面左胸像，头后有球髻，外圈为希腊文"王中

之王帕克雷斯大王"。背面奈克女神持花环，面右站像，外圈为佉卢文"王中之王帕克雷斯大王"。

0595　4德拉克马铜币 8.1克，24.1毫米

贵霜王朝

贵霜王朝是由西去中亚的大月氏五部翕侯之贵霜翕侯建立的。

约公元前120年，大月氏人渡过阿姆河南下，控制了大夏领土（巴克特里亚，希腊化的中亚王朝）。大月氏到达巴克特里亚后，部族一分为五，设五部翕侯管理，逐步定居下来。他们很快接受了当地文化，从游牧转为农耕。《汉书·西域传上》："大月氏本行国也，随畜移徙，与匈奴同俗。……大夏本无大君长，城邑往往置小长。民弱畏战，故月氏徙来，皆臣畜之，共禀汉使者。有五翕侯：一曰休密翕侯，治和墨城，去都护二千八百四十一里，去阳关七千八百二里；二曰双靡翕侯，治双靡城，去都护三千七百四十一里，去阳关七千七百八十二里；三曰贵霜翕侯，治护澡城，去都护五千九百四十里，去阳关七千九百八十二里；四曰肸顿翕侯，治薄茅城，去都护五千九百六十二里，去阳关八千二百二十里；五曰高附翕侯，治高附城，去都护六千四十一里，去阳关九千二百八十三里。凡五翕侯，皆属大月氏"。

公元1世纪初，贵霜翕侯丘就却·卡德菲西斯登基称王，建立起贵霜王朝。《后汉书·西域传》："遂迁于大夏，分其国为……凡五部翕侯。后百余岁，贵霜翕侯丘就却攻灭四翕侯，自立为王，国号'贵霜'。"

贵霜王朝中心地处丝绸之路的枢纽位置，向东去往中国，向南去往印度，向西去往波斯，还可以向北经花剌子模前往东欧。这里商业繁盛，中国的丝绸、漆器，印度的香料、宝石，埃及和西亚的琉璃、珠宝等在这里途经和交易，这种国际贸易具有极大的利润，使得贵霜王朝得到了巨大的利益。为了适应大额贸易的需要，贵霜王朝自从威玛·卡德菲西斯之后的每个国王都发行了金币，且中后期的发行量比较大，面额也是当时最大的。商业贸易的活跃，也极大地促进了文化的交流，语言、文字、艺术、宗教等沿着商业路线广泛传播，各文明间相互学习、相互借鉴。佛教也在此时传向东方，进入中国。

表015 贵霜王朝世系表

序号	王名	在位年代
1	丘就却·卡德菲西斯	约公元 50－90 年
2	威玛·塔克图	约公元 90－110 年
3	威玛·卡德菲西斯（阎膏珍）	约公元 110－127 年
4	伽腻色迦一世	约公元 127－152 年
5	胡维斯卡	约公元 152－192 年
6	婆苏提婆一世	约公元 192－237 年
7	伽腻色迦二世	约公元 237－240 年
8	瓦什色迦	约公元 240－250 年
9	伽腻色迦三世	约公元 250－270 年
10	婆苏提婆二世	约公元 270－300 年
11	沙卡	约公元 300－340 年
12	卡普纳达	约公元 340－360 年
13	噶达哈拉	约公元 330－360 年

表016 贵霜王朝徽记

王名	徽记
威玛·塔克图	⚹
威玛·卡德菲西斯	⚹ ⚹
伽腻色迦一世	⚹
胡维斯卡	⚹ ⚹
婆苏提婆一世	⚹ ⚹

王名	徽记
伽腻色迦二世	
瓦什色迦	
伽腻色迦三世	
婆苏提婆二世、沙卡、卡普纳达、噶达哈拉	

表017　贵霜式希腊文字母表

现代希腊文	贵霜式草写希腊文	哦哒式草写希腊文
A　Alpha	Α Α Λ α σ ο	ο
B　Beta	B B B	B8
Γ　Gamma	Γ	)
Δ　Delta	Δ ο α Λ	Ο
E　Epsilon	E E	
Z　Zeta	Z 3 ξ	ζ ζ
H　Eta	H H K K H	Ч Γ
Θ　Theta	Θ	
I　Iota	I	
K　Kappa	K K K N K	Γ h χ
Λ　Lambda	Λ Υ	K)
M　Mu	M H H X	η η ω
N　Na	N H Ч H H	η ι υ
O　Omicror	Π Ο C Ͻ	Ο
P　Ro	P P	P Ο
Σ　Sigma	Σ C C	U
T　Tau	T	
Υ　Epsilon	V y Y	
Φ　Phi	Φ 8 Φ	

续表

现代希腊文	贵霜式草写希腊文	嚈哒式草写希腊文
X Chi	X	X
Ω Omega	Ω ω ш	
sh	Þ Р	Þ

大月氏时期粟特地区

约公元1世纪初。正面戴冠垂发，面右头像。背面赫拉克勒斯，面左坐像，外圈的阿拉米文意为"粟特大王"。

0596　4德拉克马银币　9.0克，28.8毫米

大月氏时期巴克特利亚地区（一）

约公元前1世纪初。正面戴脊盔国王，面右头像，外圈为希腊文"萨帕德比西斯"。背面右向站狮，上有月纹，左右为希腊文"娜娜亚"。

0597　1/2德拉克马银币　2.0克，15.5毫米

0598　1/2德拉克马银币　1.9克，15.9毫米

0599　1奥波银币　0.6克，12.3毫米

大月氏时期巴克特利亚地区（二）

约公元前1世纪初。正面戴脊盔国王，面右头像，外圈为希腊文"阿格希利斯"。背

面向右站狮，上有月纹，左右为希腊文"娜娜亚"。

0600 1/2德拉克马银币 1.3克，15.0毫米　　0601 1/2德拉克马银币 1.2克，14.4毫米

丘就却·卡德菲西斯（一）

约公元50~90年。正面国王束头带，面右胸像。背面国王骑马，右行像，身后奈克女神为其加冕，外圈为希腊文"伟大的国王贵霜翕侯"，马腿间为希腊文"塞克"。

0602 4德拉克马银币 15.3克，28.2毫米　　0603 4德拉克马银币 15.3克，31.2毫米

丘就却·卡德菲西斯（二）

正面国王束头带，面右胸像。背面国王，面右站像，左右为希腊文"贵霜翕侯"。

0604 1奥波银币 0.7克，12.0毫米　　0605 1奥波银币 0.5克，11.0毫米

0606 1奥波银币 0.4克，12.4毫米

丘就却·卡德菲西斯（三）

正面国王束头带，面右胸像，外圈为希腊文"贵霜丘就却"。背面赫拉克勒斯右手持

棒，左手拿狮皮，站像，外圈为佉卢文"丘就却，贵霜翕侯，坚信法"。

0607 4德拉克马铜币 5.8克，22.2毫米　　　0608 4德拉克马铜币 8.0克，21.2毫米

0609 4德拉克马铜币 7.6克，22.0毫米

威玛·塔克图

约公元90-110年。正面米罗（太阳神）束头带持箭，面右像，头上有半圈芒线，左侧为徽记。背面国王骑马，右行像，外圈为希腊文"王中之王，伟大的救星"，右侧为徽记。

0610 2德拉克马铜币 8.5克，22.6毫米　　　0611 2德拉克马铜币 8.5克，19.9毫米

0612 1/2德拉克马铜币 2.0克，14.0毫米　　0613 1/2德拉克马铜币 2.2克，13.3毫米

威玛·卡德菲西斯（一）

约公元110-127年。正面国王右手持大头棒垂腿，面左坐像，单侧焰肩，外圈希腊文于1点钟位置写"威玛卡德菲西斯国王"。背面是持三叉戟面左裸身的湿婆及神牛，外圈为佉卢文"伟大的国王，王中之王，世界之主，伟大的主，威玛卡德菲西斯，救星"。

0614　2第纳尔金币　15.9克，24.1毫米

威玛·卡德菲西斯（二）

正面国王右手持大头棒盘腿，面右坐像，双侧焰肩，外圈希腊文于1点钟位置写"威玛卡德菲西斯国王"。背面是持三叉戟面左裸身的湿婆及神牛，外圈为佉卢文"伟大的国王，王中之王，世界之主，伟大的主，威玛卡德菲西斯，救星"。

0615　2第纳尔金币　15.9克，24.9毫米

威玛·卡德菲西斯（三）

正面国王右手持大头棒，面右半身像，单侧焰肩，外圈希腊文于8点钟位置写"威玛卡德菲西斯国王"。背面是持三叉戟面左裸身的湿婆及神牛，外圈为佉卢文"伟大的国王，王中之王，世界之主，伟大的主，威玛卡德菲西斯，救星"。

0616　2第纳尔金币　16.0克，24.0毫米

威玛·卡德菲西斯（四）

正面国王右手持大头棒，左手持象钩，面左半身像，单侧焰肩，外圈希腊文于1点钟位置写"威玛卡德菲西斯国王"。背面是持三叉戟面左裸身的湿婆及神牛，外圈为佉卢文"伟大的国王，王中之王，世界之主，伟大的主，威玛卡德菲西斯，救星"。

0617　2第纳尔金币　16.0克，24.3毫米

威玛·卡德菲西斯（五）

正面国王右手持大头棒，面右半身像，单侧焰肩，外圈希腊文于8点钟位置写"威玛卡德菲西斯国王"。背面湿婆右手持三叉戟，左手挂狮皮，面左裸身站像，外圈为佉卢文"伟大的国王，王中之王，世界之主，伟大的主，威玛卡德菲西斯，救星"。

0618　1第纳尔金币　8.0克，20.2毫米　　　　0619　1第纳尔金币　8.0克，19.5毫米

威玛·卡德菲西斯（六）

正面国王右手持大头棒，面右半身像，单侧焰肩，头后无徽记，外圈希腊文于1点钟位置写"威玛卡德菲西斯国王"。背面湿婆右手持三叉戟，左手挂狮皮，面左裸身站像，外圈为佉卢文"伟大的国王，王中之王，世界之主，伟大的主，威玛卡德菲西斯，救星"。

0620　1第纳尔金币　7.9克，20.0毫米

威玛·卡德菲西斯（七）

正面国王右手持大头棒，面右半身像，单侧焰肩，外圈希腊文于1点钟位置写"威玛卡德菲西斯国王"。背面湿婆右手持三叉戟，左手挂狮皮，面左裸身站像，外圈为佉卢文

"伟大的国王，王中之王，世界之主，伟大的主，威玛卡德菲西斯，救星"。

0621　1第纳尔金币　7.9克，19.6毫米

威玛·卡德菲西斯（八）

正面国王右手持大头棒，左手持象钩，面左半身像，单侧焰肩，外圈希腊文于1点钟位置写"威玛卡德菲西斯国王"。背面湿婆右手持三叉戟，左手挂狮皮，面左裸身站像，外圈为佉卢文"伟大的国王，王中之王，世界之主，伟大的主，威玛卡德菲西斯，救星"。

0622　1第纳尔金币　7.9克，20.2毫米

威玛·卡德菲西斯（九）

正面国王右手持大头棒，左手持象钩，面左半身像，无焰肩，外圈希腊文于1点钟位置写"威玛卡德菲西斯国王"。背面湿婆右手持三叉戟，左手挂狮皮，面左裸身站像，外圈为佉卢文"伟大的国王，王中之王，世界之主，伟大的主，威玛卡德菲西斯，救星"。

0623　1第纳尔金币　8.0克，20.4毫米　　　0624　1第纳尔金币　8.0克，20.1毫米

威玛·卡德菲西斯（十）

正面国王在窗口，面右头像，外圈希腊文于1点位置写"威玛卡德菲西斯国王"。背面是三叉戟，左边国王徽记，右边圣牛徽记，外圈为佉卢文"伟大的国王，王中之

王，威玛卡德菲西斯"。

0625 1/4第纳尔金币 2.0克，11.5毫米   0626 1/4第纳尔金币 2.0克，13.7毫米

威玛·卡德菲西斯（十一）

正面国王面左给熏香炉敬献，站像，右侧是徽记和大头棒，外圈希腊文于1点钟位置写"王中之王，伟大的救星，威玛卡德菲西斯"。背面是右手持三叉戟、左手挂狮皮裸身的湿婆及神牛，外圈为佉卢文"伟大的国王，王中之王，世界之主，伟大的主，威玛卡德菲西斯，救星"。

0627 4德拉克马铜币 17.2克，28.4毫米   0628 4德拉克马铜币 17.0克，28.1毫米

威玛·卡德菲西斯（十二）

正面国王面左给熏香炉敬献像。背面是右手持三叉戟、左手挂狮皮裸身的湿婆及神牛。

0629 1德拉克马铜币，1德3.8克，19毫米

贵霜王朝时期宝石戒面

湿婆面右裸身，站像，右手持三叉戟，左手拿狮皮，外圈为佉卢文。

0630　红色石榴石雕刻戒指面，15.8毫米×14.2毫米

伽腻色迦一世（一）

约公元127-152年。正面国王戴尖顶帽，右手持象钩给熏香炉敬献，左手持矛，面左站像，单侧焰肩，外圈为贵霜文"王中之王，贵霜王，伽腻色迦"。背面是太阳神手握剑柄，面左站像，右侧为贵霜文"米罗"，左侧为伽腻色迦一世徽记。

0631　1第纳尔金币 8.0克，19.7毫米

伽腻色迦一世（二）

正面国王戴翻沿帽，右手持象钩给熏香炉敬献，左手持矛，面左站像，单侧焰肩，外圈为贵霜文"王中之王，贵霜王，伽腻色迦"。背面是太阳神手握剑柄，面左站像，右侧为贵霜文"米罗"，左侧为伽腻色迦一世徽记。

0632　1第纳尔金币 7.9克，19.5毫米

伽腻色迦一世（三）

正面国王戴翻沿帽，右手持象钩给熏香炉敬献，左手持矛，面左站像，单侧焰肩，外圈为贵霜文"王中之王，贵霜王，伽腻色迦"。背面是月亮神手握权杖，面左站像，右侧为贵霜文"玛奥"，左侧为伽腻色迦一世徽记。

0633　1第纳尔金币　8.0克，19.6毫米

伽腻色迦一世（四）

正面国王戴尖顶帽，右手持象钩给熏香炉敬献，左手持矛，面左站像，单侧焰肩，外圈为贵霜文"王中之王，贵霜王，伽腻色迦"。背面是大地神右手持魔杖，左手托碗，右行像，左侧为贵霜文"娜娜"，右侧为伽腻色迦一世徽记。

0634　1第纳尔金币　8.0克，18.9毫米

伽腻色迦一世（五）

正面国王戴翻沿帽，右手持象钩给祭坛敬献，左手持矛，面左站像，无焰肩，外圈为贵霜文"王中之王，贵霜王，伽腻色迦"。背面是大地神右手持魔杖，左手托碗，右行像，左侧为贵霜文"娜娜"，右侧为伽腻色迦一世徽记。

0635　1第纳尔金币　8.0克，19.3毫米

伽腻色迦一世（六）

正面国王戴圆顶翻沿帽，右手持象钩给祭坛敬献，左手持矛，面左站像，单侧焰肩，外圈为贵霜文"王中之王，贵霜王，伽腻色迦"。背面是大地神右手持魔杖，左手托碗，右行像，左侧为贵霜文"娜娜肖"，右侧为伽腻色迦一世徽记。

0636　1第纳尔金币　8.0克，19.6毫米

伽腻色迦一世（七）

正面国王戴尖顶帽，右手持象钩向熏香炉敬献，左手持矛，面左站像，单侧焰肩，外圈为贵霜文"王中之王，贵霜王，伽腻色迦"。背面是四臂湿婆神像，右侧为贵霜文"奥索"，左侧为伽腻色迦一世徽记。

0637　1第纳尔金币　8.0克，19.7毫米

伽腻色迦一世（八）

正面国王戴翻沿帽，右手持象钩给熏香炉敬献，左手持矛，面左站像，单侧焰肩，外圈为贵霜文"王中之王，贵霜王，伽腻色迦"。背面是四臂湿婆神像，右侧为贵霜文"奥索"，左侧为伽腻色迦一世徽记。

0638　1第纳尔金币　8.0克，19.4毫米

0639　1第纳尔金币　8.0克，19.3毫米

0640　1/4第纳尔金币　2.0克，12.2毫米

伽腻色迦一世（九）

正面国王戴翻沿帽，右手持象钩给熏香炉敬献，左手持矛，面左站像，单侧焰肩，外圈为贵霜文"王中之王，贵霜王，伽腻色迦"。背面是四臂湿婆神像，右侧为贵霜文"奥索"，左侧为伽腻色迦一世徽记，徽记特殊。

0641　1第纳尔金币　8.0克，19.5毫米

伽腻色迦一世（十）

正面国王戴翻沿帽，右手持象钩给熏香炉敬献，左手持矛，面左站像，单侧焰肩，外圈为贵霜文"王中之王，贵霜王，伽腻色迦"。背面是战争和胜利之神，右手持矛，左手握剑，面右站像，左侧为贵霜文"奥拉格诺"，右侧为伽腻色迦一世徽记。

0642　1第纳尔金币　7.9克，20.1毫米　　0643　1第纳尔金币　8.0克，19.6毫米

伽腻色迦一世（十一）

正面国王戴圆顶翻沿帽，右手持象钩给熏香炉敬献，左手持矛，面左站像，单侧焰肩，外圈为贵霜文"王中之王，贵霜王，伽腻色迦"。背面是四臂神坐像，左侧为贵霜文"马诺巴格"，右侧为伽腻色迦一世徽记。

0644　1第纳尔金币　7.9克，20毫米

伽腻色迦一世（十二）

正面国王戴尖顶帽，左手持矛，面左半身像，外圈为贵霜文"王中之王，伽腻色迦"。背面火神左手握火钳，右手持绶带环，面左站像，右侧为贵霜文"阿特索"，左侧为伽腻色迦一世徽记。

0645　1/4第纳尔金币 2.0克，13.4毫米

伽腻色迦一世（十三）

正面国王戴翻沿帽，右手持象钩给熏香炉敬献，左手持矛，面左站像，单侧焰肩，外圈为贵霜文"王中之王，贵霜王，伽腻色迦"。背面是释迦摩尼佛陀施无畏印，正面站像，左侧为贵霜文"佛陀"，右侧为伽腻色迦一世徽记。

0646　1/4第纳尔金币 2.0克，14.0毫米

伽腻色迦一世（十四）

正面国王戴尖顶帽，右手持象钩给熏香炉敬献，左手持矛，面左站像，外圈为贵霜文"国王伽腻色迦"。背面是太阳神手握剑柄，面左站像，右侧为贵霜文"米罗"，左侧为伽腻色迦一世徽记。

0647　4德拉克马铜币 17.5克，24.9毫米　　0648　4德拉克马铜币 17.2克，26.1毫米

伽腻色迦一世（十五）

正面国王戴尖顶帽，右手持象钩给熏香炉敬献，左手持矛，面左站像，外圈为贵霜文

"国王伽腻色迦"。背面是月亮神手握剑柄，面左站像，右侧为贵霜文"玛奥"，左侧为伽腻色迦一世徽记。

0649　4德拉克马铜币　15.4克，25.8毫米　　　　0650　4德拉克马铜币　17.1克，24.8毫米

0651　4德拉克马铜币　15.4克，26.2毫米

伽腻色迦一世（十六）

正面国王戴尖顶帽，右手持象钩给熏香炉敬献，左手持矛，面左站像，外圈为贵霜文"国王伽腻色迦"。背面是四臂湿婆神，面左站像，右侧为贵霜文"奥索"，左侧为伽腻色迦一世徽记。

0652　4德拉克马铜币　17.5克，27.3毫米　　　　0653　4德拉克马铜币　16.6克，26.0毫米

0654　4德拉克马铜币　17.1克，26.9毫米

伽腻色迦一世（十七）

正面国王戴尖顶帽，右手持象钩给熏香炉敬献，左手持矛，面左站像，单侧焰肩，外

圈为贵霜文"国王伽腻色迦"。背面是大地神右手持魔杖，左手托碗，右行像，左侧为贵霜文"娜娜"，右侧为伽腻色迦一世徽记。

0655　4德拉克马铜币 17.2克，24.9毫米　　　0656　4德拉克马铜币 17.6克，25.9毫米

伽腻色迦一世（十八）

正面国王戴尖顶帽，右手持象钩给熏香炉敬献，左手持矛，面左站像，外圈为贵霜文"国王伽腻色迦"。背面火神左手握火钳，右手持绶带环，面左站像，右侧为贵霜文"阿特索"，左侧为伽腻色迦一世徽记。

0657　4德拉克马铜币 17.5克，26.3毫米　　　0658　4德拉克马铜币 17.1克，25.2毫米

0659　4德拉克马铜币 17.0克，26.4毫米　　　0660　4德拉克马铜币 17.0克，26.8毫米

伽腻色迦一世（十九）

正面国王戴尖顶帽，右手持象钩给熏香炉敬献，左手持矛，面左站像，外圈为贵霜文"国王伽腻色迦"。背面风神双手撑开披风，左向奔跑像，右侧为贵霜文"奥多"，左侧为伽腻色迦一世徽记。

0661　4德拉克马铜币　16.8克，26.6毫米　　　　0662　4德拉克马铜币　17.8克，26.2毫米

0663　4德拉克马铜币　16.8克，26.1毫米　　　　0664　4德拉克马铜币　17.2克，24.8毫米

伽腻色迦一世（二十）

正面国王戴尖顶帽，右手持象钩给熏香炉敬献，左手持矛，面左站像，外圈为贵霜文"国王伽腻色迦"。背面是释迦摩尼佛陀施无畏印，正面站像，有头光，外圈为贵霜文"释迦摩尼佛陀"，左侧为伽腻色迦一世徽记。

0665　4德拉克马铜币　16.4克，25.8毫米　　　　0666　4德拉克马铜币　16.4克，26.6毫米

0667　4德拉克马铜币　17.3克，26.2毫米　　　　0668　4德拉克马铜币　16.1克，26.2毫米

0669　1德拉克马铜币　4.7克，17.0毫米

伽腻色迦一世（二十一）

正面国王戴尖顶帽，右手持象钩给熏香炉敬献，左手持矛，面左站像，外圈为贵霜文"国王伽腻色迦"。背面是弥勒佛陀施无畏印，十字盘腿，坐像，外圈为贵霜文"弥勒佛陀"。

0670　4德拉克马铜币　16.8克，27.2毫米　　　0671　4德拉克马铜币　16.5克，23.8毫米

0672　4德拉克马铜币　16.3克，25.5毫米　　　0673　4德拉克马铜币　17.3克，26.0毫米

伽腻色迦一世（二十二）

正面国王戴尖顶帽，右手持象钩给熏香炉敬献，左手持矛，面左站像，外圈为贵霜文"国王伽腻色迦"。背面奥索右手持三叉戟，左手拿水瓶，面左站像，右侧为贵霜文"奥索"，左侧为伽腻色迦一世徽记。

0674　1德拉克马铜币　4.0克，16.7毫米　　　0675　1德拉克马铜币　3.5克，16.2毫米

伽腻色迦一世（二十三）

正面国王戴尖顶帽，右手持象钩给熏香炉敬献，左手持矛，面左站像，外圈为贵霜文"国王伽腻色迦"。背面是月亮神握剑柄，面左站像，右侧为贵霜文"玛奥"，左侧为伽腻色迦一世徽记。

0676　1德拉克马铜币　4.8克，18.3毫米

伽腻色迦一世（二十四）

正面国王戴尖顶帽，右手持象钩给熏香炉敬献，左手持矛，面左站像，外圈为贵霜文"国王伽腻色迦"。背面是大地神右手持魔杖，左手托碗，右行像，左侧为贵霜文"娜娜"，右侧为伽腻色迦一世徽记。

0677　1德拉克马铜币　4.4克，17.2毫米

伽腻色迦一世（二十五）

正面国王戴尖顶帽，右手持象钩给熏香炉敬献，左手持矛，面左站像，外圈为贵霜文"国王伽腻色迦"。背面是太阳神握剑柄，面左站像，右侧为贵霜文"米罗"，左侧为伽腻色迦一世徽记。

0678　1德拉克马铜币　4.2克，16.5毫米

胡维斯卡（一）

约公元152-192年。正面国王戴圆顶翻沿冠，持三叉戟及象勾骑象，右行像，外圈为

贵霜文"王中之王，贵霜王胡维斯卡"。背面是四臂湿婆神像，右侧为贵霜文"奥索"，左侧为胡维斯卡国王徽记。

0679　1第纳尔金币7.9克，21.0毫米
宋志勇藏品。

0680　1第纳尔金币 7.9克，21.7毫米

胡维斯卡（二）

正面国王戴圆顶冠，右手持大头棒，左手持象钩，面左半身像，外圈为贵霜文"王中之王，贵霜王胡维斯卡"，单侧焰肩。背面是四臂湿婆神像，右侧为贵霜文"奥索"，左侧为胡维斯卡国王徽记。

0681　1第纳尔金币 7.9克，19.3毫米

胡维斯卡（三）

正面国王戴圆顶冠，右手持大头棒，左手持象钩，面右半身像，外圈为贵霜文"王中之王，贵霜王胡维斯卡"，无焰肩。背面是太阳神手握剑柄，面左站像，右侧为贵霜文"米罗"，左侧为胡维斯卡国王徽记。

0682　1第纳尔金币 7.9克，18.6毫米

胡维斯卡（四）

正面国王戴圆顶冠，右手持大头棒，左手持象钩，面左半身像，外圈为贵霜文"王中之王，贵霜王胡维斯卡"，单侧焰肩。背面是太阳神手握权杖，面左站像，右侧为贵霜文"米罗"，左侧为胡维斯卡国王徽记。

0683　1第纳尔金币　8.0克，19.3毫米

胡维斯卡（五）

正面国王戴尖顶冠，右手持大头棒，左手持长矛面，左半身像，外圈为贵霜文"王中之王，贵霜王胡维斯卡"，单侧焰肩。背面是月亮神手握权杖，面左站像，右侧为贵霜文"玛奥"，左侧为胡维斯卡国王徽记。

0684　1第纳尔金币　8.0克，19.4毫米　　　0685　1第纳尔金币　7.9克，20.3毫米

胡维斯卡（六）

正面国王戴半圆顶冠，右手持大头棒，左手持长矛，面左半身像，外圈为贵霜文"王中之王，贵霜王胡维斯卡"，无焰肩。背面是月亮神左手握剑柄，右手持花环，面左站像，右侧为贵霜文"玛奥"，左侧为胡维斯卡国王徽记。

0686　1第纳尔金币　7.7克，20.7毫米

胡维斯卡（七）

正面国王戴圆顶冠，右手持大头棒，左手持象钩，面左半身像，外圈为贵霜文"王中之王，贵霜王胡维斯卡"，单侧焰肩。背面是大地神右手持魔杖，左手托碗，右行像，左侧为贵霜文"娜娜"，右侧为胡维斯卡国王徽记。

0687　1第纳尔金币　8.0克，18.4毫米

胡维斯卡（八）

正面国王戴圆顶冠，右手持大头棒，左手持象钩，面左半身像，外圈为贵霜文"王中之王，贵霜王胡维斯卡"，无焰肩。背面是大地神右手持魔杖，左手托碗，右行像，左侧为贵霜文"娜娜肖"，右侧为胡维斯卡国王徽记。

0688　1第纳尔金币　8.0克，17.9毫米

胡维斯卡（九）

正面国王戴尖顶冠，右手持大头棒，左手持长矛，面左半身像，外圈为贵霜文"王中之王，贵霜王胡维斯卡"，无焰肩。背面是丰饶女神双手持丰饶角，左行像，右侧为贵霜文"阿多赫索"，左侧为胡维斯卡国王徽记。

0689　1第纳尔金币　7.9克，19.6毫米

胡维斯卡（十）

正面国王戴尖顶冠，右手持大头棒，左手持长矛，面左半身像，外圈为贵霜文"王中

之王，贵霜王胡维斯卡"，无焰肩。背面是丰饶女神双手持丰饶角，右行像，左侧为贵霜文"阿多赫索"，右侧为胡维斯卡国王徽记。

0690　1第纳尔金币　7.9克，20.0毫米

胡维斯卡（十一）

　　正面国王戴圆顶冠，右手持大头棒，左手持象钩，面左半身像，外圈为贵霜文"王中之王，贵霜王胡维斯卡"，单侧焰肩。背面是丰饶女神一手持丰饶角，一手持花环，面左站像，右侧为贵霜文"阿多赫索"的文字简写，左侧为胡维斯卡国王徽记。

0691　1第纳尔金币　8.0克，19.8毫米

胡维斯卡（十二）

　　正面国王戴圆顶冠，右手持大头棒，左手持象钩，面左半身像，外圈为贵霜文"王中之王，贵霜王胡维斯卡"，单侧焰肩。背面是丰饶女神双手持丰饶角，右行像，左侧为贵霜文"阿多赫索"，右侧为胡维斯卡国王徽记。

0692　1第纳尔金币　7.9克，18.8毫米

胡维斯卡（十三）

　　正面国王戴尖顶冠，右手持大头棒，左手持长矛，面左半身像，外圈为贵霜文"王中之王，贵霜王胡维斯卡"，无焰肩。背面是幸运之神一手握剑柄，一手托圣火，面左站

像，无斗篷，右侧为贵霜文"法罗"，左侧为胡维斯卡国王徽记。

0693　1第纳尔金币　8.0克，19.5毫米

胡维斯卡（十四）

正面国王戴半圆顶冠，右手持大头棒，左手持长矛，面左半身像，外圈为贵霜文"王中之王，贵霜王胡维斯卡"，无焰肩。背面是幸运之神一手握剑柄，一手托圣火，面左站像，有头光，有斗篷，右侧为贵霜文"法罗"，左侧为胡维斯卡国王徽记。

0694　1第纳尔金币　7.9克，20.2毫米

胡维斯卡（十五）

正面国王戴半圆顶冠，右手持大头棒，左手持长矛，面左半身像，外圈为贵霜文"王中之王，贵霜王胡维斯卡"，无焰肩。背面是幸运之神一手叉腰，一手托圣火，面左站像，有头光，有斗篷，右侧为贵霜文"法罗"，左侧为胡维斯卡国王徽记。

0695　1第纳尔金币　7.9克，19.9毫米

胡维斯卡（十六）

正面国王戴半圆顶冠，右手持大头棒，左手持长矛，面左半身像，外圈为贵霜文"王中之王，贵霜王胡维斯卡"，双侧焰肩。背面是幸运之神一手握权杖，一手托圣火，面左站像，有头光及双侧焰肩，无斗篷，右侧为贵霜文"法罗"，左侧为胡维斯卡国王徽记。

0696　1第纳尔金币 8.0克，19.3毫米

胡维斯卡（十七）

正面国王戴半圆顶冠，右手持大头棒，左手持长矛，面左半身像，外圈为贵霜文"王中之王，贵霜王胡维斯卡"，无焰肩。背面是幸运之神一手握权杖，一手托圣火，面左站像，无头光及双侧焰肩，无斗篷，右侧为贵霜文"法罗"，左侧为胡维斯卡国王徽记。

0697　1第纳尔金币 7.9克，20.3毫米

胡维斯卡（十八）

正面国王戴尖顶冠，右手持大头棒，左手持长矛，面左半身像，外圈为贵霜文"王中之王，贵霜王胡维斯卡"，无焰肩。背面是幸运之神一手握权杖，一手拿钱袋，面左站像，有头光，有斗篷，右侧为贵霜文"法罗"，左侧为胡维斯卡国王徽记。

0698　1第纳尔金币 7.9克，19.7毫米

胡维斯卡（十九）

正面国王戴尖顶冠，右手持大头棒，左手持长矛，面左半身像，外圈为贵霜文"王中之王，贵霜王胡维斯卡"，无焰肩。背面是幸运之神一手握权杖，一手拿钱袋，面左站像，有头光，无斗篷，右侧贵霜文"法罗"，左侧为胡维斯卡国王徽记。

0699　1第纳尔金币　7.9克，20.5毫米

胡维斯卡（二十）

正面国王戴圆顶冠，右手持大头棒，左手持象钩，面右半身像，外圈为贵霜文"王中之王，贵霜王胡维斯卡"，无焰肩。背面是太阳神手握剑柄，面左站像，右侧为贵霜文"米罗"，左侧为胡维斯卡国王徽记。

0700　1/4第纳尔金币　2.0克，12.1毫米

胡维斯卡（二十一）

正面国王戴圆顶冠，右手持大头棒，左手持象钩，面右半身像，外圈为贵霜文"王中之王，贵霜王胡维斯卡"，无焰肩。背面是太阳神手握权杖，面左站像，右侧为贵霜文"米罗"，左侧为胡维斯卡国王徽记。

0701　1/4第纳尔金币　2.0克，12.7毫米

胡维斯卡（二十二）

正面国王戴圆顶冠，右手持大头棒，左手持象钩，面左半身像，外圈为贵霜文"王中之王，贵霜王胡维斯卡"，无焰肩。背面是幸运之神一手握权杖，一手拿钱袋，面右站像，有头光，有斗篷，左侧为贵霜文"法罗"，右侧为胡维斯卡国王徽记。

0702　1/4第纳尔金币 2.0克，11.9毫米

胡维斯卡（二十三）

正面国王戴圆顶冠，右手持大头棒，左手持象钩，面左半身像，外圈为贵霜文"王中之王，贵霜王胡维斯卡"，单侧焰肩。背面是太阳神。

0703　1/4第纳尔金币 1.8克，12.9毫米

胡维斯卡（二十四）

正面国王戴圆顶冠，持杖十字盘腿，面右坐像，外圈为贵霜文"王中之王，贵霜王胡维斯卡"。背面是大地神右手持魔杖，左手托碗，右行像，左侧为贵霜文"娜娜"，右侧为胡维斯卡国王徽记。

0704　1/4第纳尔金币 2.0克，12.5毫米

胡维斯卡（二十五）

正面国王侧身抬腿倚靠，坐像，外圈为贵霜文"王中之王，贵霜王胡维斯卡"。背面是太阳神握剑，面左站像，右侧为贵霜文"米罗"，左侧为胡维斯卡国王徽记。

0705　4德拉克马铜币 16.2克，24.6毫米

胡维斯卡（二十六）

正面国王持杖十字盘腿，面右坐像，外圈为贵霜文"王中之王，贵霜王胡维斯卡"。背面是月亮神握剑，面左站像，右侧为贵霜文"玛奥"，左侧为胡维斯卡国王徽记。

0706　4德拉克马铜币　13.6克，24.2毫米

胡维斯卡（二十七）

正面国王持杖十字盘腿，坐像，外圈为贵霜文"王中之王，贵霜王胡维斯卡"。背面丰饶女神左手持丰饶角，面左站像，右侧为贵霜文"阿多赫索"，左侧为胡维斯卡国王徽记。

0707　1标准单位铜币　10.5克，23.9毫米

胡维斯卡（二十八）

正面国王持杖十字盘腿，坐像，外圈为贵霜文"王中之王，贵霜王胡维斯卡"。背面是月亮神手握剑柄，面左站像，右侧为贵霜文"玛奥"，左侧为胡维斯卡国王徽记。

0708　1标准单位铜币　7.8克，22.8毫米　　　0709　1标准单位铜币　7.9克，21.6毫米

0710 1标准单位铜币 8.0克，24.9毫米   0711 4德拉克马铜币 15.0克，26.1毫米

胡维斯卡（二十九）

正面国王持象勾骑象，右行像，外圈为贵霜文"王中之王，贵霜王胡维斯卡"。背面是湿婆神像，右侧为贵霜文"奥索"，左侧为胡维斯卡国王徽记。

0712 1标准单位铜币 10.6克，25.0毫米

胡维斯卡（三十）

正面国王持象勾骑象，右行像，外圈为贵霜文"王中之王，贵霜王胡维斯卡"。背面是太阳神手握剑柄，面左站像，右侧为贵霜文"米罗"，左侧为胡维斯卡国王徽记。

0713 4德拉克马铜币 13.9克，24.4毫米

胡维斯卡（三十一）

正面国王持杖十字盘腿，坐像，外圈为贵霜文"王中之王，贵霜王胡维斯卡"。背面是四臂湿婆神像，右侧为贵霜文"奥索"，左侧为胡维斯卡国王徽记。

0714　4德拉克马铜币 16.7克，25.0毫米

胡维斯卡（三十二）

正面国王侧身抬腿倚靠，坐像，外圈为贵霜文"王中之王，贵霜王胡维斯卡"。背面是月亮神手握剑柄，面左站像，右侧为贵霜文"玛奥"，左侧为胡维斯卡国王徽记。

0715　1标准单位铜币 10.5克，23.5毫米　　　0716　1标准单位铜币 7.5克，21.6毫米

胡维斯卡（三十三）

正面国王侧身抬腿倚靠，坐像。背面是太阳神像。

0717　1标准单位铜币 7.4克，23.5毫米

胡维斯卡（三十四）

正面国王侧身抬腿倚靠，坐像。背面是月亮神像。

0718　1标准单位铜币 7.9克，21.6毫米

胡维斯卡（三十五）

正面国王侧身抬腿倚靠，坐像。背面不识。

0719　1标准单位铜币　8.7克，21.8毫米

婆苏提婆一世（一）

约公元192-237年。正面国王着戎装，右手给熏香炉敬献，左手持矛，面左站像，无焰肩，熏香炉旁无三叉戟，外圈为贵霜文"王中之王，贵霜王婆苏提婆"。背面是持三叉戟的三头两臂的湿婆及神牛，左侧为贵霜文"奥索"，右侧为婆苏提婆一世国王徽记。

0720　1第纳尔金币　8.1克，19.4毫米

婆苏提婆一世（二）

正面国王着戎装，右手给熏香炉敬献，左手持矛，面左站像，单侧焰肩，熏香炉旁无三叉戟，外圈为贵霜文"王中之王，贵霜王婆苏提婆"。背面是持三叉戟的三头两臂的湿婆及神牛，右侧为贵霜文"奥索"，左上侧为婆苏提婆一世国王徽记。

0721　1第纳尔金币　7.9克，21.4毫米

婆苏提婆一世（三）

正面国王着戎装，右手给熏香炉敬献，左手持矛，面左站像，单侧焰肩，熏香炉旁无三叉戟，外圈为贵霜文"王中之王，贵霜王婆苏提婆"。背面是持三叉戟的湿婆及神牛，

右侧为贵霜文"奥素"，左上侧为婆苏提婆一世国王徽记。

0722　1第纳尔金币 8.1克，19.4毫米

婆苏提婆一世（四）

正面国王着戎装，右手给熏香炉敬献，左手持矛，面左站像，无焰肩，熏香炉旁无三叉戟，外圈为贵霜文"王中之王，贵霜王婆苏提婆"。背面是持三叉戟的湿婆及神牛，左侧为贵霜文"奥索"，右侧为婆苏提婆一世国王徽记。

0723　1第纳尔金币 8.0克，20.0毫米

婆苏提婆一世（五）

正面国王着戎装，右手给熏香炉敬献，左手持矛，面左站像，单侧焰肩，熏香炉旁有三叉戟，外圈为贵霜文"王中之王，贵霜王婆苏提婆"。背面是持三叉戟的湿婆及神牛，左侧为贵霜文"奥索"，右侧为婆苏提婆一世国王徽记。

0724　1第纳尔金币 7.9克，20.4毫米

婆苏提婆一世（六）

正面国王着戎装，右手给熏香炉敬献，左手持矛，面左站像，无焰肩，熏香炉旁有三叉戟，外圈为贵霜文"王中之王，贵霜王婆苏提婆"。背面是三头四臂的湿婆及神牛，左

侧为贵霜文"奥索"，右侧为婆苏提婆一世国王徽记。

0725　1第纳尔金币 8.0克，19.8毫米　　　　0726　1第纳尔金币 7.9克，20.6毫米

婆苏提婆一世（七）

正面国王着戎装，右手给熏香炉敬献，左手持矛，面左站像，无焰肩，熏香炉旁有三叉戟，外圈为贵霜文"王中之王，贵霜王婆苏提婆"。背面是三头四臂的湿婆及神牛，牛头向右，左侧为贵霜文"奥索"，右侧为婆苏提婆一世国王徽记。

0727　1第纳尔金币 8.1克，19.3毫米

婆苏提婆一世（八）

正面国王着戎装，右手给熏香炉敬献，左手持矛，面左站像，单侧焰肩，熏香炉旁有三叉戟，外圈为贵霜文"王中之王，贵霜王婆苏提婆"。背面是持三叉戟的湿婆及神牛，右侧为贵霜文"奥索"，左上侧为婆苏提婆一世国王徽记。

0728　1第纳尔金币 8.0克，20.3毫米　　　　0729　1第纳尔金币7.8克，20.1毫米,宋功藏品

0730　1第纳尔金币 8.0克，20.4毫米

婆苏提婆一世（九）

正面国王着戎装，右手给熏香炉敬献，左手持矛，面左站像，单侧焰肩，熏香炉旁有三叉戟，外圈为贵霜文"王中之王，贵霜王婆苏提婆"。背面是持三叉戟的湿婆及神牛，头部双层发髻，右侧为贵霜文"奥索"，左上侧为婆苏提婆一世国王徽记。

0731　1第纳尔金币　8.0克，20.4毫米

婆苏提婆一世（十）

正面国王着戎装，右手给熏香炉敬献，左手持矛，面左站像，单侧焰肩，熏香炉旁有三叉戟，左下方有一婆罗米文徽记，外圈为贵霜文"王中之王，贵霜王婆苏提婆"。背面是持三叉戟的湿婆及神牛，头部双层发髻，右侧为贵霜文"奥索"，左上侧为婆苏提婆国王一世徽记。

0732　1第纳尔金币　8.0克，19.9毫米

婆苏提婆一世（十一）

正面国王着戎装，右手给熏香炉敬献，左手持矛，面左站像，无焰肩，熏香炉旁无三叉戟，外圈为贵霜文"王中之王，贵霜王婆苏提婆"。背面是左手持三叉戟、右手持花环的湿婆，右侧为贵霜文"奥索"，左侧为婆苏提婆一世国王徽记。

0733　1/4第纳尔金币　2.0克，12.3毫米

婆苏提婆一世（十二）

正面国王着戎装，右手给熏香炉敬献，左手持矛，面左站像，无焰肩，熏香炉旁有三叉戟，外圈为贵霜文"王中之王，贵霜王婆苏提婆"。背面是持三叉戟的湿婆及神牛，右侧为贵霜文"奥索"，左上侧为婆苏提婆一世国王徽记。

0734　1/4第纳尔金币 2.0克，12.2毫米　　0735　1/4第纳尔金币 2.1克，11.7毫米

0736　1/4第纳尔金币 2.0克，12.7毫米

婆苏提婆一世（十三）

正面国王着戎装，右手给熏香炉敬献，左手持矛，面左站像，熏香炉旁有三叉戟，外圈为贵霜文"王中之王，贵霜王婆苏提婆"。背面是持三叉戟的湿婆及神牛，右侧为婆苏提婆国王一世徽记。

0737　1标准单位铜币 8.7克，24.7毫米　　0738　1标准单位铜币 9.3克，23.9毫米

0739　1标准单位铜币 8.5克，22.5毫米　　0740　1标准单位铜币 8.7克，22.0毫米

0741　1标准单位铜币　7.9克，22.2毫米

伽腻色迦二世（一）

约公元237-240年。正面国王着戎装，右手给熏香炉敬献，左手持矛，面左站像，熏香炉旁有三叉戟，外圈为贵霜文"王中之王，贵霜王伽腻色迦"。背面丰饶女神右手持绶带，左手捧丰饶角，坐像，右侧为贵霜文"阿多赫索"，左上侧为伽腻色迦二世国王徽记。

0742　1第纳尔金币　7.8克，20.9毫米

伽腻色迦二世（二）

正面国王着三角片状甲胄，右手给熏香炉敬献，左手持矛，面左站像，熏香炉旁有三叉戟，外圈为贵霜文"王中之王，贵霜王伽腻色迦"。背面是持三叉戟的湿婆及神牛，右侧为贵霜文"奥索"，左上侧为伽腻色迦二世国王徽记。

0743　1第纳尔金币　7.8克，20.5毫米　　　　0744　1第纳尔金币　7.9克，21.5毫米

伽腻色迦二世（三）

正面国王着点状甲胄，右手给熏香炉敬献，左手持矛，面左站像，熏香炉旁有三叉戟，外圈为贵霜文"王中之王，贵霜王伽腻色迦"。背面是持三叉戟的湿婆及神牛，右侧为贵霜文"奥索"，左上侧为伽腻色迦二世国王徽记。

0745　1第纳尔金币　7.8克，20.6毫米

伽腻色迦二世（四）

　　正面国王着横纹对襟甲胄，右手给熏香炉敬献，左手持矛，面左站像，熏香炉旁有三叉戟，外圈为贵霜文"王中之王，贵霜王伽腻色迦"。背面是持三叉戟的湿婆及神牛，湿婆无头光，右侧为贵霜文"奥索"，左上侧为伽腻色迦二世国王徽记。

0746　1第纳尔金币　7.8克，21.0毫米

伽腻色迦二世（五）

　　正面国王着横纹对襟甲胄，右手给熏香炉敬献，左手持矛，面左站像，熏香炉旁有三叉戟，外圈为贵霜文"王中之王，贵霜王伽腻色迦"。背面是持三叉戟的湿婆及神牛，右侧为贵霜文"奥索"，左上侧为伽腻色迦二世国王徽记。

0747　第纳尔金币　7.9克，22.8毫米　　　　0748　1第纳尔金币　7.7克，20.4毫米

0749　1第纳尔金币　8.0克，22.6毫米　　　　0750　1第纳尔金币　7.7克，20.6毫米

0751　1第纳尔金币　7.9克，21.4毫米

瓦什色迦

约公元245-250年。正面国王着戎装，右手给熏香炉敬献香料，左手持矛，面左站像，熏香炉旁有三叉戟，外圈为贵霜文"王中之王贵霜王瓦什色迦"。背面丰饶女神右手持束发带，左手捧丰饶角，坐像，右侧为贵霜文"阿多赫索"，左上侧为徽记。

0752　1第纳尔金币　7.9克，23.8毫米　　　　0753　1第纳尔金币　7.9克，21.6毫米

伽腻色迦三世（一）

约公元250-270年。正面国王着戎装，右手给熏香炉敬献，左手持矛，面左站像，熏香炉旁有三叉戟，外圈为贵霜文"王中之王，贵霜王伽腻色迦"。背面丰饶女神右手持绶带，左手捧丰饶角，坐像，右侧为贵霜文"阿多赫索"，左上侧为徽记。

0754　1第纳尔金币　7.8克，21.3毫米　　　　0755　1第纳尔金币　8.0克，20.4毫米

0756　1第纳尔金币　7.3克，20.6毫米　　　　0757　1第纳尔金币　7.8克，20.8毫米

0758　1第纳尔金币　7.9克，22.1毫米

伽腻色迦三世（二）

正面国王着戎装，右手给熏香炉敬献，左手持矛，面左站像，熏香炉旁有三叉戟，外圈为贵霜文"王中之王，贵霜王伽腻色迦"。背面丰饶女神右手持绶带，左手捧丰饶角，坐像，有双层头光，右侧为贵霜文"阿多赫索"，左上侧为徽记。

0759　1第纳尔金币　7.9克，21.9毫米

伽腻色迦三世（三）

正面国王着戎装，右手给熏香炉敬献，左手持矛，站像，熏香炉旁有三叉戟。背面丰饶女神右手持绶带，左手捧丰饶角，坐像。

0760　1标准单位铜币　8.1克，24.0毫米

0761　1标准单位铜币　5.7克，19.2毫米

0762　1标准单位铜币　5.3克，24.7毫米

婆苏提婆二世

约公元270-300年。正面国王着戎装，右手给熏香炉敬献，左手持矛，面左站像，祭坛旁有三叉戟，右侧为婆罗米铭文"婆苏"。背面丰饶女神右手持绶带，左手捧丰饶角，坐像，右侧为贵霜文"阿多赫索"，左上侧为徽记。

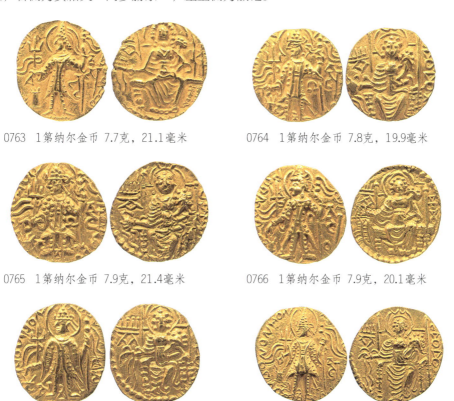

0763　1第纳尔金币　7.7克，21.1毫米　　　　0764　1第纳尔金币　7.8克，19.9毫米

0765　1第纳尔金币　7.9克，21.4毫米　　　　0766　1第纳尔金币　7.9克，20.1毫米

0767　1第纳尔金币　8.0克，21.4毫米　　　　0768　1第纳尔金币　7.9克，20.6毫米

沙卡

约公元300-340年。正面国王着戎装，右手给熏香炉敬献，左手持矛，面左站像，熏香炉旁有三叉戟，右侧为婆罗米铭文"沙卡"。背面丰饶女神右手持绶带，左手捧丰饶角，坐像，左上侧为徽记。

0769　1第纳尔金币　7.9克，21.8毫米　　　　0770　1第纳尔金币　7.8克，19.5毫米

0771　1第纳尔金币　7.6克，18.5毫米　　　0772　1第纳尔金币　7.9克，21.6毫米

0773　1第纳尔金币　7.9克，20.9毫米

卡普纳达

约公元340-360年。正面国王着戎装，右手给熏香炉敬献，左手持矛，面左站像，熏香炉旁有三叉戟，右侧为婆罗米铭文"卡普纳达"。背面丰饶女神右手持绶带，左手捧丰饶角，坐像，左上侧为徽记。

0774　1第纳尔金币　7.6克，18.3毫米　　　0775　1第纳尔金币　7.7克，18.1毫米

噶达哈拉·卑路斯

约公元330-360年。正面国王着戎装，右手给熏香炉敬献，左手持矛，面左站像，熏香炉旁有三叉戟，右侧为婆罗米铭文"噶达哈拉"，左臂下有婆罗米文"卑路斯"。背面丰饶女神右手持绶带，左手捧丰饶角，坐像，左上侧为徽记。有学者将其归入寄多罗王朝。

0776　1第纳尔金币　7.8克，21.3毫米　　　0777　1第纳尔金币　7.8克，19.9毫米

噶达哈拉·寄拉达

正面国王着戎装，右手给熏香炉敬献，左手持矛，面左站像，熏香炉旁有三叉戟，右侧为婆罗米铭文"噶达哈拉"，左臂下有婆罗米文"寄拉达"。背面丰饶女神右手持绶带，左手捧丰饶角，坐像，左上侧为徽记。有学者将其归入寄多罗王朝。

0778　1第纳尔金币　7.8克，22.9毫米　　　　0779　1第纳尔金币　7.8克，17.9毫米

贵霜萨珊

　　婆苏提婆一世时期的贵霜王朝分裂为东西两部，西部巴克特里亚等地沦为萨珊王朝的附庸，即为贵霜萨珊王朝，统治者称贵霜沙。东部仍为贵霜王朝，领土萎缩至犍陀罗和旁遮普一带。贵霜沙拥有独立造币权。

表018　贵霜萨珊王朝世系表

序号	王名	在位年代	备注
1	阿塔希尔贵霜沙一世	约公元 230-250 年	萨珊国王
2	卑路斯贵霜沙一世	约公元 230-250 年	
3	霍尔姆兹贵霜沙一世	约公元 265-295 年	
4	霍尔木兹贵霜沙二世	约公元 295-300 年	
5	卑路斯贵霜沙二世	约公元 300-325 年	
6	沙普尔贵霜沙二世	公元 325 年以后	萨珊国王

序号	王名	在位年代	备注
7	巴赫兰贵霜沙一世 巴赫兰贵霜沙二世 巴赫兰贵霜沙三世	约公元 325–350 年	哒已入侵
8	卑路斯贵霜沙三世	约公元 350–360 年	仅犍陀罗地区

表019　贵霜萨珊王朝徽记

王名	徽记
无名王（阿塔希尔贵霜沙一世）	꩜ ꩜ ꩜ ꩜ ꩜
卑路斯贵霜沙一世	꩜
霍尔姆兹贵霜沙一世	꩜
巴赫兰贵霜沙一世	꩜ ꩜ ꩜
巴赫兰贵霜沙二世	꩜ ꩜ ꩜ ꩜
巴赫兰贵霜沙三世	꩜

阿塔希尔贵霜沙一世（一）

约公元230–250年。正面国王着戎装，右手给祭坛敬献，左手持矛，面左站像，单侧焰肩，祭坛旁有三叉戟，右侧有圣牛徽记，外圈为贵霜文"王中之王，贵霜王婆苏提婆"。背面是持三叉戟的湿婆及神牛，头部双层发髻，右侧为贵霜文"奥索"，左上侧为婆苏提婆一世国王徽记。

0780　1第纳尔金币 8.0克，20.1毫米

0781　1第纳尔金币 8.0克，21.3毫米

0782　1第纳尔金币 7.9克，20.0毫米

0783　1第纳尔金币 8.0克，19.5毫米

阿塔希尔贵霜沙一世（二）

正面国王着戎装，右手给祭坛敬献，左手持三叉戟，面左站像，无焰肩，祭坛旁有三叉戟，右侧有圣牛徽记，徽记上有3个点，外圈为贵霜文"王中之王，贵霜王婆苏提婆"。背面是持三叉戟的湿婆及神牛，头部双层发髻，牛腹下有3个点，右侧为贵霜文"奥索"，左上侧为婆苏提婆一世国王徽记。

0784　1第纳尔金币　7.9克，24.0毫米

阿塔希尔贵霜沙一世（三）

正面国王着戎装，右手给祭坛敬献，左手持三叉戟，面左站像，单侧焰肩，祭坛旁有三叉戟，祭坛右边有3个点，右侧是圣牛徽记，外圈为贵霜文"王中之王，贵霜王婆苏提婆"。背面是持三叉戟的湿婆及神牛，头部双层发髻，牛头下有3个点，右侧为贵霜文"奥索"，左上侧为婆苏提婆一世国王徽记。

0785　1第纳尔金币　7.9克，21.2毫米

阿塔希尔贵霜沙一世（四）

约公元230-250年。正面国王着戎装，右手给祭坛敬献，左手持三叉戟，面左站像，单侧焰肩，祭坛旁有三叉戟，右侧是圣牛徽记，外圈为贵霜文"王中之王，贵霜王婆苏提婆"。背面是持三叉戟的湿婆及神牛，头部双层发髻，牛头下有3个点，右侧为贵霜文"奥索"，左上侧为婆苏提婆一世国王徽记。

0786 1第纳尔金币 8.0克，21.7毫米

阿塔希尔贵霜沙一世（五）

正面国王着戎装，右手给祭坛敬献，左手持三叉戟，面左站像，两腿间有1个点，单侧焰肩，祭坛旁有三叉戟，右侧是圣牛徽记，徽记上有3个点，外圈为贵霜文"王中之王，贵霜王婆苏提婆"。背面是持三叉戟的湿婆及神牛，头部双层发髻，牛头下有3个点，右侧为贵霜文"奥索"，左上侧为婆苏提婆一世国王徽记。

0787 1第纳尔金币 8.0克，22.4毫米

阿塔希尔贵霜沙一世（六）

正面国王着戎装，右手给祭坛敬献，左手持三叉戟，面左站像，两腿间有3个点，单侧焰肩，祭坛旁有三叉戟，右侧是圣牛徽记，徽记上有3个点，外圈为贵霜文"王中之王，贵霜王婆苏提婆"。背面是持三叉戟的湿婆及神牛，头部有新月纹及头光，牛头下有3个点，右侧为贵霜文"奥索"，左上侧为婆苏提婆一世国王徽记。

0788 1第纳尔金币 7.8克，23.5毫米

阿塔希尔贵霜沙一世（七）

正面国王着戎装，右手给祭坛敬献，左手持三叉戟，面左站像，两腿间有3个点，单

侧焰肩，祭坛旁有三叉戟，右侧是圣牛徽记，徽记上有6个点，外圈为贵霜文"王中之王，贵霜王婆苏提婆"。背面是持三叉戟的湿婆及神牛，头部有新月纹及双层发髻，牛头下有万字符，右侧为贵霜文"奥索"，左上侧为婆苏提婆一世国王徽记。

0789　1第纳尔金币　7.9克，25.9毫米

阿塔希尔贵霜沙一世（八）

正面国王着戎装，右手给祭坛敬献，左手持三叉戟，面左站像，单侧焰肩，祭坛旁有三叉戟，右侧是圣牛徽记，徽记上有7个点，外圈为贵霜文"王中之王，贵霜王婆苏提婆"。背面是持三叉戟的湿婆及神牛，头部有新月纹及双层发髻，牛头下有万字符，右侧为贵霜文"奥索"，左上侧为婆苏提婆一世国王徽记。

0790　1第纳尔金币　7.9克，23.7毫米

阿塔希尔贵霜沙一世（九）

正面国王着戎装，右手给祭坛敬献，左手持三叉戟，面左站像，两腿间有万字符，单侧焰肩，祭坛旁有三叉戟，右侧是圣牛徽记，左臂下有3个点，外圈为贵霜文"王中之王，贵霜王婆苏提婆"。背面是持三叉戟的湿婆及神牛，头部有新月纹及头光，牛头下有4个点，右侧为贵霜文"奥索"，左上侧为婆苏提婆一世国王徽记。

0791　1第纳尔金币　7.9克，25.5毫米

阿塔希尔贵霜沙一世（十）

正面国王着戎装，右手给祭坛敬献，左手持三叉戟，面左站像，两腿间有万字符，单侧焰肩，祭坛旁有三叉戟，右侧是圣牛徽记，左臂下有3个点，左下有一婆罗米文字母，外圈为贵霜文"王中之王，贵霜王婆苏提婆"。背面是持三叉戟的湿婆及神牛，头部有新月纹及头光，牛头下有3个点，右侧为贵霜文"奥索"，左上侧为婆苏提婆一世国王徽记。

0792　1第纳尔金币　8.0克，27.7毫米

阿塔希尔贵霜沙一世（十一）

正面国王着戎装，右手给祭坛敬献，左手持三叉戟，面左站像，两腿间有万字符，单侧焰肩，祭坛旁有三叉戟，右侧是圣牛徽记，徽记上有1个点，外圈为贵霜文"王中之王，贵霜王婆苏提婆"。背面是持三叉戟的湿婆及神牛，头部有新月纹及头光，牛头下有3个点，右侧为贵霜文"奥索"，左上侧为婆苏提婆一世国王徽记。

0793　1第纳尔金币　7.9克，24.4毫米

阿塔希尔贵霜沙一世（十二）

正面国王着戎装，右手给祭坛敬献，左手持三叉戟，面左站像，两腿间有万字符，单侧焰肩，祭坛旁有三叉戟，祭坛右边有1个点，左腋下有3个点，右侧是圣牛徽记，外圈为贵霜文"王中之王，贵霜王婆苏提婆"。背面是持三叉戟的湿婆及神牛，头部有新月纹及头光，牛头下有3个点，右侧为贵霜文"奥索"，左上侧为婆苏提婆一世国王徽记。

0794 1第纳尔金币 8.1克，27.9毫米

阿塔希尔贵霜沙一世（十三）

正面国王着戎装，右手给祭坛敬献，左手持三叉戟，面左站像，两腿间有万字符，单侧焰肩，祭坛旁有三叉戟，右侧是圣牛徽记，外圈为贵霜文"王中之王，贵霜王婆苏提婆"。背面是持三叉戟的湿婆及神牛，头部有新月纹及头光，右侧为贵霜文"奥索"，左上侧为婆苏提婆一世国王徽记。

0795 1第纳尔金币 8.0克，26.1毫米

卑路斯贵霜沙一世（一）

约公元250-265年。正面国王戴狮头冠，有头光，身着戎装，右手给祭坛敬献，左手持三叉戟，面左站像，两腿间有万字符，无焰肩，左臂下有3个点，祭坛旁有三叉戟，右侧是圣牛徽记，外圈为贵霜文"卑路斯大王，贵霜的国王"。背面是持三叉戟的湿婆及神牛，右侧为贵霜文"至尊的神祇"。

0796 1第纳尔金币 8.4克，28.5毫米

卑路斯贵霜沙一世（二）

正面国王戴狮头冠，有头光，身着戎装，右手给祭坛敬献，左手持三叉戟，面左站像，祭坛旁有三叉戟，右侧是圣牛徽记，外圈为贵霜文"卑路斯大王，贵霜的国王"。背

面是持三叉戟的湿婆及神牛，右侧为贵霜文"至尊的神祇"。

0797　1标准重铜币，3.0克，17.1毫米

霍尔姆兹贵霜沙一世（一）

约公元265-295年。正面国王戴狮头冠，顶部有花球，头后有双飘带，身着戎装，右手给祭坛敬献，左手持三叉戟，面左站像，两腿间有万字符，双侧焰肩，左臂下有3个点，祭坛旁有三叉戟，右侧是圣牛徽记，外圈为贵霜文"霍尔姆兹大王，贵霜的国王"。背面是持三叉戟的湿婆及神牛，右侧为贵霜文"至尊的神祇"。

0798　1第纳尔金币 8.0克，31.2毫米

霍尔姆兹贵霜沙一世（二）

正面国王戴狮头冠，顶部有花球，头后有双飘带，面右半身像，外圈为巴列维文"王中之王，贵霜国王霍尔姆兹"。背面祭火坛上有阿胡拉·马兹达面左半身像，外圈为巴列维文"至尊的神祇"。

0799　1标准重铜币 1克，13.9毫米

霍尔姆兹贵霜沙一世（三）

正面国王戴狮头冠，顶部有花球，头后有双飘带，面右半身像，右侧为贵霜文"卡瓦德"。背面祭火坛上有阿胡拉·马兹达面左半身像，拜火坛柱上有徽记。

0800　1标准重铜币　4.0克，15.7毫米

0801　1标准重铜币　3.0克，14.5毫米

0802　1标准重铜币　3.1克，17.2毫米

巴赫兰贵霜沙一世（一）

约公元325-350年。正面国王戴平顶花冠，顶部有花球，头后有双飘带，身着戎装，右手给祭坛敬献，左手持三叉戟，面左站像，两腿间有万字符，双侧焰肩，左臂下有3个点，祭坛旁有三叉戟，右侧是圣牛徽记，外圈为贵霜文"巴赫兰大王，贵霜的国王"。背面是持三叉戟的湿婆及神牛，右侧为贵霜文"至尊的神祇"。

0803　1第纳尔金币　7.8克，32.8毫米

巴赫兰贵霜沙一世（二）

正面国王戴平顶花冠，顶部有花球，头后有双飘带，身着戎装，右手给祭坛敬献，左手持三叉戟，面左站像，两腿间有万字符，双侧焰肩，左臂下有3个点，祭坛旁有三叉戟，右侧是寄多罗王族徽记，徽记下是贵霜文"巴尔赫"，为造币厂，外圈为贵霜文"巴赫兰大王，贵霜的国王"。背面是持三叉戟的湿婆及神牛，右侧为贵霜文"至尊的神祇"。

0804　1第纳尔金币　7.8克，32.7毫米

巴赫兰贵霜沙一世（三）

正面国王戴平顶花冠，顶部有花球，头后有双飘带，身着戎装，右手给祭坛敬献，左手持三叉戟，面左站像，双侧焰肩，祭坛旁有三叉戟，右侧是寄多罗王族徽记，外圈为贵霜文"巴赫兰大王，贵霜的国王"。背面是持三叉戟的湿婆及神牛，右侧为贵霜文"至尊的神祇"。

0805　1第纳尔金币　7.7克，33.5毫米　　　　0806　1迪纳尔，金，7.7克，36.6毫米

巴赫兰贵霜沙一世（四）

正面国王戴平顶花冠，顶部有花球，头后有双飘带，身着戎装，右手给祭坛敬献，左手持三叉戟，面左站像，双侧焰肩，祭坛旁有三叉戟，右侧是寄多罗王族徽记，下方有另一徽记，外圈为贵霜文"巴赫兰大王，贵霜的国王"。背面是持三叉戟的湿婆及神牛，右侧为贵霜文"至尊的神祇"。

0807　1第纳尔金币　7.5克，34.6毫米　　　　0808　1第纳尔金币　7.7克，36.4毫米

巴赫兰贵霜沙一世（五）

正面国王戴平顶花冠，顶部有花球及双翅，面右胸像，外圈为巴列维文。背面中间是

祭火坛，两侧各有一祭司，坛下是婆罗米文。

0809　1德拉克马银币　3.5克，31.9毫米　　　　0810　1德拉克马银币　4.1克，31.1毫米

0811　1德拉克马银币　3.7克，30.1毫米

巴赫兰贵霜沙一世（六）

正面国王戴平顶冠，顶部有花球，头后有双飘带，面右半身像，右侧为巴列维文"巴赫兰大王，贵霜的国王"。背面祭火坛上有阿胡拉·马兹达面左半身像。

0812　1标准重铜币　1.8克，13.9毫米

巴赫兰贵霜沙二世（一）

约公元325-350年。正面国王戴双羊角冠，顶部有花球，头后有双飘带，身着戎装，右手给祭坛敬献，左手持三叉戟，面左站像，双侧焰肩，左臂下有3个点，祭坛旁有三叉戟，右侧是寄多罗王族徽记，上方有万字符，外圈为贵霜文"巴赫兰大王，贵霜的国王"。背面是持三叉戟的湿婆及神牛，右侧为贵霜文"至尊的神祇"。

0813　1第纳尔金币　7.7克，33.0毫米　　　　0814　1第纳尔金币　7.6克，34.0毫米

0815　1第纳尔金币　7.8克，32.7毫米　　　　0816　1第纳尔金币　7.7克，33.8毫米

巴赫兰贵霜沙二世（二）

正面国王戴球髻城齿冠，面右胸像，外圈为巴列维文。背面是两祭司分站在祭火坛两侧，祭火坛上的火焰中有阿胡拉·马兹达面右半身像。

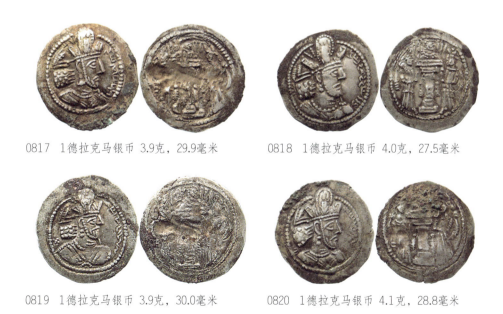

0817　1德拉克马银币　3.9克，29.9毫米　　　　0818　1德拉克马银币　4.0克，27.5毫米

0819　1德拉克马银币　3.9克，30.0毫米　　　　0820　1德拉克马银币　4.1克，28.8毫米

巴赫兰贵霜沙三世（一）

约325—350年。正面国王戴平顶花冠，顶部有双翅及花球，头后有双飘带，身着戎装，右手给祭坛敬献，左手持三叉戟，面左站像，双侧焰肩，祭坛旁有三叉戟，右侧是寄

多罗王族徽记，外圈为贵霜文"巴赫兰大王，贵霜的国王"。背面是持三叉戟的湿婆及神牛，右侧为贵霜文"至尊的神祇"。

0821　1第纳尔金币　7.8克，37.2毫米　　　　0822　1第纳尔金币　7.6克，32.7毫米

巴赫兰贵霜沙三世（二）

正面国王戴球髻城齿翅冠，面右胸像，外圈为巴列维文。背面是两祭司分站在祭火坛两侧，祭火坛上的火焰中有阿胡拉·马兹达面右半身像。

0823　1德拉克马银币　4.2克，30.8毫米　　　　0824　1德拉克马银币　4.1克，32.2毫米

沙普尔贵霜沙二世

约公元325-379年。正面国王戴球髻城齿冠，面右胸像，头后有球形发髻，右侧为贵霜文"沙普尔"。背面为祭火坛，坛柱上有徽记。

0825　1标准重铜币　3.3克，18.0毫米

寄多罗

  关于寄多罗的历史，资料记载很少，中国的历史记载非常重要。《魏书·西域传》："大月氏国，都卢监氏城，在弗敌沙西……北与蠕蠕接，数为所侵，遂西徙都薄罗城……其王寄多罗勇武，遂兴师越大山。"

  寄多罗政权被称为大月氏国，说明寄多罗与贵霜王朝的建立者之间有着族属关系。据《北史》记载，寄多罗南下之前的活动地区在吐火罗斯坦一带，这里也曾是贵霜王朝的一部分，都城建在巴克特里亚的巴里黑附近。另外，在亚美尼亚的历史记载中，寄多罗的领土被称为"贵霜之地"。据伊朗史料记载，寄多罗王朝在阿姆河以南，巴里黑与马鲁之间。

  寄多罗在4世纪初翻越兴都库什山南下，进入北印度地区，接管了印度河东部贵霜王朝仅剩的地区。自此，寄多罗控制着兴都库什山南北的广大地区。但到4世纪中叶，巴克特里亚地区又被萨珊王朝夺回。从已发现的钱币来看，寄多罗政权管理较为松散，在多地设总督或副王管理，且都拥有铸币权并署名。寄多罗发行的钱币有金币和银币，塔克西拉、旁遮普、克什米尔等地发行的是贵霜型金币，而犍陀罗地区发行的是萨珊型银币。

表020　寄多罗世系表

健陀罗地区 约公元350—450年	塔克西拉地区 约公元360—460年	查莫及克什米尔地区 约公元360—500年	旁遮普地区 约公元360—460年
卑路斯 约公元 350 年	/	普拉瓦拉	克塔巴拉
寄多罗 约公元 350-380 年	寄多罗 约公元 360-380 年	普拉塔帕迪提亚一世	柯塔
瓦罗 约公元 380-450 年	沙赫 约公元 380-460 年	塔拉普拉	柯哈
布那亚 约公元 380-450 年	普拉塔莎 约公元 380-460 年	普拉塔帕迪提亚二世	库
布达塔拉 约公元 380-450 年	瓦赫 约公元 380-460 年	雅拉塔瓦	杜克塔巴拉
/	苏瓦亚萨 约公元 380-460 年	雅苏瓦拉曼	比尔
/	塔玛拉 约公元 380-460 年	威格拉哈提婆	/
/	克雷塔维亚 约公元 380-460 年	杜尔拉提婆	/
/	维希瓦 约公元 380-460 年	纳姆威哈卡亚	/
/	萨拉纳维拉 约公元 380-460 年	威纳雅迪亚	/
/	库萨拉 约公元 380-460 年	/	/

寄多罗（一）

约公元360-380年，塔克西拉地区。正面国王着戎装，右手给熏香炉敬献，左手持矛，面左站像，熏香炉旁有三叉戟，右侧为婆罗米铭文"贵霜"，左臂下有婆罗米文"寄多罗"，熏香炉右侧有婆罗米文"卡潘"及花团。背面丰饶女神右手持绶带，左手捧丰饶角，坐像，左上侧为徽记。

0826　1第纳尔金币　7.9克，22.6毫米　　　　0827　1第纳尔金币　7.8克，23.8毫米

寄多罗（二）

塔克西拉地区。正面国王着戎装，右手给熏香炉敬献，左手持矛，面左站像，熏香炉旁有三叉戟，右侧为婆罗米铭文"贵霜"，左臂下有婆罗米文"寄多罗"，熏香炉右侧有婆罗米文"卡潘"。背面丰饶女神右手持绶带，左手捧丰饶角，坐像，左上侧为徽记。

0828　1第纳尔金币　7.8克，21.1毫米　　　　0829　1第纳尔金币　7.9克，22.6毫米

寄多罗（三）

约公元350-380年，犍陀罗地区。正面国王戴球髻双翅花冠，正面胸像，外圈为婆罗米。背面是两祭司分站在祭火坛两侧，坛下有婆罗米文。

0830　1德拉克马银币　4.0克，29.2毫米　　　　0831　1德拉克马银币　3.8克，27.1毫米

苏瓦亚萨

公元4世纪晚期，塔克西拉地区。正面国王着戎装给熏香炉敬献像，背面大地神阿多赫索坐像。

0832　1第纳尔金币（低金）7.8克，24.1毫米

克雷塔维亚

公元5世纪早期，塔克西拉地区。正面国王着戎装，右手给熏香炉敬献像。背面是大地神阿多赫索，坐像。

0833　1第纳尔金币（低金）7.9克，22.6毫米　　0834　1第纳尔金币（低金）8.0克，24.2毫米

雅苏瓦拉曼

公元5世纪，克什米尔地区。正面抽象化国王，站像。背面抽象化的大地神阿多赫索，坐像，右侧为婆罗米文"吉祥雅苏瓦拉曼"。

0835　1第纳尔金币（低金）7.4克，21.4毫米　　0836　1第纳尔金币（低金）7.2克，21.0毫米

威格拉哈提婆

公元5世纪，克什米尔地区。正面抽象化国王，站像。背面抽象化的大地神阿多赫索，坐像，右侧为婆罗米文"吉祥威格拉哈提婆"。

0837　1第纳尔金币（低金）　7.9克，20.3毫米　　0838　1第纳尔金币（低金）　7.7克，20.8毫米

0839　1第纳尔金币（低金）　7.8克，20.8毫米

杜尔拉提婆

公元5世纪晚期，克什米尔地区。正面抽象化国王，站像。背面抽象化的大地神阿多赫索，坐像，右侧为婆罗米文"吉祥杜尔拉提婆"。

0840　1第纳尔金币（低金）　7.8克，21.4毫米　　0841　1第纳尔金币（低金）　7.2克，20.7毫米

纳姆威哈卡亚

公元5世纪晚期，克什米尔地区。正面抽象化国王，站像。背面抽象化的大地神阿多赫索，坐像，右侧为婆罗米文"吉祥纳姆威哈卡亚"。

0842　1第纳尔金币（低金）　8.2克，21.4毫米　　0843　1第纳尔金币（低金）　8.0克，21.2毫米

威纳雅迪亚

公元5世纪晚期，克什米尔地区。正面抽象化国王，站像。背面抽象化的大地神阿多赫索，坐像，右侧为婆罗米文"吉祥威纳雅迪亚"。

0844 1第纳尔金币（低金）7.9克，20.9毫米　　0845 1第纳尔金币（低金）7.9克，21.5毫米

布达塔拉

约公元360-450年，犍陀罗地区。正面国王戴球髻双翅羽冠，正面胸像。背面是两祭司分站在祭火坛两侧，坛下有婆罗米文。

0846 1德拉克马银币 3.8克，28.2毫米　　　　0847 1德拉克马银币 3.9克，28.1毫米

0848 1德拉克马银币 3.5克，27.8毫米

无名王（一）

公元5世纪晚期，克什米尔类型。正面国王，站像。背面是湿婆和神牛。

0849 1标准重铜币 4.7克，18.1毫米　　　　0850 1标准重铜币 5.7克，19.6毫米

0851 1标准重铜币 6.2克，20.7毫米　　　0852 1标准重铜币 3.1克，15.9毫米

无名王（二）

公元5世纪晚期，塔克西拉类型。正面国王，站像，背面条纹。

0853 1标准重铜币 4.5克，13.5毫米　　　0854 1标准重铜币 2.7克，10.2毫米

0855 1标准重铜币 2.8克，11.7毫米　　　0856 1标准重铜币 3.1克，12.7毫米

0857 1标准重铜币 2.5克，11.9毫米　　　0858 1标准重铜币 2.7克，12.5毫米

0859 1标准重铜币 2.8克，12.5毫米　　　0860 1标准重铜币 3.1克，13.1毫米

0861 1标准重铜币 3.0克，13.1毫米

克什米尔诸王朝

克什米尔诸王朝是由摩醯罗矩罗于公元530年始建。

克什米尔诸王朝比较完整的历史始于公元630年。历经卡尔柯塔王朝、杜普塔拉王朝、亚沙斯卡拉王朝、第一和第二罗哈拉王朝、乌帕提婆王朝诸王朝。

克什米尔诸王朝的钱币长期保持着相近的风格，钱币材质为铜质，正面为形式化的国王站像，早期婆罗米文，后期纳伽里文王名，背面为阿多赫索女神盘腿坐像。多打制粗糙。

卡尔柯塔王朝——图拉玛纳二世

公元530-570年。正面国王，面左站像。背面丰饶女神盘腿，坐像。

0862 1标准重铜币 7.3克，21.0毫米

亚沙斯卡拉王朝——卡什玛笈多

公元950-958年。正面国王，面左站像。背面丰饶女神盘腿，坐像。

0863　1标准重铜币 5.8克，18.3毫米　　　　0864　1标准重铜币 5.9克，19.9毫米

亚沙斯卡拉王朝——迪达拉尼

公元979-1003年。正面国王，面左站像。背面丰饶女神盘腿，坐像。

0865　1标准重铜币 5.9克，18.6毫米　　　　0866　1标准重铜币 5.6克，20.0毫米

乌帕提婆王朝——伽噶提婆

公元1199-1213年。正面国王，面左站像。背面丰饶女神盘腿，坐像。

0867　1标准重铜币 5.5克，17.0毫米

嚈哒

嚈哒人的起源以及族属一直以来有两种说法，一说认为他们是"车师别种"，即源于东天山一带，另一说认为他们是"大月氏之种类"。嚈哒人进入中亚时，曾自称为匈奴，所以西方历史记载中也称他们为白匈奴。中国史料《北史》记载：其语与蠕蠕、高车及诸胡不同。《魏书》也有类似记载。中国史料记载，嚈哒人最初游牧于阿勒泰山南面到东天山一带，被称为"滑"。公元126年，嚈哒首领八滑曾带兵协助班勇讨伐匈奴呼衍王，立有战功，被封为后部亲汉侯。后来汉文史料称他们为"挹怛""挹阗"，即嚈哒，此名应是音译自其王名"嚈带夷栗陀"。

图005 嚈哒王朝徽记

公元4世纪末（一）

仿贵霜萨珊巴赫兰三世贵霜沙第纳尔金币图案，正面国王，右手给祭坛敬献，左手持三叉戟，面左站像，熏香炉旁有三叉戟，右下方是徽记。背面不可辨。

0868　1斯塔特金币（低金）　7.2克，36.2毫米

公元4世纪末（二）

仿制巴赫兰三世贵霜沙第纳尔金币，正面国王，右手给熏香炉敬献，左手持三叉戟，面左站像，熏香炉旁有三叉戟，右下方是嚈哒徽记。背面不可辨。

0869　1斯塔特金币（低金）　7.0克，32.6毫米　　0870　1斯塔特金币（低金）　7.1克，34.3毫米

0871　1斯塔特金币（低金）　7.1克，34.4毫米　　0872　1斯塔特金币（低金）　6.9克，32.5毫米，
　　　　　　　　　　　　　　　　　　　　　　　　　　　　宋功藏品。

公元4世纪末（三）

仿萨珊王朝卑路斯德拉克马银币图案，正面国王戴球髻双翅城齿冠，面右胸像，右侧为日轮。背面是祭火坛，两侧有婆罗米文。

0873　1斯塔特金币（低金）6.8克，17.6毫米　　　0874　1斯塔特金币（低金）6.8克，16.5毫米

0875　1斯塔特金币（低金）7.0克，16.4毫米

公元5世纪（一）

仿制萨珊王朝卑路斯银币，正面国王戴球髻新月双翅冠，面右胸像，外圈有4个大点。背面是两祭司和祭火坛。

0876　1德拉克马银币 4.0克，30.0毫米　　　　0877　1德拉克马银币 3.9克，27.5毫米

0878　1德拉克马银币 3.9克，28.3毫米　　　　0879　1德拉克马银币 3.9克，26.9毫米

公元5世纪（二）

仿制萨珊王朝卑路斯银币，正面国王戴球髻新月双翅冠，面右胸像，头后有粟特徽记，外圈有4个大点。背面是两祭司和祭火坛。

0880　1德拉克马银币 4.1克，28.5毫

0881　1德拉克马银币 4.2克，28.4毫米
宋志勇藏品。

公元5世纪（三）

正面国王戴圆顶新月冠，面右胸像，头后双飘带，上唇留须，戴耳饰，外圈上方是婆罗米文，右侧为徽记。背面为不清楚的两祭司和祭火坛。

0882　1德拉克马银币 3.7克，28.9毫米

0883　1德拉克马银币 3.6克，29.0毫米

0884　1德拉克马银币 4.0克，28.9毫米

0885　1德拉克马银币 3.6克，30.5毫米

公元5世纪（四）

正面国王戴圆顶新月冠，面右胸像，头后双飘带，上唇留须，戴耳饰，外圈上方是婆罗米文，左侧为徽记，右侧是日轮。背面为不清楚的两祭司和祭火坛。

0886　1德拉克马银币 3.8克，26.8毫米

公元5世纪（五）

正面国王戴圆顶新月冠，面右胸像，头后双飘带，上唇留须，戴耳饰，双肩有火焰，外圈上方草写希腊文"阿尔雄沙"。背面为不清楚的两祭司和祭火坛。

0887　1德拉克马银币 2.9克，30.0毫米

公元5世纪（六）

正面国王戴圆顶新月冠，面右胸像，头后双飘带，上唇留须，戴耳饰，双肩有火焰，外圈上方草写希腊文"阿尔雄沙"，左侧为徽记，右侧是日轮。背面为不清楚的两祭司和祭火坛。

0888　1德拉克马银币 3.4克，29.3毫米　　　0889　1德拉克马银币 3.2克，27.9毫米

0890　1德拉克马银币 3.4克，31.7毫米

公元5世纪（七）

正面国王戴圆顶新月冠，面右胸像，上唇留须，戴耳饰，双肩均有三叉戟，外圈上方草写希腊文"阿尔雄沙"，左侧是霹雳，右侧图案不识。背面为不清楚的两祭司和祭火坛。

0891　1德拉克马银币　3.4克，30.7毫米

公元5世纪（八）

正面国王戴圆顶新月冠，面右胸像，上唇留须，戴耳饰，外圈上方是婆罗米文，左侧为徽记，右侧是祭火坛。背面为不清楚的两祭司和祭火坛。

0892　1德拉克马银币　3.3克，30.5毫米

公元5世纪（九）

正面国王戴圆顶新月冠，面右胸像，头后双飘带，上唇留须，戴耳饰，双肩有新月纹，外圈上方是婆罗米文，右侧图案不识。背面为不清楚的两祭司和祭火坛。

0893　1德拉克马银币　3.2克，28.3毫米

公元475-560年（一）

犍陀罗地区，"那波克"币型。正面国王戴新月三叉戟冠，面右胸像，戴耳饰，头后双飘带，左上侧徽记，右侧为婆罗米文"色尔沙"。背面为两祭司和祭火坛。

0894　1德拉克马银币（低银）2.9克，23.6毫米　　0895　1德拉克马银币（低银）2.6克，24.5毫米

0896　1德拉克马银币（低银）2.6克，24.9毫米

公元475-560年（二）

犍陀罗地区，"那波克"币型。正面国王戴新月三叉戟冠，面右胸像，戴耳饰，头后双飘带，左上侧徽记，右侧图案不识。背面为两祭司和祭火坛。

0897　1德拉克马银币（低银）3.0克，27.7毫米　　0898　1德拉克马银币（低银）3.2克，28.5毫米

公元475-560年（三）

犍陀罗地区，"那波克"币型。正面国王戴新月三叉戟冠，面右胸像，戴耳饰，头后双飘带，左上侧徽记，右侧为巴列维文"那波克，马里卡"。背面为两祭司和祭火坛。

0899　1德拉克马银币（低银）3.4克，27.1毫米　　0900　1德拉克马银币（低银）3.1克，27.2毫米

公元475-560年（四）

巴克特利亚地区，"那波克"币型。正面国王戴新月三叉戟冠，面右胸像，戴耳饰，头后双飘带，左上侧徽记，右侧为贵霜文"色尔沙"，右侧有一蝎子印记。背面为不清楚的两祭司和祭火坛。

0901　1德拉克马银币 3.1克，27.4毫米　　　0902　1德拉克马银币 2.7克，29.4毫米

0903　1德拉克马银币 3.1克，28.5毫米

公元475-560年（五）

喀布尔地区，"那波克"币型。正面国王戴牛首双翅冠，面右胸像，上唇留须，戴耳饰，头后双飘带，右侧为巴列维文"那波克，马里卡"。背面为不清楚的两祭司和祭火坛。

0904　1德拉克马银币 3.5克，28.7毫米

公元475-560年（六）

喀布尔地区，"那波克"币型。正面国王戴牛首双翅冠，面右胸像，上唇留须，戴耳饰，头后双飘带，右侧为巴列维文"那波克，马里卡"。背面为两祭司和祭火坛，上部左右各有一法轮。

0905　1德拉克马银币 3.2克，27.5毫米　　0906　1德拉克马银币 3.2克，25.3毫米

0907　1德拉克马铜币 3.5克，26.0毫米　　0908　1德拉克马铜币 3.7克，26.8毫米

0909　1德拉克马铜币 3.3克，27.5毫米

公元475-560年（七）

犍陀罗地区，"那波克"币型。正面国王戴新月三叉戟冠，面右胸像，头后双飘带，左上侧徽记，外围有双珠圈。背面中间是徽记，外围有双珠圈，上下左右各有一星月纹。

0910　1德拉克马铜币 3.3克，22.4毫米

公元6世纪初（一）

仿制萨珊王朝卡瓦德一世银币，正面外圈为巴列维文，背面祭坛左边有巴列维文。

0911　1德拉克马银币（减重）3.5克，23.5毫米

公元6世纪初（二）

仿制萨珊王朝卡瓦德一世银币，正面外圈为巴列维文，背面祭坛柱上有巴列维文。

0912　1德拉克马银币（减重）3.6克，24.4毫米

公元6世纪（一）

仿制萨珊王朝银币，正面国王，冠顶有牛头装饰。也有可能是西突厥钱币。

0913　1德拉克马银币 4.1克，28.4毫米

公元6世纪（二）

仿制萨珊王朝银币，正面国王戴球髻平顶冠，面左胸像。背面是两祭司和祭火坛。也有可能是西突厥钱币。

0914　1德拉克马银币 3.6克，21.3毫米

约公元6世纪（三）

正面国王面右头像。背面中间是法杖，外围为婆罗米文。

0915　1奥波银币　0.6克，12.2毫米　　　　0916　1奥波银币　0.7克，12.6毫米

0917　1奥波银币　0.8克，11.4毫米　　　　0918　1奥波银币　0.7克，10.7毫米

0919　1奥波银币　0.9克，11.2毫米

公元6世纪（四）

正面国王，面右头像。背面为简化的祭火坛。

0920　1奥波银币　0.8克，10.4毫米

公元6世纪末

在仿制的萨珊王朝库思老一世银币边缘加盖2个戳记，背面右侧有万字符。也有可能是西突厥加盖。

0921　1德拉克马银币（减重）2.9克，30.4毫米　　0922　1德拉克马银币（减重）3.3克，29.7毫米

公元7世纪初（一）

在萨珊王朝库思老二世银币边缘加盖戳记。也有可能是西突厥加盖。

0923　1德拉克马银币　4.1克，31.7毫米

公元7世纪初（二）

在萨珊王朝耶兹格德三世银币边缘加盖戳记。也有可能是西突厥加盖。

0924　1德拉克马银币　3.9克，34.0毫米
宋志勇藏品。

公元7世纪初（三）

在萨珊王朝霍尔姆兹德五世银币边缘加盖戳记。也有可能是西突厥加盖。

0925　1德拉克马银币（减重）　3.2克，30.3毫米

西突厥

　　约公元585年，突厥汗国分裂为东、西两部。突厥汗国分裂后，粟特、吐火罗、花剌子模都成为西突厥汗国的藩属。7世纪前期开始，随着西突厥经济水平的提高，农业、手工业、商业的发展以及城镇的出现，突厥人从游牧生活开始逐渐转向定居。然而锡尔河以北、楚河和塔拉斯河流域，依然还是游牧地区。

　　在西突厥汗国统治区域，有非常多的粟特人从事商业活动，他们将源自叙利亚的阿拉米字母拼写的粟特文传播给突厥人。有资料表明，到6世纪末，突厥人还在直接使用粟特文。

图006　西突厥徽记戳记

约公元7世纪（一）

在萨珊王朝霍尔姆兹德四世银币边缘加盖戳记。正面下方戳记内容是人物头像。背面右下方戳记为贵霜文。

0926　1德拉克马银币　3.6克，31.1毫米

约公元7世纪（二）

在萨珊王朝霍尔姆兹德四世银币边缘加盖戳记。正面上方戳记内容是人物头像。背面左侧戳记为贵霜文。

0927　1德拉克马银币　3.6克，32.3毫米

约公元7世纪（三）

在萨珊王朝霍尔姆兹德四世银币边缘加盖戳记。正面右上方戳记内容是人物头像。背面右上戳记为贵霜文。

0928　1德拉克马银币　3.6克，31.2毫米

约公元7世纪（四）

正面国王戴虎首法杖冠，七分面胸像，头前是贵霜文"吉祥王"，外圈为婆罗米文，其中有"特勤王"词汇。背面为太阳神米特拉戴火焰冠，正面半身像，外圈为巴列维文"呼罗珊特勤王"。

0929　1德拉克马银币　3.3克，29.4毫米　　　　0930　1德拉克马银币　2.9克，28.4毫米

0931　1德拉克马银币　2.3克，28.9毫米

约公元7世纪（五）

仿制萨珊王朝库思老二世银币形制，正面国王戴星月双翅冠，正面半身像，内外两圈均为巴列维文，右侧有一戳记。背面为太阳神米特拉戴火焰冠，正面半身像，圈内左侧为婆罗迷文，右侧为巴列维文，圈外右下为巴列维文。

0932　1德拉克马银币 2.7克，30.5毫米　　　0933　1德拉克马银币（镶金）3.2克，31.0毫米
　　　　　　　　　　　　　　　　　　　　　　　　　　宋志勇藏

约公元7世纪（六）

正面国王戴虎首双翅冠，面右胸像，圈内为婆罗米文"吉祥婆苏提婆国王"，圈外是贵霜文。背面是祭火坛和两祭司，左右两侧为巴列维文，外圈为贵霜文。

0934　1德拉克马银币 3.3克，30.7毫米

约公元7世纪（七）

正面国王戴虎首双翅冠，面右胸像，圈内为婆罗米文"吉祥婆苏提婆国王"，圈外是贵霜文。背面是祭火坛和两祭司，左右两侧为巴列维文，外圈为贵霜文。钱币中间镶金，正面下部有徽记印戳。

0935　1德拉克马银币 3.0克，32.1毫米　　　0936　1德拉克马银币 3.3克，33.3毫米

0937　1德拉克马银币 3.4克，31.6毫米

约公元7世纪（八）

仿萨珊王朝银币形制，正面国王戴牛首双翅冠，面右胸像，左右两侧为巴列维文，外圈左右及下方是徽记。背面是祭火坛和两祭司，左右两侧为巴列维文。

0938　1德拉克马银币　4.3克，34.4毫米　　　　0939　1德拉克马银币　4.3克，31.8毫米

0940　1德拉克马银币　4.2克，33.4毫米

约公元7世纪（九）

仿萨珊王朝银币形制，正面国王戴牛首双翅冠，面右胸像，双肩有新月纹，左右两侧为巴列维文，外圈左右及下方是徽记。背面是祭火坛和两祭司，左右两侧为巴列维文。

0941　1德拉克马银币　3.8克，30.5毫米　　　　0942　1德拉克马银币　4.1克，33.1毫米

0943　1德拉克马银币　4.1克，31.4毫米　　　　0944　1德拉克马银币　3.7克，29.9毫米

0945　1德拉克马银币　4.1克，32.6毫米

萨希王朝

公元7-8世纪，阿拉伯人在征服萨珊王朝后不断向东扩张，遭到嚈哒-西突厥王朝后裔的反抗。其中最为著名的是西突厥王达干·尼扎克（即特勤·沙）。公元719年他去世后，嚈哒-西突厥诸王拥有喀布尔河谷、扎布尔斯坦（今哥疾宁）和部分犍陀罗地区，一度被称为突厥萨希王朝或扎布尔王国。

公元850年，萨希王朝婆罗门大臣卡拉尔王室的拉利雅推翻西突厥王，建立了印度萨希王朝。公元11世纪后期，随着哥疾宁王朝的建立，萨希王朝宣布灭亡。

公元870年后，萨希王朝的首都从喀布尔东迁至俄欣德，大量打制币值为德拉克马的银币，币图正面是国王持矛骑马的右行像，背面是左向卧着的瘤牛。

斯帕拉帕提提婆（一）

公元9世纪。正面国王持矛骑马，右行像。背面是左向卧着的瘤牛，臀部有徽记，上方为婆罗米文"吉祥斯帕拉帕提提婆"。

0946　1德拉克马银币 4.2克，19.5毫米

0947　1德拉克马银币 4.2克，19.8毫米

0948　1德拉克马银币 4.3克，19.3毫米

0949　1德拉克马银币 4.3克，18.1毫米

0950　1德拉克马银币（减重）3.5克，19.3毫米

0951　1德拉克马银币（减重）3.5克，19.4毫米

0952　1德拉克马银币（减重）3.3克，18.8毫米

0953　1德拉克马银币（减重）3.2克，18.4毫米

0954　1德拉克马银币（减重）3.3克，18.3毫米

斯帕拉帕提提婆（二）

公元9世纪。正面国王持矛骑马，右行像。背面是左向卧着的瘤牛，上方为婆罗米文"吉祥斯帕拉帕提提婆"。

0955　铜币　2.5克，18.5毫米　　　　　0956　铜币　3.0克，20.4毫米

库达拉雅卡

公元9世纪末。正面国王持矛骑马，右行像。背面是左向卧着的瘤牛，臀部有徽记，上方为婆罗米文"吉祥库达拉雅卡"。

0957　1德拉克马银币（减重）3.1克，18.4毫米　0958　1德拉克马银币（减重）3.0克，18.7毫米

0959　1德拉克马银币（减重）3.1克，18.8毫米

萨曼塔提婆（一）

公元10世纪初。正面国王持矛骑马，右行像。背面是左向卧着的瘤牛，臀部有徽记，上方为婆罗米文"吉祥萨曼塔提婆"。

0960　1德拉克马银币（减重）2.1克，17.8毫米　0961　1德拉克马银币（减重）3.3克，19.6毫米

0962　1德拉克马银币（减重）3.3克，18.5毫米　0963　1德拉克马银币（减重）3.2克，18.2毫米

0964　1德拉克马银币（减重）3.1克，17.6毫米　0965　1德拉克马银币（减重）3.3克，16.6毫米

萨曼塔提婆（二）

公元10世纪中后期。正面是右行的狮子。背面是左行的大象，上方为婆罗米文"吉祥萨曼塔提婆"。

0966　铜币　2.1克，17.8毫米　　　　　　　0967　铜币　2.0克，17.8毫米

0968　铜币　1.8克，17.8毫米

瓦卡提婆

公元10世纪末。正面是右行的狮子。背面是左行的大象，上方为婆罗米文"吉祥瓦卡提婆"。

0969　铜币　3.6克，22.0毫米

0970　铜币　2.4克，18.5毫米

0971　铜币　2.1克，17.8毫米

北吐火罗

　　吐火罗原为民族名，后转为地名。吐火罗人一般是指最初在祁连山至天山一带讲吐火罗语的游牧民族，中国称他们为月氏人。公元前2世纪，月氏人西迁至中亚的费尔干那盆地以及阿姆河两岸，即巴克特里亚地区，并统治了该地区。月氏人讲吐火罗语，西方称他们为吐火罗人，所以巴克特里亚地区也被称作吐火罗斯坦。

　　吐火罗斯坦分为北吐火罗和南吐火罗两部分，北吐火罗是指阿姆河北岸地区，由众多绿洲小国组成，著名的有石汗那国、呾蜜国、康国等。北吐火罗在嚈哒、西突厥统治时期独立造币，前期基本是仿制萨珊德拉克马银币型，加盖戳记。后期基本是粗略头像徽记铜币。

图007　北吐火罗徽记戳记

公元5世纪中后期

在萨珊王朝卑路斯银币边缘加盖戳记，正面右上方是一徽记，左侧是贵霜文"阿尔雄"。

0972　1德拉克马银币（减重）3.2克，24.9毫米

公元6世纪中期

在仿制的萨珊王朝库思老一世银币边缘加盖戳记，外缘有3处人物头像戳记。

0973　1德拉克马银币（减重）2.6克，26.5毫米　0974　1德拉克马银币（减重）2.6克，26.2毫米

公元6世纪末

在仿制的萨珊银币边缘加盖戳记，上边是一双面人头像戳记，右侧边缘是心形戳记，左侧边缘为贵霜文戳记。

0975　1德拉克马银币（减重）2.0克，24.7毫米　0976　1德拉克马银币（减重）2.1克，25.9毫米

公元6世纪末

在仿制的萨珊银币边缘加盖戳记，右侧边缘是心形戳记，左侧边缘为贵霜文戳记。

0977　1德拉克马银币（减重）2.1克，25.2毫米　0978　1德拉克马银币（减重）2.2克，24.3毫米

花剌子模

花剌子模是位于阿姆河下游的著名三角绿洲，在斯基泰人的语言里将其解释为"太阳土地"。中国古代将其记载为骥潜、火寻，希瓦城为其中心。

花剌子模曾为波斯阿赫美尼德王朝的行省。公元4-5世纪获得独立，并开始打制钱币，初期是仿制巴克特利亚王朝攸克拉提底斯一世银币形制，随后逐渐本土化，钱币上以各种徽记为特色。

卡涅克

公元8世纪初。正面国王戴冠，无须，面右头像。背面国王骑马，右行像，左侧为徽记，有花剌子模文"卡涅克王"。

0979 银币 6.4克，26.5毫米

阿兹卡特斯瓦尔二世

公元8世纪末。正面国王戴冠，无须，面右胸像，左侧是粟特文。背面国王骑马，右行像，左侧为徽记，有花剌子模文"阿兹卡特斯瓦尔王"。

0980 银币 2.1克，23.4毫米

粟特、七河地区

  粟特地区早在公元前5世纪就出现在了历史文献中，是指中亚阿姆河和锡尔河之间的河中地区。汉文古名为粟戈、属繇、粟特等。粟特地区是东西方商贸交通的要冲，手工业极为发达，粟特丝绸织物和金银器是丝绸之路贸易的重要商品，所以也成为周边各王朝的必争之地。粟特地区各城邦因贸易需要，分别发行了货币。早期是仿制西方样式打压法造币，后逐渐本土化，5-7世纪更多采用东方圆形方孔样式铸造钱币，钱币上的文字是源自阿拉米文的粟特文，钱币上大量使用的徽记是其特色。

  七河地区是中亚历史上与中国交往和联系最多的地区。其位置在巴尔喀什湖以南，费尔干纳盆地以东，有七条起源于天山再流入巴尔喀什湖的河流，大致将伊塞克湖和楚河周边地区涵盖在内。这里是北方大草原东西方向的天然通道，历史上有多次由东向西的民族大迁徙经过这里。其中著名的有大月氏西迁、乌孙西迁、北匈奴西迁、契丹西迁等。公元前2世纪大月氏人迁徙到七河及河中地区，后乌孙来到这里。公元前60年，七河地区归西域都护府管辖，公元2世纪，北匈奴的一部分迁居到此，5世纪这里是嚈哒的属地，6世纪后期又成为西突厥的核心地区，7世纪成为唐朝安西都护府的管辖区域。七河地区铸币始于

7世纪末，受唐文化影响，钱币样式主要是圆形方孔币型，采取东方的铸造工艺，文字使用汉文、粟特文、回鹘文等，有单语和双语币种。同粟特钱币一样，突厥如尼文徽记的使用是其一大特色。

无名王（一）

公元8世纪末。七河地区币，正面国王戴冠，面左胸像，左右两侧为粟特文。背面为突骑施徽记。

0981　铜币　4.1克，22.9毫米

无名王（二）

公元7世纪，布哈拉胡达特币型。仿萨珊王朝银币形制。正面国王戴冠，面右胸像，右侧为粟特文，左上方为巴列维文。背面是变形的两祭司及祭火坛，祭火坛上有阿胡拉马兹达头像。

0982　1德拉克马银币（减重）3.1克，29.7毫米

无名王（三）

公元8世纪中后期，布哈拉胡达特币型。仿萨珊王朝银币形制。正面国王戴冠，面右胸像，右侧为粟特文"布哈拉王"，左上方为阿拉伯文"麦海迪"。背面为变形的两祭司及祭火坛，祭火坛上有阿胡拉马兹达头像。

0983　1德拉克马银币（低银）2.4克，24.5毫米　0984　1德拉克马银币 2.7克，25.6毫米

0985　银币 2.7克，25.0毫米

塔尔纳夫奇

公元8世纪，赭时地区币。正面右向狮子图案。背面中间为徽记，两侧为粟特文"塔尔纳夫奇"。

0986　铜币 2.5克，19.3毫米

萨塔哈雷图顿

公元8世纪，赭时地区币。正面为女神正面头像。背面中间为徽记，外圈为粟特文"萨塔哈雷图顿"。

0987　铜币 2.1克，18.7毫米

乌克瓦塔穆克

公元8世纪初，撒马尔罕地区币。正面为粟特文"乌克瓦塔穆克"。背面方孔两侧为徽记。

0988 铜币 5.9克，27.1毫米   0989 铜币 4.1克，26.6毫米

突骑施汗国

突骑施原是西突厥十箭部落之一，散居在伊犁河流域。唐朝平定西突厥后，在突骑施驻地设立嗢鹿州都督府、挈山都督府、昆陵都护府和蒙池都护府，统归安西大都护府管辖。

7世纪末，突骑施部落首领乌质勒改革内部管理，被称为"十箭可汗"，也称为"突骑施可汗"，突骑施汗国由此崛起。706年，唐中宗封乌质勒可汗"怀德郡王"，同年乌质勒去世，娑葛可汗即位，因争夺汗位突骑施内部出现混乱。公元715年，突骑施车鼻施啜苏禄自立为突骑施可汗，他拥兵三十万，称雄西域。

图008　突骑施汗国徽记

公元8世纪初（一）

正面为粟特文"圣天突骑施可汗铸钱"。背面右下为突骑施弓形徽记，上方为突厥如尼文徽记，右侧为粟特文。

0990　铜币　11.5克，28.0毫米

公元8世纪初（二）

正面为粟特文"圣天突骑施可汗铸钱"。背面右下为突骑施弓形徽记。

0991　铜币　4.8克，24.4毫米

0992　铜币　5.1克，24.5毫米

0993　铜币　4.4克，24.8毫米

0994　铜币　2.0克，21.0毫米

公元8世纪初（三）

正面为粟特文"圣天突骑施可汗铸钱"。背面右下为突骑施弓形徽记，上方是突厥如尼文徽记。

0995　铜币　2.5克，19.4毫米

公元8世纪

正面为粟特文"瓦赫苏塔夫可汗铸钱"。背面右上为突骑施弓形徽记，左侧是突厥如尼文徽记，下方有汉字"元"。

0996　铜币　2.9克，22.6毫米

公元8世纪末

正面粟特文"托古斯国君"，右侧为三叉戟形徽记。背面为粟特文"圣天突骑施可汗铸钱"。

0997　铜币　0.9克，16.7毫米

0998　铜币　1.8克，20.0毫米

0999　铜币　1.1克，16.5毫米

拜占庭帝国

　　拜占庭帝国，也称为东罗马帝国。这个延续千年的帝国，从未自称为拜占庭，而自称罗马帝国。拜占庭是古希腊地名，就是后来东罗马帝国的首都新罗马，又名君士坦丁堡（今伊斯坦布尔）。1680年法国学者编著东罗马史，书名《拜占庭史》，自此东罗马帝国被称为拜占庭帝国。

　　拜占庭帝国的信仰是东正教，部分地区信仰基督教，这与罗马帝国的多神信仰有着本质区别。拜占庭在罗马的东部，更加崇尚希腊文化，与西罗马分裂后，希腊文化、希腊语逐渐占据主流。公元620年，希拉克略一世开始推行全国希腊化，规定希腊语为官方语言，帝王不再使用罗马的"奥古斯都"头衔，而使用希腊的"巴塞勒斯"（国王）为称号。

　　拜占庭帝国到中世纪中期，公元9—11世纪时，发展到巅峰。公元1453年，奥斯曼帝国的军队围困君士坦丁堡长达两年之久，最后使用火炮破城，拜占庭帝国灭亡。

表021　拜占庭帝国世系表

序号	王名	在位年代	备注
1	君士坦丁王朝	公元324－378年	
2	君士坦丁一世	公元324－337年	
3	君士坦丁二世	公元337－340年	1之长子
4	君士坦斯一世	公元337－350年	1之三子
5	君士坦提乌斯二世	公元337－361年	1之次子
6	朱里安努斯二世	公元361－363年	1之侄
7	基维安努斯	公元363－364年	篡位王，5之将军
8	瓦伦提尼安努斯一世	公元364－375年	篡位王，5之将军
9	瓦伦斯	公元364－378年	7之弟
10	狄奥多西斯王朝	公元379－457年	
11	狄奥多西一世	公元379－395年	7之将领
12	阿卡狄乌斯	公元383－408年	9之长子
13	狄奥多西二世	公元402－450年	10之子
14	马西安努斯	公元450－457年	11之姐夫
15	利奥王朝	公元457－518年	
16	利奥一世	公元457－474年	12之将军
17	芝诺	公元474－491年	13之女婿
18	巴西利库斯	公元475－476年	13之妻弟
19	阿纳斯塔修斯一世	公元491－518年	
20	查士丁王朝	公元457－474年	
21	查士丁一世	公元518－527年	16之将军
22	查士丁尼一世	公元527－565年	17之外甥
23	查士丁二世	公元565－578年	18之外甥
24	提比略二世	公元578－582年	19之共帝
25	莫里斯	公元582－602年	20之女婿
26	福卡斯	公元602－610年	篡位王，21之将军
27	希拉克略王朝	公元610－717年	
28	希拉克略一世	公元610－641年	其父为迦太基总督
29	君士坦斯二世	公元641－668年	23之侄

续表

序号	王名	在位年代	备注
30	君士坦丁四世	公元668－685年	24之子
31	查士丁尼二世	公元685－695，705－711年	25之子
32	莱昂提乌斯	公元695－698年	篡位王，26之将军
33	提比略三世	公元698－705年	篡位王
34	菲力比库斯	公元711－713年	暴乱登基
35	阿纳斯塔修斯二世	公元713－715年	元老院任命登基
36	狄奥多西三世	公元715－717年	骚乱登基
37	伊苏里亚王朝	公元717－802年	
38	利奥三世	公元717－741年	31之将军
39	君士坦丁五世	公元741－775年	32之子
40	利奥四世	公元775－780年	33之子
41	君士坦丁六世	公元780－797年	34之子
42	伊琳娜	公元797－802年	34之妻，35之母
43	尼斯弗鲁斯王朝	公元802－820年	
44	尼斯弗鲁斯一世	公元802－811年	篡位王
45	迈克尔一世	公元811－813年	37之女婿
46	利奥五世	公元813－820年	篡位王
47	阿莫里王朝	公元820－867年	
48	迈克尔二世	公元820－829年	
49	狄奥菲鲁斯	公元829－842年	40之子
50	迈克尔三世	公元842－867年	41之次子
51	马其顿王朝	公元867－1057年	
52	巴希尔一世	公元867－886年	42之共帝
53	利奥六世	公元886－912年	43之子
54	亚历山大	公元912－913年	44之共帝，弟弟
55	君士坦丁七世	公元913－959年	44之子，45之侄
56	罗曼努斯二世	公元959－963年	46之子
57	尼斯弗鲁斯二世	公元963－969年	46之弟
58	约翰一世	公元969－976年	46之女婿，48之侄

续表

序号	王名	在位年代	备注
59	巴希尔二世	公元976－1025年	
60	君士坦丁八世	公元1025－1028年	50之共帝，弟弟
61	罗曼努斯三世	公元1028－1034年	51之女婿
62	迈克尔四世	公元1034－1041年	联姻登基
63	迈克尔五世	公元1041－1042年	53之侄
64	君士坦丁九世	公元1042－1055年	联姻登基
65	狄奥多拉	公元1055－1056年	52妻弟
66	迈克尔六世	公元1056－1057年	推举登基
67	康尼努斯王朝 含杜卡斯，安吉路斯	公元1057－1204年	
68	伊萨克一世	公元1057－1059年	推举登基
69	君士坦丁十世	公元1059－1069年	推举登基
70	罗曼努斯四世	公元1068－1071年	联姻登基
71	迈克尔七世	公元1071－1078年	59之子
72	尼斯弗鲁斯三世	公元1078－1081年	政变登基
73	阿历克赛一世	公元1081－1118年	政变登基
74	约翰二世	公元1118－1143年	63之长子
75	曼努埃尔一世	公元1143－1180年	64之次子
76	安德罗尼卡一世	公元1183－1185年	共帝登基
77	伊萨克二世	公元1185－1195年	63之外孙
78	阿历克赛三世	公元1195－1203年	67之弟

狄奥多西二世（一）

公元402-450年。正面国王戴脊盔，左手握盾牌，右手持长矛，胸像，外圈为币文"我主狄奥多西，虔敬幸福的奥古斯都"。背面是守护神君士坦丁波利斯，右手持矛，左手托胜利女神球，右脚踏犁，坐像，外圈为币文"和谐一致的奥古斯都"，下方是君士坦丁堡造币厂金币标记。

1000 1索利多金币 4.4克，20.8毫米　　　　1001 1索利多金币 4.5克，19.1毫米

狄奥多西二世（二）

公元402-450年。正面国王戴脊盔，左手握盾牌，右手持长矛，胸像，外圈为币文"我主狄奥多西，虔敬幸福的奥古斯都"。背面是胜利女神维多利亚，右手扶十字架，站像，外圈为币文"和谐一致的奥古斯都"，下方是君士坦丁堡造币厂金币标记。

1002 1索利多金币 4.2克，20.5毫米

马西安努斯

公元450-457年。正面国王戴脊盔，左手盾牌，右手持长矛，胸像。外圈为币文"我主马西安努斯，虔敬幸福的奥古斯都"。背面是胜利女神维多利亚，右手扶十字架，站像，外圈为币文"胜利的奥古斯都们"，下方是君士坦丁堡造币厂金币标记。

1003 1索利多金币（剪边）3.8克，19.3毫米

利奥一世

公元457-474年。正面国王戴脊盔，左手盾牌，右手持长矛，胸像。外圈为币文"我主利奥，万岁奥古斯都"。背面是胜利女神维多利亚，右手扶十字架，站像，外圈为币文"胜利的奥古斯都们"，下方是君士坦丁堡造币厂金币标记。

1004　1索利多金币（剪边）2.9克，17.0毫米　　　1005　1索利多金币（剪边）3.5克，18.4毫米

芝诺

公元474-491年。正面国王戴脊盔，左手盾牌，右手持长矛，胸像。外圈为币文"我主芝诺，万岁奥古斯都"。背面是胜利女神维多利亚，右手扶十字架，站像，外圈为币文"胜利的奥古斯都们"，下方是君士坦丁堡造币厂金币标记。

1006　1索利多金币（剪边）3.0克，16.8毫米

阿娜斯塔修斯一世

公元474-491年。正面国王戴脊盔，左手盾牌，右手持长矛，胸像。外圈为币文"我主阿娜斯塔修斯，万岁奥古斯都"。背面是胜利女神维多利亚，右手扶十字架，站像，外圈为币文"胜利的奥古斯都们"，下方是君士坦丁堡造币厂金币标记。

1007　1索利多金币 4.5克，20.0毫米　　　1008　1索利多金币 3.1克，17.4毫米

查士丁尼一世（一）

公元527-565年。正面国王戴脊盔，左手盾牌，右手持长矛，胸像。外圈为币文"我主查士丁尼，万岁奥古斯都"。背面是守护神安淑莎，右手扶十字架，左手托十字球，外圈为币文"胜利的奥古斯都们"，下方是君士坦丁堡造币厂金币标记。

1009　1索利多金币　4.5克，20.5毫米

查士丁尼一世（二）

公元527-565年。正面国王戴脊盔，左手盾牌，右手持长矛，胸像。外圈为币文"我主查士丁尼，万岁奥古斯都"。背面是守护神安淑莎，右手扶十字架，左手托十字球，外圈为币文"胜利的奥古斯都们"，下方是君士坦丁堡造币厂金币标记。

1010　1索利多金币　4.5克，20.4毫米　　　　1011　1索利多金币　4.3克，19.0毫米

查士丁二世

公元527-565年。正面为查士丁二世和皇后索菲亚共托十字球，坐像。背面是面值M（40文）。

1012　1富利铜币　12.4克，31.4毫米

莫里斯（一）

公元582-602年。正面国王戴脊盔，左手盾牌，右手持长矛，胸像。外圈为币文"我主莫里斯提比略，万岁奥古斯都"。背面是守护神安淑莎，右手扶十字架，左手托十字球，外圈为币文"胜利的奥古斯都们"，下方是君士坦丁堡造币厂金币标记。

1013　1索利多金币　4.4克，21.8毫米　　　　1014　1索利多金币　4.5克，20.5毫米

莫里斯（二）

公元582-602年。正面国王戴脊盔，右手托十字球，胸像。背面是面值M（40文）。

1015　1富利铜币　11.5克，27.1毫米

福卡斯

公元602-610年。正面国王戴十字架皇冠，右手托十字架，胸像。外圈为币文"我主福卡斯，万岁奥古斯都"。背面是守护神安淑莎，右手扶十字架，左手托十字球，外圈为币文"胜利的奥古斯都们"，下方是君士坦丁堡造币厂金币标记。

1016　1索利多金币　4.4克，21.7毫米

希拉克略一世（一）

公元610-641年。正面国王戴十字架羽冠，右手托十字架胸像。外圈为币文"我主希拉克略，万岁奥古斯都"。背面是骷髅地十字架，外圈为币文"胜利的执政官们"，下方是君士坦丁堡造币厂金币标记。

1017　1索利多金币　4.4克，19.4毫米　　　　1018　1索利多金币　4.5克，21.2毫米

希拉克略一世（二）

正面是希拉克略一世和君士坦丁三世幼年的半身像，外圈为币文"我主希拉克略和希拉克略君士坦丁奥古斯都们"。背面是骷髅地十字架，外圈为币文"胜利的执政官们"，下方是君士坦丁堡造币厂金币标记。

1019　1索利多金币　4.5克，20.8毫米

希拉克略一世（三）

正面是希拉克略一世和君士坦丁三世少年的半身像，外圈为币文"我主希拉克略和希拉克略君士坦丁奥古斯都们"。背面是骷髅地十字架，外圈为币文"胜利的执政官们"，下方是君士坦丁堡造币厂金币标记。

1020　1索利多金币　4.5克，20.2毫米

希拉克略一世（四）

正面是希拉克略一世，右向半身像，外圈为币文"我主希拉克略，万岁奥古斯都"。背面是十字球，外圈为币文"胜利的奥古斯都"。

1021 1塞米西斯金币 2.2克，19.0毫米

希拉克略一世（五）

正面希拉克略一世和长子希拉克略君士坦丁及次子希拉克罗纳斯各托十字球，正面站像。背面是骷髅地十字架，左侧为基督符，外圈为币文"胜利的奥古斯都"，下方是君士坦丁堡造币厂金币标记。

1022 1索利多金币 4.5克，19.7毫米

1023 1索利多金币 4.4克，18.9毫米

君士坦斯二世（一）

公元641-668年。正面国王戴十字架皇冠，右手托十字球，胸像，外圈为币文"我主君士坦斯，万岁奥古斯都"。背面是骷髅地十字架，外圈为币文"胜利的奥古斯都"，下方是君士坦丁堡造币厂金币标记。

1024 1索利多金币 4.3克，20.3毫米

1025 1索利多金币 4.2克，19.2毫米

君士坦斯二世（二）

正面是君士坦斯二世和长子君士坦丁四世，半身像，外圈为币文"我主君士坦斯和君士坦丁，奥古斯都们"。背面是骷髅地十字架，外圈为币文"胜利的奥古斯都"，下方是君士坦丁堡造币厂金币标记。

1026 1索利多金币 4.4克，20.5毫米

君士坦斯二世（三）

正面是君士坦斯二世和长子君士坦丁四世，半身像。背面是君士坦斯二世的另两个儿子希拉克略和提比略站在骷髅地十字架两侧，外圈为币文"胜利的奥古斯都"，下方是君士坦丁堡造币厂金币标记。

1027 1索利多金币 4.4克，21.2毫米

君士坦丁五世

公元741-775年。正面是君士坦丁五世和利奥四世，半身像，外圈为币文"我主君士坦丁和利奥，万岁奥古斯都们"。背面是已去世的利奥三世手握十字架，半身像，外圈为币文"我主利奥，长命百岁"。

1028 1索利多金币 4.5克，19.9毫米

罗曼努斯三世

公元1028-1034年。正面耶稣基督，正面坐像。背面是圣母为罗曼努斯三世加冕，外圈为币文"圣母佑助罗马人"。

1029　1希斯塔梅隆金币　4.5克，21.7毫米　　　　1030　1希斯塔梅隆金币　4.4克，22.2毫米
　　　　　　　　　　　　　　　　　　　　　　　　　宋志勇藏品。

君士坦丁九世

公元1042-1055年。正面耶稣基督，正面坐像。背面君士坦丁九世戴十字架冠，右手
持杖，左手托十字球，半身像，外圈为币文"君士坦丁，罗马国王"。

1031　1希斯塔梅隆碟形金币　4.4克，23.2毫米

罗曼努斯四世

公元1068-1071年。正面中间迈克尔，左侧君士坦提乌斯，右侧安德罗尼卡，兄弟3人
站像。背面中间是耶稣基督为两侧的罗曼努斯四世和欧多西亚加冕，有币文"罗曼努斯和
欧多西亚"。

1032　1希斯塔梅隆碟形金币　4.4克，25.1毫米　1033　1希斯塔梅隆碟形金币　4.4克，27.0毫米

迈克尔七世

公元1071-1078年。正面耶稣基督，正面半身像。背面迈克尔七世戴十字架冠，右手
持杖，左手托十字球，半身像。外圈为币文"迈克尔杜卡斯国王"。

1034　1希斯塔梅隆碟形金币　4.5克，25.3毫米

阿历克赛一世（一）

公元1081—1118年。正面耶稣基督，正面坐像。背面是阿历克赛一世右手持杖，左手托十字球，右上方为"上帝之手"，左侧有币文"阿历克赛，专制君主"，右侧有币文"统帅"。

1035　1赫帕派伦碟形金币　4.2克，30.2毫米

阿历克赛一世（二）

公元1081—1118年。正面耶稣基督，正面坐像。背面是圣母玛利亚为阿历克赛一世加冕，左上方为"上帝之手"。

1036　1赫帕派伦碟形金币　4.2克，28.2毫米

约翰二世

公元1118—1143年。正面耶稣基督，正面坐像。背面是圣母玛利亚为约翰二世加冕。

1037　1赫帕派伦碟形金币　4.0克，29.5毫米

犍陀罗

公元前7世纪到公元前6世纪，印度北部宗教纷争不断，列国相互征伐。到公元6世纪初，逐渐形成了十六国并立的局面，这十六国都是很多小国中比较强大且相对稳定的王国。

犍陀罗就是当时印度北部十六国之一。犍陀罗都城在塔克西拉，因为其重要的地理位置，商业极为发达。恒河流域的婆罗门学子及刹帝利王子等都来到塔克西拉学习吠陀经典籍，其手工业技艺和医学也非常发达，这里是印度文明的重要发源地之一。

（上点）　　　　　　　　（左点）　　　　　　　　（右点）

图009　犍陀罗钱币印记

健陀罗国钱币（一）

公元前500-前400年，正面是凹印六臂符。背面光面。

1038　1/16萨塔玛纳银币　0.7克

1039　1/16萨塔玛纳银币　0.7克

1040　1/16萨塔玛纳银币　0.6克

1041　1/8萨塔玛纳银币　1.4克

1042　1/8萨塔玛纳银币　1.4克

1043　1/8萨塔玛纳银币　1.4克

1044　1/4萨塔玛纳银币　2.3克

1045　1/4萨塔玛纳银币　2.6克

1046　1/4萨塔玛纳银币　2.8克

健陀罗国钱币（二）

公元前500-前400年，正面是凹印六臂符，上方加盖一圆形中心点印记。背面光面。

1047　1/8萨塔玛纳银币　1.4克

1048　1/8萨塔玛纳银币　1.5克

1049　1/8萨塔玛纳银币　1.4克

健陀罗国钱币（三）

公元前500-前400年，正面是两个凹印六臂符。背面光面。初期短方形制。

1050　1萨塔玛纳银币　11.5克，24.9毫米　　　　1051　1萨塔玛纳银币　11.0克，32.5毫米

1052　1萨塔玛纳银币　10.9克，25.2毫米　　　　1053　1萨塔玛纳银币　11.0克，25.8毫米

1054　1萨塔玛纳银币　10.8克，22.8毫米

健陀罗国钱币（四）

公元前500-前400年，正面是两个凹印六臂符。背面光面。后期弯条形制。

1055 1萨塔玛纳银币 11.1克，39.1毫米　　　　1056 1萨塔玛纳银币 11.1克，45.5毫米

1057 1萨塔玛纳银币 11.5克，39.6毫米　　　　1058 1萨塔玛纳银币 11.5克，36.1毫米

1059 1萨塔玛纳银币 11.5克，33.5毫米　　　　1060 1萨塔玛纳，银，11.5克，37.6毫米

摩揭陀

　　摩揭陀，印度列国时代十六国中著名列国之一，也是佛陀时期的四强国之一。位于恒河中下游两岸地区，建都王舍城。摩揭陀随着发展历经了三个王朝：卡拉扬卡王朝、西宋纳加王朝、难陀王朝。

　　摩揭陀是印度重要的佛教圣地之一。历史上著名的佛教盛事王舍城结集、华氏城结集都发生在这里。

1061　1卡萨帕那银币 2.7克

1062　1卡萨帕那银币 3.1克　　1063　1卡萨帕那银币 3.1克　　1064　1卡萨帕那银币 3.1克

1065　1卡萨帕那银币 3.0克

1066　1卡萨帕那银币 2.7克

1067　1卡萨帕那银币 2.8克　　　　1068　1卡萨帕那，银，3.0克

1069　1卡萨帕那银币 3.0克

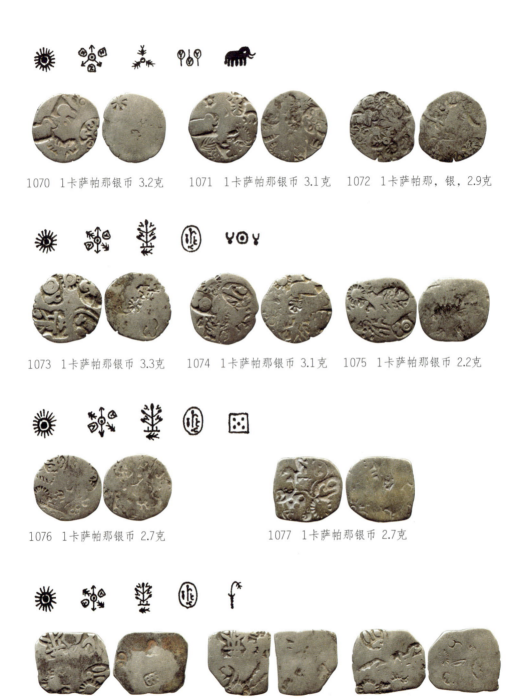

1070　1卡萨帕那银币 3.2克　　　1071　1卡萨帕那银币 3.1克　　　1072　1卡萨帕那，银，2.9克

1073　1卡萨帕那银币 3.3克　　　1074　1卡萨帕那银币 3.1克　　　1075　1卡萨帕那银币 2.2克

1076　1卡萨帕那银币 2.7克　　　　　　　　　1077　1卡萨帕那银币 2.7克

1078　1卡萨帕那银币 3.1克　　　1079　1卡萨帕那银币 2.7克　　　1080　1卡萨帕那银币 2.6克

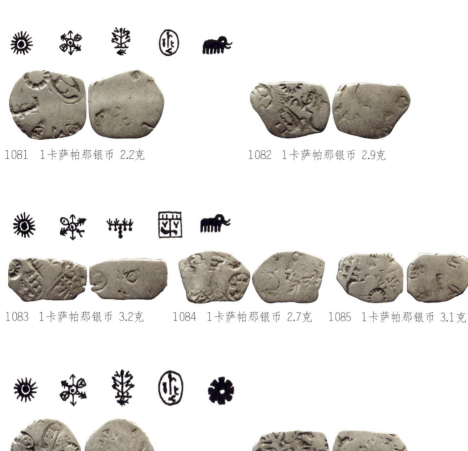

1081　1卡萨帕那银币 2.2克　　　　1082　1卡萨帕那银币 2.9克

1083　1卡萨帕那银币 3.2克　　1084　1卡萨帕那银币 2.7克　　1085　1卡萨帕那银币 3.1克

1086　1卡萨帕那银币 2.6克　　　　1087　1卡萨帕那银币 3.2克

1088　1卡萨帕那银币 3.0克

西宋纳迦王朝

西宋纳迦是摩揭陀王国后期的一个王朝。西宋纳迦王朝钱币大多是在摩揭陀王朝钱币背面重新打压五个戳记，较难辨认，难陀王朝建立后又将其钱币销毁重铸，故较少见。

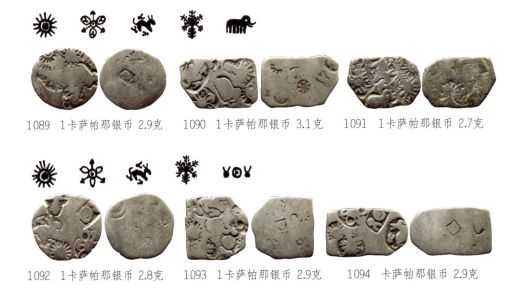

1089 1卡萨帕那银币 2.9克   1090 1卡萨帕那银币 3.1克   1091 1卡萨帕那银币 2.7克

1092 1卡萨帕那银币 2.8克   1093 1卡萨帕那银币 2.9克   1094 卡萨帕那银币 2.9克

1095 1卡萨帕那银币 2.8克　　1096 1卡萨帕那银币 3.1克　　1097 1卡萨帕那银币 2.7克

1098 1卡萨帕那银币 3.0克

1099 1卡萨帕那银币 2.8克　　1100 1卡萨帕那银币 3.2克　　1101 1卡萨帕那银币 3.2克

1102 1卡萨帕那银币 3.0克　　1103 1卡萨帕那银币 3.2克　　1104 1卡萨帕那银币 3.2克

1105 1卡萨帕那银币 3.1克　　1106 1卡萨帕那银币 2.9克　　1107 1卡萨帕那银币 3.0克

1108　1卡萨帕那银币　2.7克

1109　1卡萨帕那银币　3.1克

1110　1卡萨帕那银币　3.0克　　　　　　　1111　1卡萨帕那银币　2.4克

1112　1卡萨帕那银币　3.4克　　　1113　1卡萨帕那银币　2.9克　　　1114　1卡萨帕那银币　3.0克

1115　1卡萨帕那银币　2.9克

1116　1卡萨帕那银币 3.1克　　1117　1卡萨帕那银币 2.8克　　1118　1卡萨帕那银币 3.0克

1119　1卡萨帕那银币 3.2克　　1120　1卡萨帕那银币 3.1克　　1121　1卡萨帕那银币 3.0克

1122　1卡萨帕那银币 3.0克　　1123　1卡萨帕那银币 2.8克　　1124　1卡萨帕那银币 2.9克

1125　1卡萨帕那银币 2.6克

1126　1卡萨帕那银币 3.0克

1127　1卡萨帕那银币 3.2克

难陀王朝

难陀王朝建都华氏城，是摩揭陀王国的最后一个王朝（公元前364–前324年）。

公元前321年，年轻的禅达笈多组织起了一支反抗军进攻到华氏城，最终掌握了控制权，结束了难陀王朝，建立起孔雀王朝。

难陀

1128　1卡萨帕那银币　3.2克

1129　1卡萨帕那银币　3.3克

1130　1卡萨帕那银币 3.3克

1131　1卡萨帕那银币 3.2克

1132　1卡萨帕那银币 3.0克

1133　1卡萨帕那银币 3.1克

1134　1卡萨帕那银币 3.3克

1135　1卡萨帕那银币 3.1克　　1136　1卡萨帕那银币 3.2克　　1137　1卡萨帕那银币 3.2克

1138　1卡萨帕那银币 3.1克　　1139　1卡萨帕那银币 3.1克　　1140　1卡萨帕那银币 3.3克

1141　1卡萨帕那银币 3.1克　　1142　1卡萨帕那银币 3.1克　　1143　1卡萨帕那银币 3.3克

1144　1卡萨帕那银币 3.2克　　1145　1卡萨帕那银币 3.0克　　1146　1卡萨帕那银币 3.1克

1147　1卡萨帕那银币 3.3克　　1148　1卡萨帕那银币 3.2克　　1149　1卡萨帕那银币 3.1克

1150　卡萨帕那银币 2.9克　　　　　　1151　1卡萨帕那银币 3.2克

1152　1卡萨帕那银币 3.1克　　1153　1卡萨帕那银币 3.1克　　1154　1卡萨帕那银币 3.3克

1155　1卡萨帕那银币 3.2克　　1156　1卡萨帕那银币 3.2克　　1157　1卡萨帕那银币 3.2克

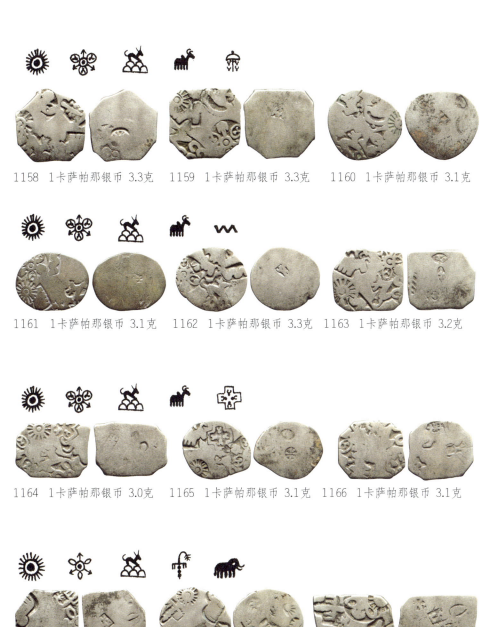

1158　1卡萨帕那银币　3.3克　　1159　1卡萨帕那银币　3.3克　　1160　1卡萨帕那银币　3.1克

1161　1卡萨帕那银币　3.1克　　1162　1卡萨帕那银币　3.3克　　1163　1卡萨帕那银币　3.2克

1164　1卡萨帕那银币　3.0克　　1165　1卡萨帕那银币　3.1克　　1166　1卡萨帕那银币　3.1克

1167　1卡萨帕那银币　3.0克　　1168　1卡萨帕那银币　3.0克　　1169　1卡萨帕那银币　3.2克

1170　1卡萨帕那银币　3.1克　　　　　1171　1卡萨帕那银币　3.0克

难陀后王

1172　1卡萨帕那银币 3.0克　　1173　1卡萨帕那银币 3.1克　　1174　1卡萨帕那银币 3.3克

1175　1卡萨帕那银币 3.1克　　1176　1卡萨帕那银币 2.8克　　1177　1卡萨帕那银币 3.2克

1178　1卡萨帕那银币 2.8克　　1179　1卡萨帕那银币 3.0克　　1180　1卡萨帕那银币 3.0克

1181　1卡萨帕那银币 2.9克　　1182　1卡萨帕那银币 3.1克　　1183　1卡萨帕那银币 3.3克

1184　1卡萨帕那银币 3.1克　　1185　1卡萨帕那银币 3.0克　　1186　1卡萨帕那银币 3.1克

1187　1卡萨帕那银币　3.1克　　1188　1卡萨帕那银币　3.1克　　1189　1卡萨帕那银币　3.0克

1190　1卡萨帕那银币　3.0克

1191　1卡萨帕那银币　3.0克　　1192　1卡萨帕那银币　3.0克　　1193　1卡萨帕那银币　3.1克

1194　1卡萨帕那银币　3.3克　　1195　1卡萨帕那银币　3.2克　　1196　1卡萨帕那银币　3.1克

1197　1卡萨帕那银币　3.1克　　　　1198　1卡萨帕那银币　3.1克

1199　1卡萨帕那银币　3.2克

1200　1卡萨帕那银币　3.0克

1201　1卡萨帕那银币　3.1克

1202　1卡萨帕那银币　3.2克

1203　1卡萨帕那银币　3.2克

1204　1卡萨帕那银币　3.0克

1205　1卡萨帕那银币　3.1克

1206　1卡萨帕那银币　3.2克　　1207　1卡萨帕那银币　3.2克　　1208　1卡萨帕那银币　3.1克

1209　1卡萨帕那银币　3.3克　　　　　　1210　1卡萨帕那银币　3.3克

1211　1卡萨帕那银币　3.0克　　1212　1卡萨帕那银币　3.2克　　1213　1卡萨帕那银币　3.2克

1214　1卡萨帕那银币　3.2克

1215　1卡萨帕那银币　3.3克

1216　1卡萨帕那银币 2.8克

1217　1卡萨帕那银币 3.0克

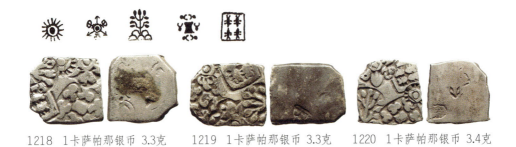

1218　1卡萨帕那银币 3.3克　　　　1219　1卡萨帕那银币 3.3克　　　　1220　1卡萨帕那银币 3.4克

1221　1卡萨帕那银币 3.2克

1222　1卡萨帕那银币 3.1克

孔雀王朝

公元前321年，禅达笈多称王，建立起孔雀王朝。

公元前297年，宾杜萨拉继承了禅达笈多的王位。其在位期间征服了南方文底耶山以南到佩内尔河地区，并与塞琉古王朝保持着友好往来。宾杜萨拉之子阿育王即位后，巩固政权，镇压叛乱，扩大领土。公元前260年，阿育王将羯陵伽国并入孔雀王朝版图。他建立起了古印度最大的王朝，第一次将印度次大陆统一成一个国家。

阿育王去世后，子孙们争夺王位，王朝很快被分裂。公元前187年，孔雀王朝灭亡。

表022 孔雀王朝世系表

序号	王名	在位年代	备注
1	禅达笈多（月护王）	公元前 321-前 297 年	
2	宾杜萨拉	公元前 297-前 272 年	1 之子
3	阿育王	公元前 272-前 232 年	2 之子
4	库纳拉	公元前 232-前 224 年	3 之子
5	达萨罗陀	公元前 224-前 216 年	3 之子

续表

序号	王名	在位年代	备注
6	桑普拉提	公元前216-前207年	4之子
7	萨里苏卡	公元前207-前194年	
8	布里哈杜罗陀	公元前194-前187年	

禅达笈多（一）

公元前321—前297年。华氏城铸。

1223　1卡萨帕那银币　3.3克　　1224　1卡萨帕那银币　3.2克　　1225　1卡萨帕那银币　3.3克

1226　1卡萨帕那银币　3.2克　　1227　1卡萨帕那银币　3.2克　　1228　1卡萨帕那银币　3.3克

1229　1卡萨帕那银币　3.1克　　1230　1卡萨帕那银币　3.3克　　1231　1卡萨帕那银币　3.3克

1232　1卡萨帕那银币　3.1克　　1233　1卡萨帕那银币　3.3克　　1234　1卡萨帕那银币　3.2克

1235　1卡萨帕那银币　3.2克　　1236　1卡萨帕那银币　3.5克　　1237　1卡萨帕那银币　3.2克

1238　1卡萨帕那银币　3.2克　　1239　1卡萨帕那银币　3.3克　　1240　1卡萨帕那银币　3.2克

1241　1卡萨帕那银币　3.3克　　1242　1卡萨帕那银币　3.1克　　1243　1卡萨帕那银币　3.0克

禅达笈多（二）

公元前321—前297年。马土拉铸。

1244　1卡萨帕那银币　3.4克

1245　1卡萨帕那银币 3.3克　　　　1246　1卡萨帕那银币 3.1克

宾杜萨拉（一）

公元前297—前272年。华氏城铸。

1247　1卡萨帕那银币 3.3克　　1248　1卡萨帕那银币 3.3克　　1249　1卡萨帕那银币 3.3克

1250　1卡萨帕那银币 3.3克　　1251　1卡萨帕那银币 3.4克　　1252　1卡萨帕那银币 3.4克

1253　1卡萨帕那银币 3.3克

宾杜萨拉（二）

公元前297—前272年。马土拉铸。

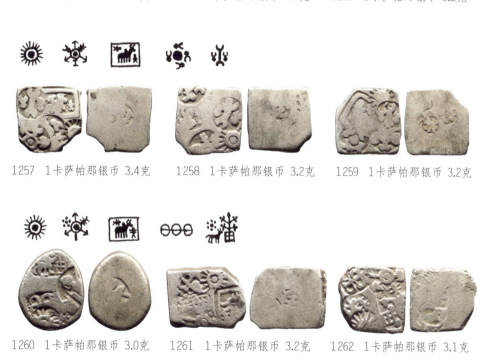

1254　1卡萨帕那银币 3.3克　　1255　1卡萨帕那银币 3.2克　　1256　1卡萨帕那银币 3.2克

1257　1卡萨帕那银币 3.4克　　1258　1卡萨帕那银币 3.2克　　1259　1卡萨帕那银币 3.2克

1260　1卡萨帕那银币 3.0克　　1261　1卡萨帕那银币 3.2克　　1262　1卡萨帕那银币 3.1克

1263　1卡萨帕那银币 3.3克　　1264　1卡萨帕那银币 2.9克　　1265　1卡萨帕那银币 3.2克

1266　1卡萨帕那银币 3.3克　　　　　1267　1卡萨帕那银币 3.3克

1268　1卡萨帕那银币 3.2克　　1269　1卡萨帕那银币 3.3克　　1270　1卡萨帕那银币 3.3克

阿育王（一）

公元前272—前232年。华氏城铸。

1271　1卡萨帕那银币 3.3克　　1272　1卡萨帕那银币 2.8克　　1273　1卡萨帕那银币 3.2克

1274　1卡萨帕那银币 3.2克　　1275　1卡萨帕那银 2.7克　　1276　1卡萨帕那银币 3.3克

1277　1卡萨帕那银币 3.2克　　　1278　1卡萨帕那银币 3.4克　　　1279　1卡萨帕那银币 3.1克

1280　1卡萨帕那银币 3.3克　　　1281　1卡萨帕那银币 3.3克　　　1282　1卡萨帕那银币 3.3克

1283　1卡萨帕那银币 3.3克　　　1284　1卡萨帕那银币 3.4克　　　1285　1卡萨帕那银币 3.4克

1286　1卡萨帕那银币 3.1克　　　1287　1卡萨帕那银币 3.6克　　　1288　1卡萨帕那银币 3.5克

1289　1卡萨帕那银币 3.5克　　　1290　1卡萨帕那银币 3.2克　　　1291　1卡萨帕那银币 3.3克

阿育王（二）

公元前272—前232年。马土拉铸。

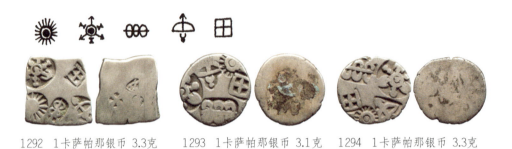

1292　1卡萨帕那银币　3.3克　　1293　1卡萨帕那银币　3.1克　　1294　1卡萨帕那银币　3.3克

1295　1卡萨帕那银币　3.3克　　1296　1卡萨帕那银币　3.3克　　1297　1卡萨帕那银币　3.4克

1298　1卡萨帕那银币　3.3克　　1299　1卡萨帕那银币　3.3克　　1300　1卡萨帕那银　3.3克

1301　1卡萨帕那银币　3.2克　　1302　1卡萨帕那银币　3.3克　　1303　1卡萨帕那银币　3.1克

1304　1卡萨帕那银币　3.1克

库纳拉（一）

公元前232—前224年。华氏城铸。

1305　1卡萨帕那银币　3.2克　　1306　1卡萨帕那银币　3.2克　　1307　1卡萨帕那银币　3.4克

1308　1卡萨帕那银币　3.3克　　1309　1卡萨帕那银币　3.4克　　1310　1卡萨帕那银币　3.4克

库纳拉（二）

公元前232—前224年。马土拉铸。

1311　1卡萨帕那银币　3.3克　　　　　　1312　1卡萨帕那银币　3.2克

1313　1卡萨帕那银币　3.0克

库纳拉（三）

公元前232—前224年。威迪萨铸。

1314　1卡萨帕那银币　3.0克　　1315　1卡萨帕那银币　3.3克　　1316　1卡萨帕那银币　2.9克

达萨罗陀（一）

公元前224—前216年。华氏城铸。

1317　1卡萨帕那银币　3.5克　　1318　1卡萨帕那银币　3.3克　　1319　1卡萨帕那银币　3.3克

1320　1卡萨帕那银币　3.3克　　1321　1卡萨帕那银币　2.4克　　1322　1卡萨帕那银币　2.0克

达萨罗陀（二）

公元前224—前216年。马土拉铸。

1323　1卡萨帕那银币 3.3克　　　　　1324　1卡萨帕那银币 3.1克

1325　1卡萨帕那银币 3.3克　1326　1卡萨帕那银币 3.2克　1327　1卡萨帕那银币 3.2克

1328　1卡萨帕那银币 3.3克　　　　　1329　1卡萨帕那银币 3.5克

桑普拉提（一）

公元前216—前207年。华氏城铸。

1330　1卡萨帕那银币 3.3克　1331　1卡萨帕那银币 3.4克　1332　1卡萨帕那银币 3.4克

1333　1卡萨帕那银币 3.4克　　1334　1卡萨帕那银币 3.3克　　1335　1卡萨帕那银币 3.3克

1336　1卡萨帕那银币 3.4克　　1337　1卡萨帕那银币 3.2克　　1338　1卡萨帕那银币 3.2克

1339　1卡萨帕那银币 3.4克　　　1340　1卡萨帕那银币 3.2克　　　1341　1卡萨帕那银币 3.3克

桑普拉提（二）

公元前216—前207年。乌贾因铸。

1342　1卡萨帕那银币 3.5克　　1343　1卡萨帕那银币 3.3克　　1344　1卡萨帕那银币 3.1克

桑普拉提（三）

公元前216—前207年。威迪萨铸。

1345　1卡萨帕那银币 3.4克　　1346　1卡萨帕那银币 3.4克　　1347　1卡萨帕那银币 3.2克

萨里苏卡（一）

公元前207—前194年。华氏城铸。

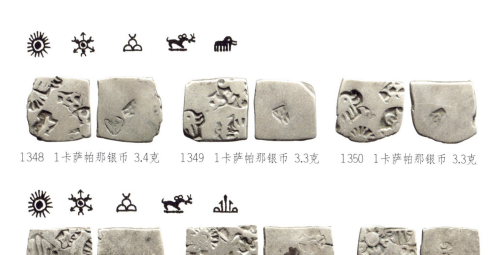

1348　1卡萨帕那银币 3.4克　　1349　1卡萨帕那银币 3.3克　　1350　1卡萨帕那银币 3.3克

1351　1卡萨帕那银币 3.3克　　1352　1卡萨帕那银币 3.4克　　1353　1卡萨帕那银币 2.8克

萨里苏卡（二）

公元前207—前194年。乌贾因铸。

1354　1卡萨帕那银币 3.3克　　1355　1卡萨帕那银币 3.3克　　1356　1卡萨帕那银币 3.4克

萨里苏卡（三）

公元前207—前194年。威迪萨铸。

1357　1卡萨帕那银币 3.4克　　1358　1卡萨帕那银币 3.2克　　1359　1卡萨帕那银币 3.4克

布里哈杜罗陀

公元前194—前187年。华氏城铸。

1360　1卡萨帕那银币 3.4克

巽加王朝

　　婆罗门出身的普士亚弥陀·巽加是孔雀王朝的将军，公元前187年，他建立起巽加王朝，首都在华氏城。

　　巽加王朝末期，婆罗门大臣掌握了王权，末王提婆·菩提被大臣婆苏提婆所杀，巽加王朝灭亡。

表023　巽加王朝世系表

序号	王名	在位年代	备注
1	普士亚弥陀·巽加	公元前187-前151年	
2	阿契尼弥陀	公元前151-前143年	1之子
3	瓦苏亚斯塔	公元前143-前133年	2之子
4	瓦苏弥陀	公元前133年-？	3之子
5	安德拉卡		4之子
6	普林达卡		5之子

续表

序号	王名	在位年代	备注
7	戈沙		6之子
8	瓦吉弥陀		
9	婆伽拔哈陀		
10	提婆·菩提	？－前75年	9之子

普士亚弥陀·巽加（一）

公元前187－前151年。华氏城铸。

1361　1卡萨帕那银币 3.3克

1362　1卡萨帕那银币 3.3克　　1363　1卡萨帕那银币 3.2克　　1364　1卡萨帕那银币 3.4克

1365　1卡萨帕那银币 3.4克

普士亚弥陀·巽加（二）

公元前187－前151年。马土拉铸。

1366　1卡萨帕那银币　3.3克　　　　　　1367　1卡萨帕那银币　3.3克

1368　1卡萨帕那银币　3.2克　　　　　　1369　1卡萨帕那银币　3.4克

普士亚弥陀·巽加（三）

公元前187-前151年。铸地不详。

1370　1卡萨帕那银币　3.2克　　1371　1卡萨帕那银币　3.3克　　1372　1卡萨帕那银币　3.2克

普士亚弥陀·巽加（四）

公元前187-前151年。乌贾因铸。

1373　1卡萨帕那银币　3.4克

普什卡拉瓦提

普什卡拉瓦提（约公元前220-前160年）位于印度西岸，在孔雀王朝疆域的最北端。在孔雀王朝及巽加王朝灭亡后，印度半岛地区群雄并起，小国林立。加之克什米尔地区崇山峻岭，使得主流统治王朝很难深入这一地区，故能保持其相对独立。

孔雀王朝及巽加王朝主要发行银币，而普什卡拉瓦提则发行的是打压的铜币。

普什卡拉瓦提王朝钱币

约公元前185-前160年。正面为右行的大象。背面为左向的站狮，狮子背上有万字符，左侧有一徽记。

1374　铜币　8.6克，18.5毫米　　　　　1375　铜币　11.6克，18.7毫米

尤迪亚王国

尤迪亚王国（约公元190-340年）位于旁遮普西部，公元前就已存在，在贵霜王朝时期逐渐兴盛，后随着笈多王朝的建立而灭亡。尤迪亚王国的钱币主要是仿制贵霜王朝钱币的形制，但文字和内容大为不同。

尤迪亚王国钱币

约公元190-340年。正面是印度战神迦希吉夜持矛，站像，右下方是孔雀，外圈为婆罗迷文"胜利属于尤迪亚人"。面背为尤迪亚女神，左手扶胯，右手平举，站像，左侧为花瓶。

1376 贵霜型铜币 11.0克，25.2毫米

1377 贵霜型铜币 11.0克，25.2毫米

笈多王朝

　　贵霜王朝于3世纪后期分裂成几个小国。4世纪初，在恒河上游，有一个小国君主室利·笈多开始征服周边小国，并逐渐强大起来。其孙子禅达笈多通过联姻迅速扩张实力，于公元320年登基称王，定都华氏城，自称"伟大的王中之王"，并以他即位之年（公元320年）定为笈多王朝纪元元年，并发行金币加以纪念。

　　禅达笈多去世后，其子萨摩陀罗·笈多即位，统一了北印度地区。萨摩陀罗·笈多统治期间，笈多王朝开始进入鼎盛时期。禅达笈多二世是古印度著名帝王之一，他是萨摩陀罗·笈多的儿子和继承人。他统治时期，笈多王朝进入了全盛期，其版图与孔雀王朝相当，是继孔雀王朝后，印度的又一次大统一。

　　到6世纪中叶，笈多王朝开始解体。而各地方的统治者也纷纷乘机独立，笈多王朝彻底瓦解。

<table>
<tr><td colspan="4" align="center">表024　笈多王朝世系表</td></tr>
<tr><th>序号</th><th>王名</th><th>在位年代</th><th>备注</th></tr>
<tr><td>1</td><td>禅达笈多一世</td><td>约公元 320-335 年</td><td></td></tr>
<tr><td>2</td><td>萨摩陀罗笈多</td><td>约公元 335-380 年</td><td>1 之子</td></tr>
<tr><td>3</td><td>禅达笈多二世</td><td>约公元 380-414 年</td><td>2 之子</td></tr>
<tr><td>4</td><td>鸠摩罗笈多一世</td><td>约公元 414-455 年</td><td>3 之子</td></tr>
<tr><td>5</td><td>塞健陀笈多</td><td>约公元 455-480 年</td><td>4 之子</td></tr>
<tr><td>6</td><td>鸠摩罗笈多二世</td><td>约公元 480 年 - ？</td><td>5 之子</td></tr>
<tr><td>7</td><td>佛陀笈多</td><td>？ - 公元 495 年</td><td>5 之侄</td></tr>
<tr><td>8</td><td>禅达笈多三世</td><td>约公元 495-500 年</td><td>7 之子</td></tr>
<tr><td>9</td><td>温亚笈多</td><td>约公元 500-507 年</td><td>7 之弟</td></tr>
<tr><td>10</td><td>那罗辛哈笈多</td><td>约公元 507-532 年</td><td>7 之弟</td></tr>
<tr><td>11</td><td>鸠摩罗笈多三世</td><td>约公元 532-550 年</td><td>10 之子</td></tr>
<tr><td>12</td><td>毗湿奴笈多</td><td>约公元 550 年</td><td>11 之子</td></tr>
</table>

萨摩陀罗笈多（一）

公元335-380年。旗杆型。正面国王右手给祭坛敬献，左手持矛，面右站像，左侧为金翅鸟柱头旗杆，国王左臂下有婆罗米文"萨摩陀罗"，外圈为笈多体婆罗米文"英勇国王，所向无敌，百战百胜，再降上天"。背面是吉祥天女，正面坐像，左上方是徽记，右侧为婆罗米文"英勇国王"。

1378　1第纳尔金币 7.7克，20.3毫米

萨摩陀罗笈多（二）

祭祖型。正面国王右手给祭坛敬献，左手持法轮柱头旗杆，面左站像，国王左臂下有婆罗米文"卡查"，外圈为笈多体婆罗米文"卡查通过祭祀，战天斗地"。背面是吉祥天女，右手持莲花，左手抱丰饶角，面左站像，左侧为徽记，右侧为婆罗米文"一切国王的终结者"。

1379　1第纳尔金币　7.2克，19.8毫米

萨摩陀罗笈多（三）

抚琴型。正面国王左向坐于靠塌上，双手抚里尔琴，外圈为笈多体婆罗米文"伟大的国王，斯里，国王萨摩陀罗笈多"。背面是吉祥天女，右手持花环，左手抱丰饶角，面左坐像，左上为徽记，右侧为婆罗米文"萨摩陀罗笈多"。

1380　1第纳尔金币　7.9克，20.0毫米

禅达笈多二世（一）

公元380-414年。骑马型。正面国王骑马，左行像，外圈为笈多体婆罗米文"毗湿奴的伟大信徒，斯里，国王禅达笈多"。背面是吉祥天女，右手持花环，左手握莲花，面左坐像，左上侧是徽记，右侧为婆罗米文"不可战胜的勇士"。

1381　1第纳尔金币　7.8克，19.1毫米

禅达笈多二世（二）

骑马型。正面国王骑马，右行像，外圈为笈多体婆罗米文"毗湿奴的伟大信徒，斯里，国王禅达笈多"。背面是吉祥天女，右手持花环，左手握莲花，面左坐像，左上侧是徽记，右侧为婆罗米文"不可战胜的勇士"。

1382　1第纳尔金币　7.6克，18.7毫米

禅达笈多二世（三）

护伞型。正面国王左手握剑，右手给祭坛敬献，面左站像，国王身后有仆人撑起护伞，外圈为笈多体婆罗米文"英勇之子，征服大地，凭借伟绩，再降上天"。背面是吉祥天女，右手持花环，左手持一支莲花，面左站像，左上侧为徽记，右侧为婆罗米文"英勇之子"。

1383　1第纳尔金币　7.9克，20.2毫米

禅达笈多二世（四）

弓手型。正面国王左手持弓，右手握箭，面左站像，左侧为金翅鸟柱头旗杆，国王左臂下有婆罗米文"禅达笈多"，外圈为笈多体婆罗米文"圣神的王中之王，斯里，禅达笈多"。背面是吉祥天女盘腿坐于莲花座上，右手持花环，左手拈莲花，左上侧为徽记，右侧为婆罗米文"斯里勇士"。

1384　1第纳尔金币　7.7克，19.6毫米

禅达笈多二世（五）

弓手型。正面国王左手持弓，右手握箭，面左站像，左侧为金翅鸟柱头旗杆，国王左臂下有婆罗米文"禅达笈多"，外圈为笈多体婆罗米文"圣神的王中之王，斯里，禅达笈

多"。背面是吉祥天女盘腿坐于莲花座上，右手持花环，左手拈莲花，左上侧为徽记，右侧为婆罗米文"斯里勇士"。

1385　1第纳尔金币　7.8克，20.0毫米

禅达笈多二世（六）

猎狮型。正面国王一脚踩在狮子背上，一手握剑，面右像，外圈为笈多体婆罗米文"王中之月，勇如猛狮，驰骋战场，无可匹敌"。背面是吉祥天女盘腿坐于狮子背上，右手持花环，左手握莲花，左上侧为徽记，右侧为婆罗米文"斯里，勇如猛狮"。

1386　1第纳尔金币　7.9克，20.0毫米

禅达笈多二世（七）

正面国王戴平顶帽，面右头像。背面为张开双翅的金翅鸟，外圈为婆罗米文"毗湿奴的信徒，王中之王，英勇的禅达笈多"。

1387　1德拉克马银币　1.8克，13.4毫米

鸠摩罗笈多（一）

公元414-455年。骑马型。正面国王骑马，右行像，外圈为笈多体婆罗米文"笈多家族，苍空无暇之月，犹如天神，英勇无可匹敌"。背面是吉祥天女，面左坐像，右手饲孔雀，左手握莲花，右侧为婆罗米文"天神之子"。

1388　1第纳尔金币 8.1克，19.1毫米

鸠摩罗笈多（二）

正面国王戴平顶帽，面右头像。背面张开双翅的金翅鸟，外圈为婆罗米文"征服大地之王，鸠摩罗笈多再降服上天"。

1389　1德拉克马银币 2.0克，13.5毫米　　　1390　1德拉克马银币 2.1克，14.3毫米

1391　1德拉克马银币 1.6克，12.4毫米　　　1392　1德拉克马银币 2.2克，13.9毫米

塞健陀笈多

公元455-480年。弓手型。正面国王左手持弓，右手握箭，面左站像，左侧为金翅鸟柱头旗杆，国王左臂下有婆罗米文"塞健陀笈多"，外圈为笈多体婆罗米文"施恩众生的天神之子塞健陀，再降服上天"。背面是吉祥天女盘腿坐于莲花座上，右手持花环，左手握莲花，左上侧为徽记，右侧为婆罗米文"天神之子"。

1393　1第纳尔金币 8.3克，19.2毫米

那罗辛哈笈多

公元507-532年。正面国王左手持弓，右手握箭，面右站像，左侧为金翅鸟柱头旗

杆，国王左臂下有婆罗米文"那罗辛哈笈多"。背面是吉祥天女盘腿坐于莲花座上，右手持花环，左手握莲花，左上侧为徽记，右侧婆罗米文。

1394　1第纳尔金币　9.6克，20.1毫米

后期笈多

公元6世纪末，盛极一时的笈多王朝开始衰落。笈多王朝衰落后，分裂出许多独立小国。发现于马拉瓦以北的地区的很多小银币上有婆罗米铭文"笈多"，应该是笈多王朝的后继小国所发行的。

约公元5世纪末（一）

正面图案意义不明。

1395　银币 3.2克，17.7毫米

1396　银币 3.6克，18.1毫米

1397　银币　3.1克，17.8毫米　　　　　　1398　银币　3.2克，18.2毫米

约公元5世纪末（二）

正面图案意义不明，下方有3个婆罗米字母。

1399　银币　1.3克，14.6毫米　　　　　　1400　银币　1.3克，15.7毫米

1401　银币　1.3克，15.6毫米　　　　　　1402　银币　1.2克，16.3毫米

约公元5世纪末（三）

正面图案意义不明，下方有2个婆罗米字母。

1403　银币　1.2克，15.6毫米　　　　　　1404　银币　1.3克，15.0毫米

1405　银币　1.2克，15.0毫米　　　　　　1406　银币　1.2克，16.9毫米

1407　银币 1.2克，15.1毫米

1408　银币 1.3克，14.4毫米

约公元6世纪（一）

正面有3个圆点，两侧为婆罗米文"笈多"。背面是抽象的人物，面右头像。

1409　银币 0.7克，11.9毫米

1410　银币 0.7克，13.3毫米

1411　银币 0.8克，12.4毫米

1412　银币 0.7克，12.5毫米

1413　银币 0.7克，12.6毫米

1414　银币 0.7克，14.3毫米

1415　银币 0.6克，12.1毫米

1416　银币 0.6克，12.9毫米

约公元6世纪（二）

正面有3个圆点，两侧为婆罗米文"笈多"，上下是阿拉伯文。背面是天城体梵文。

1417 银币 0.5克，11.9毫米

1418 银币 0.6克，12.8毫米

1419 银币 0.5克，11.5毫米

1420 银币 0.6克，12.2毫米

约公元7世纪

正面有3个圆点，两侧为婆罗米文"笈多"，上下是阿拉伯文。背面是3行阿拉伯文。

1421 银币 0.6克，13.7毫米

1422 银币 0.7克，12.4毫米

1423 银币 0.7克，13.5毫米

1424 银币 0.7克，12.1毫米

普拉蒂哈拉王朝

普拉蒂哈拉王朝（公元740－1019年）的人原来自中亚，属拉其普特人。他们最初定居于迈华尔，后南移至马拉瓦地区。

普拉蒂哈拉王朝的钱币沿用印度-萨珊币型。

普拉蒂哈拉王朝钱币

公元730－836年。印度-萨珊型。正面国王戴冠，面右胸像，右侧为婆罗米文"斯里"。背面为简化的祭坛和两祭司。

1425　1德拉克马银币　3.9克，20.6毫米　　　1426　1德拉克马银币　4.0克，20.8毫米

1427 1德拉克马银币 4.0克，20.6毫米   1428 1德拉克马银币 3.9克，21.8毫米

查拉健王朝

在普拉蒂哈拉王朝后期，拉其普特地区出现了一系列王朝，查拉健王朝就是其中之一。

查拉健王朝发行的货币有金币和银币，金币属吉祥天女币型，银币属印度-萨珊币型。此类银币有一个专用名称叫"加底亚派沙"，特指6世纪以来流通于古吉拉特地区的印度-萨珊型银币。这种银币此前图案较为复杂，但随着时代的发展，钱币图案得到简化。绝大部分是查拉健和巴拉马拉打制的，一般没有文字，无从考证其发行君主。公元12世纪，查拉健转而使用吉祥天女币型。

鸠摩罗帕拉

公元1145−1171年。正面是四臂吉祥天女盘腿，坐像。背面是3行天城体梵文"斯里，鸠摩罗帕拉提婆"。

1429　4.2克，16.7毫米　　　　　　1430　4.1克，18.2毫米

无名王

正面是严重简化的印度−萨珊型国王头像。背面是严重简化的祭火坛，上方有星月图案。

1431　1德拉克马银币 3.7克，15.5毫米　　　1432　1德拉克马银币 4.3克，16.1毫米

1433　1德拉克马银币 4.4克，15.4毫米　　　1434　1德拉克马银币 4.4克，14.8毫米

1435　1德拉克马银币 4.0克，16.5毫米

希拉哈拉王国

公元760年，拉西特拉库塔王朝分封希拉哈拉为孔坎总督。

拉西特拉库塔王朝于8世纪中叶取代了原遮娄其王朝，与普拉蒂哈拉王朝和孟加拉的加拉帕拉王朝于恒河流域开始形成三足鼎立之势。虽拉西特拉库塔王朝曾一时疆域辽阔，然而至今都没有发现"真正"的拉西特拉库塔王朝钱币。

希拉哈拉被封为孔坎总督后，对拉西特拉库塔王朝时而附属，时而独立，后来希拉哈拉王国分为南孔坎、北孔坎、萨塔拉三支。希拉哈拉王国钱币属印度-萨珊币型。

无名王

公元11-12世纪。正面是严重简化的印度-萨珊型国王头像。背面是国王骑马右行与敌人作战。

1436　1德拉克马银币 4.2克，13.5毫米

1437　1德拉克马银币 4.2克，14.1毫米

1438　1德拉克马银币 4.1克，13.1毫米

1439　1德拉克马银币 4.1克，13.4毫米

兆汉王朝

　　普拉蒂哈拉王朝衰亡后，拉其普特地区出现了一系列王朝（公元800-1300年），兆汉王朝就是其中之一。兆汉家族是拉其普特地区的古老家族，在7世纪时开始建立王国。

　　兆汉王朝发行的钱币基本有3种类型：吉祥天女币型、印度-萨珊币型和瘤牛-骑像币型。晚期打制了大量的低成色银币。

阿加雅提婆

　　公元1110-1125年。正面是四臂吉祥天女盘腿，坐像。背面有2行天城体婆罗米文"斯里，阿加雅提婆"。

1440　1德拉克马银币 4.4克，17.0毫米

1441　1德拉克马银币 4.4克，16.4毫米

1442　1德拉克马银币　4.5克，16.9毫米

普利陀毗罗阇三世

公元1177–1192年。正面国王骑马，右行像，外圈为婆罗米文"斯里，普利陀毗罗阇提婆"。背面是卧着的瘤牛，外圈为婆罗米文"斯里，萨曼塔提婆"。

1443　1迪尔汗银币（低银）3.3克，16.0毫米　　1444　1迪尔汗银币（低银）3.4克，15.4毫米

1445　1迪尔汗银币（低银）3.5克，15.6毫米

拉施特拉库塔（卡脑季）

公元1019年，哥疾宁王朝的马哈茂德撰写了《卡脑季之劫》，标志着普拉提哈拉王朝开始走向灭亡。

拉施特拉库塔家族是生活在卡脑季地区的古老家族，且建立了自己的政权，在哥疾宁王朝征服卡脑季时，逃亡到布多恩，并在布多恩建立了新的都城。此后政权虽然屡屡遭到攻击，但依然保持繁荣。直到公元1205年，被库特布·丁·阿巴克征服。

拉施特拉库塔所打制的货币均为低成色的银质瘤牛——骑像币型。

马达纳帕拉提婆

公元1119年。正面国王骑马，右行像，外圈为婆罗米文"斯里，马达纳帕拉提婆"。背面是卧着的瘤牛，外圈为婆罗米文"斯里，萨曼塔提婆"。

1446　1迪尔汗银币（低银）3.2克，15.0毫米

加加帕拉（纳拉瓦）

卡查帕格塔家族的3个分支分别统治着瓜廖尔、杜布昆德和纳拉瓦。

公元1210年，普拉提哈拉王朝的贵族威格拉哈在瓜廖尔建立了政权。公元1220年，他的儿子马拉亚瓦曼继承了他的王位。卡查帕格塔家族的另一分支在纳拉瓦地区，13世纪初加加帕拉在该地区巩固了自己的地位，其第二代统治者查哈达代瓦便占领了纳拉瓦。

加加帕拉打制的钱币属瘤牛－骑像币型，为低成色银币，成色低到几乎是铜币了。

察哈达提婆

公元1234－1251年。正面国王骑马，右行像，外圈为婆罗米文"斯里，察哈达提婆"。背面是卧着的瘤牛，外圈为婆罗米文"斯里，萨曼塔提婆"。

1447　1迪尔汗银币（低银）3.3克，16.0毫米　　1448　1迪尔汗银币（低银）3.3克，15.9毫米

1449　1迪尔汗银币（低银）3.5克，15.0毫米

伽哈达瓦拉王朝（卡脑季）

公元1086年-1090年，在旁遮普的哥疾宁总督马哈茂德占领了卡脑季地区，尔后将卡脑季交由当地的贵族伽哈达瓦拉家族管理。

禅达德瓦统治时期对其宗主国哥疾宁王朝是效忠的，但他的继任者马达纳帕拉却反抗哥疾宁王朝的统治。公元1114年，马达纳帕拉的儿子戈文达禅达登上王位，他在对抗哥疾宁王朝的进攻中取得了较大的胜利，迫使马斯乌德三世释放了他的父亲马达纳帕拉。

公元1154年，戈文达禅达的儿子威伽雅禅达继承王位，伽雅禅达统治至公元1169年，后由伽噶禅达接替其王位，他是伽哈达瓦拉王朝的最后一位国王。

伽哈达瓦拉王朝发行的金币成色较低，属吉祥天女币型。

戈文达禅达

公元1114-1154年。正面是四臂吉祥天女盘腿，坐像。背面是3行天城体梵文"斯里，戈文达禅达提婆"。

1450 金币 4.2克，18.3毫米

1451 金币 4.3克，19.0毫米

1452 金币 3.9克，20.6毫米

卡拉丘里王朝

卡拉丘里人来自德干高原，后作为拉西特拉库塔王朝总督来到中央邦附近的特里普里，故又称特里普里卡拉丘里王朝。开国君主是柯卡拉一世（公元845-888年在位），前后共历15个国王，在公元1218年亡于章德拉王朝。

卡拉丘里王朝发行低成色的金币，属吉祥天女币型。

耿吉亚提婆

公元1015-1041年，正面是四臂吉祥天女盘腿，坐像。背面是3行天城体梵文"斯里，耿吉亚提婆"。

1453　金币　4.0克，18.1毫米

萨拉巴普利亚王朝

在笈多王朝的早期，萨拉巴普利亚王朝可能是笈多王朝的附属国，但随着笈多王朝的衰落，最终独立。

国王普拉萨纳是这个王朝中唯一铸币的国王，钱币中国王的名讳即普拉萨纳。金币的发行说明他是一个强大的统治者，在印度中部的恰蒂斯加尔邦以及东部奥里萨邦的卡拉罕迪区都发现了此国王钱币。

钱币内容注解：上部正中是一个站立的大鹏金翅鸟（印度教主神毗湿奴的坐骑），两侧是星月，左侧是法轮，右侧是法螺，下部为婆罗米文"吉祥的普拉萨纳"，铭文下有一水壶，相传印度教神明和众魔争夺此壶，因为此壶装有长生不老药，印度至今依然有大壶节。

公元6世纪，正面上方大鹏金翅鸟，左侧是法轮，右侧为法螺，顶部有日月。下方为婆罗米文，底部是宝瓶。背面光素。

1454 12拉蒂金币 1.3克，16.4毫米   1455 12拉蒂金币 1.3克，16.9毫米

雅达瓦王朝

公元1191年，比拉马五世在德干高原建立了雅达瓦王朝，都城在德瓦吉里（今道拉塔巴德）。

雅达瓦王朝的金币为碗型戳记币，正面打有5-6个戳记。背面光素，没有内容。

辛格哈纳

公元1200-1247年。正面上方为婆罗米文戳记"斯里，辛格哈纳"，左右及下方为符号戳记。背面光素。

1456　1帕戈达金币 3.9克，15.9毫米　　　　1457　1帕戈达金币 3.8克，17.0毫米

罗摩·禅达

公元1270-1311年。正面有5个戳记，中间是8瓣莲花，左侧为婆罗米文"斯里，罗摩"和三叉戟，右侧是法螺，上下为符号戳记。背面光素。

1458　1帕戈达金币　3.7克，19.8毫米

1459　1帕戈达金币　3.7克，19.7毫米

1460　1帕戈达金币　3.8克　16.2毫米

1461　1帕戈达金币　3.8克，15.7毫米

西恒伽王朝

恒伽王朝（公元4-11世纪）是由马塔哈瓦一世（约公元350-400年）在印度德干高原迈索尔建立的王朝。

约公元750年，恒迦王朝分出一支到羯陵伽（今奥里萨）建立了东恒伽王朝后，留在迈索尔的一支就称为西恒伽王朝。

无名王

公元1080-1138年。正面是右向的盛装大象。背面是旋转的花饰。

1462　1帕戈达金币　3.9克，14.8毫米

1463　1帕戈达金币　3.9克，14.2毫米

1464　1帕戈达金币　4.0克，14.1毫米

1465　1帕戈达金币　3.8克，13.7毫米

1466　1帕戈达金币　3.8克，13.8毫米

威加亚纳迦

    威加亚纳迦王朝（公元1336-1670）是由桑伽马王朝的王子诃里诃罗于公元1336年所建立的，都城在威加亚纳迦（今贝拉里附近）。

    王朝最盛时期，工商业发达，纺织、冶金及香料制造非常有名，有很多港口，海外贸易兴盛，卡里卡特是当时的贸易中心。中国航海家郑和曾多次来到这里。

    威加亚纳迦王朝历经雅达瓦（1336-1486年）、沙鲁瓦（1486-1505年）、图卢瓦（1491-1570年）和阿拉维杜（1542-1670年）4个王朝。王朝前后历经300余年，是印度南部地区最后一个强大的印度系王朝。

诃里诃罗二世

公元1377-1404年。正面是毗湿奴和吉祥天女，坐像，上方有日月纹。背面是天城体梵文"斯里，光荣的诃里诃罗"。

1467　1/2帕戈达金币　1.7克，9.2毫米

1468　1/2帕戈达金币　1.7克，9.9毫米

1469　1/2帕戈达金币　1.7克，10.1毫米

1470　1/2帕戈达金币　1.7克，9.7毫米

提婆拉雅一世

公元1406-1422年。正面是毗湿奴和吉祥天女，坐像，上方有日月纹。背面是天城体梵文"斯里，光荣的提婆拉雅"。

1471　1帕戈达金币　3.4克，10.9毫米

1472　1帕戈达金币　3.4克，11.2毫米

纳雅卡无名王

公元1565-1602年。正面克里希纳盘腿，坐像。背面是天城体梵文"斯里，光荣的克里希纳拉雅"。

1473　1/2帕戈达金币　1.7克，　9.6毫米

1474　1帕戈达金币　3.3克，13.4毫米

1475　1帕戈达金币　3.3克，14.3毫米

1476　1帕戈达金币　3.4克，12.5毫米

1477　1帕戈达金币　3.3克，11.7毫米

迈苏尔王国

　　迈苏尔王国存在于公元1399年至1950年，王朝建立之初由印度教家族统治，曾是维伽亚纳迦王朝的附属国。公元1761年，海达尔·阿里控制了迈苏尔王国。在接下来的几年中，海达尔·阿里将领土扩展到了印度北部，开始发行钱币，并建立了度量衡体系。

　　公元1782年，海达尔·阿里去世，他的儿子蒂普·苏丹继任，在蒂普·苏丹的统治期间，迈苏尔王国的经济实力达到了鼎盛时期，其经济地位直接取代了孟加拉苏巴，成为当时印度半岛上的主要经济强国。艺术、文化、农业生产力及纺织品制造业都达到了较高水平。蒂普·苏丹对造币系统和日历进行了改革，并在钱币上加入波斯文。早期该王国的国王信奉印度教的湿婆神，从17世纪开始信奉印度教的毗湿奴，这在钱币上有所体现。

海达尔·阿里

公元1761-1782年。正面湿婆右手持三叉戟和其妻帕尔瓦蒂相拥，坐像。背面是波斯文"海"，代表海达尔。

1478　1帕戈达金币 3.4克，11.4毫米　　　1479　1帕戈达金币 3.4克，10.8毫米

提普·苏丹

公元1782-1799年。正面是波斯文及回历1200年（公元1785年）。背面是波斯文"海"，代表提普·苏丹之父海达尔，波斯文"纳戈尔"是造币地，还有阿拉伯数字"4"代表在位第4年。

1480　1帕戈达金币 3.4克，12.6毫米

克里希纳·拉伽·乌迪亚（一）

公元1799-1868年。正面湿婆右手持三叉戟和其妻帕尔瓦蒂相拥，坐像。背面是天城体梵文"斯里，克里希纳拉伽"。

1481　1帕戈达金币 3.4克，11.4毫米

克里希纳·拉伽·乌迪亚（二）

正面克里希纳盘腿，坐像。背面是天城体梵文"斯里，坎达拉瓦"。

1482　1法纳姆金币 0.36克，5.8毫米　　　1483　1法纳姆金币 0.37克，5.7毫米

1484　1法纳姆金币 0.34克，5.5毫米　　　　1485　1法纳姆金币 0.34克，5.6毫

阿萨姆王国（阿豪马王国）

13世纪初，勐雅、勐卡的苏卡发，带领9000余人用了13年迁移到布拉马普特拉河谷，建立了"勐顿顺罕"。"勐顿顺罕"被当地人称为"阿萨姆国"。

拉克西米·辛哈

公元1769-1780年。正、背面是天城体梵文。

1486 1/2卢比银币 5.6克，16.4毫米

格林纳萨·辛哈

公元1780-1795年。正、背面是天城体梵文。

1487 1/4莫霍尔金币 2.9克，14.3毫米

禅达坎塔·辛哈

公元1810-1818年。正、背面是天城体梵文。

1488 1/2卢比银币 5.7克，16.6毫米

于阗

古于阗国（公元前232–公元1006年）历史悠久，公元前2世纪，塞克王族尉迟氏建立古于阗国。西汉建立西域都护府后，于阗归附汉朝管辖，此时的人口不足两万。

到公元2世纪后期，于阗扩展领土，将皮山、渠勒、戎卢、扜弥等兼并，实力大增，人口达8.3万，成为西域强国。西晋时于阗与鄯善、焉耆、龟兹、疏勒同为西域大国。公元5世纪后，于阗衰落。贞观十四年（公元640年），唐在交河设安西都护府管理西域诸城邦。贞观二十二年（公元648年）将西域都护府迁至龟兹，在龟兹、焉耆、疏勒、于阗设军镇，由安西都护府管辖，史称安西四镇。8世纪中叶，唐安史之乱时，于阗王尉迟胜亲自率兵入唐勤王，平息叛乱后留在长安终老。10世纪中叶，后晋册封于阗王李圣天为"大宝于阗国王"，由此"大宝于阗国"成为古于阗国的正式国号。

公元1-2世纪（一）

正面是篆书汉字"六铢钱"，六字卷笔书写。背面是右向立马，外圈为佉卢文。

1489　六铢钱铜币　5.6克，22.1毫米

1490　六铢钱铜币　3.8克，18.3毫米

1491　六铢钱铜币　3.5克，17.3毫米

1492　六铢钱铜币　4.2克，20.3毫米

1493　六铢钱铜币　3.9克，19.4毫米

公元1-2世纪（二）

正面是篆书汉字反写"六钱铢"，六字卷笔书写。背面是右向立马，外圈为佉卢文。

1494　六铢钱铜币　4.3克，18.8毫米

1495　六铢钱铜币　4.3克，19.7毫米

1496　六铢钱铜币　5.6克，21.1毫米

1497　六铢钱铜币　3.8克，19.6毫米

公元1-2世纪（三）

正面是简化篆书汉字"六铢钱"，六字两点直笔书写。背面是右向立马，外圈为佉卢文。

1498 六铢钱铜币 7.3克，21.8毫米

1499 六铢钱铜币 5.5克，21.2毫米

1500 六铢钱铜币 4.7克，20.8毫米

1501 六铢钱铜币 5.3克，19.5毫米

公元1-2世纪（四）

正面是简化篆书汉字"六铢钱"，六字两点曲笔书写。背面是右向立马，外圈为佉卢文。

1502 六铢钱铜币 3.9克，18.7毫米

1503 六铢钱铜币 3.7克，19.2毫米

1504 六铢钱铜币 4.1克，20.7毫米

1505 六铢钱铜币 4.5克，16.8毫米

公元1-2世纪（五）

正面是简化篆书汉字"六铢钱"，六字两点连横分书。背面是右向立马，外圈为佉卢文。

1506 六铢钱铜币 5.1克，19.6毫米　　1507 六铢钱铜币 4.2克，20.3毫米

公元1-2世纪（六）

正面是简化篆书汉字"六铢钱"，六字两点连横分书，双戈反书。背面是右向立马，外圈为佉卢文。

1508 六铢钱铜币 5.4克，18.8毫米

公元1-2世纪（七）

正面是简化篆书汉字"六铢钱"，六字两点连横合书。背面是右向立马，外圈为佉卢文。

1509 六铢钱铜币 5.4克，18.8毫米

公元1-2世纪（八）

正面是简化篆书汉字"六铢钱"，六字两点连横合书，双戈反书。背面是是右向立马，外圈为佉卢文。

1510 六铢钱铜币 5.5克，20.2毫米　　1511 六铢钱铜币 7.4克，22.1毫米

1512　六铢钱铜币　3.8克，18.9毫米

1513　六铢钱铜币　4.0克，19.1毫米

1514　六铢钱铜币　4.6克，19.9毫米

1515　六铢钱铜币　4.4克，19.4毫米

1516　六铢钱铜币　4.7克，18.5毫米

公元1-2世纪（九）

正面是简化篆书汉字"六铢钱"，六字两点离横分书。背面是右向立马，外圈为佉卢文。

1517　六铢钱铜币　3.8克，20.0毫米

1518　六铢钱铜币　3.8克，20.1毫米

1519　六铢钱铜币　4.1克，20.7毫米

1520　六铢钱铜币　4.5克，21.0毫米

1521　六铢钱铜币　4.4克，23.0毫米

1522　六铢钱铜币　3.3克，17.6毫米

1523　六铢钱铜币　3.1克，20.1毫米

1524　六铢钱铜币　4.1克，20.6毫米

1525　六铢钱铜币　3.4克，19.5毫米

公元1-2世纪（十）

正面中间是一心形图案，外圈顺时针7点钟起篆书汉字"重廿四铢铜钱"。背面是右向立马，外圈为佉卢文。

1526　重廿四铢铜钱铜币　18.3克，28.2毫米

1527　重廿四铢铜钱铜币　17.5克，29.2毫米

公元1-2世纪（十一）

正面中间是一心形图案，外圈逆时针6点钟起篆书汉字"重廿四铢铜钱"。背面是右向立马，外圈为佉卢文。

1528　重廿四铢铜钱铜币　17.7克，27.1毫米　　　　1529　重廿四铢铜钱铜币　16.6克，28.9毫米

1530　重廿四铢铜钱铜币　18.8克，26.6毫米

公元1-2世纪（十二）

正面中间是一心形图案，外圈顺时针6点钟起篆书汉字"重廿四铢铜钱"。背面是右向立马，外圈为佉卢文。

1531　重廿四铢铜钱铜币　17.9克，25.1毫米

公元1-2世纪（十三）

正面中间是一心形图案，外圈顺时针6点钟起篆书汉字"重廿四铢铜钱"，汉字反书。背面是右向立马，外圈为佉卢文。

1532　重廿四铢铜钱铜币　18.2克，27.0毫米

公元1-2世纪（十四）

正面是篆书汉字"六铢钱"，中间是徽记。背面是右向站立的骆驼，外圈为佉卢文。

1533　六铢钱铜币　4.5克，20.3毫米

1534　六铢钱铜币　4.2克，19.8毫米

1535　六铢钱铜币　5.3克，20.6毫米

1536　六铢钱铜币　5.1克，21.5毫米（宋功藏）

公元1-2世纪（十五）

正面中间是一徽记，外圈为篆书汉字"重廿四铢铜钱"。背面是右向站立的骆驼，外圈为佉卢文。

1537　重廿四铢铜钱铜币　18.6克，25.4毫米

龟兹

龟兹，中国古代西域大国之一，建都延城（今库车皮朗古城）。古居民是讲印欧语系的吐火罗人，后来回鹘西迁到这里，人种和语言逐渐回鹘化。

西汉初期，龟兹国是匈奴的属国，公元前77年之后归顺于汉朝。公元前65年（西汉元康元年），龟兹王绛宾和夫人来到汉朝都城长安，汉庭赐予二人印绶，赐龟兹夫人"公主"名号，安排他们在长安留居一年，学习中原文化礼仪制度等。

随着丝绸之路贸易的兴盛，大量的贵霜商人和佛教僧侣来到了塔里木盆地周边的绿洲城邦。2-3世纪，龟兹地区接受并信仰了佛教，以小乘佛教为主，也有部分大乘佛教。据7世纪西行的玄奘记载，龟兹国佛寺有一百多座，上至国王、下至百姓都是虔诚的佛教徒，著名的高僧鸠摩罗什就是龟兹人。

五铢（一）

公元3-4世纪。正面有外郭无内郭，右左是汉文"五铢"，"五"字直笔交叉。背面有内外郭，上下是龟兹文。

1538　五铢铜币　2.0克，21.7毫米

1539　五铢铜币　1.7克，20.4毫米

1540　五铢铜币　1.7克，18.7毫米

五铢（二）

公元3-4世纪。正面有外郭无内郭，右左是汉文"五铢"，"五"字曲笔交叉。背面有内外郭，上下是龟兹文。

1541　五铢铜币　1.9克，20.4毫米

1542　五铢铜币　2.1克，20.9毫米

1543　五铢铜币　2.2克，18.3毫米

1544　五铢铜币　1.4克，17.8毫米

1545　五铢铜币　1.6克，17.2毫米

五朱（一）

公元3-4世纪。正面有外郭有内郭，右左是汉文"五朱"，"五"字直笔交叉。背面有内外郭，上下是龟兹文。

1546　五朱铜币 2.2克，18.1毫米

五朱（二）

公元3-4世纪。正面有外郭无内郭，右左是汉文"五朱"，"五"字曲笔交叉。背面有内外郭，上下是龟兹文。

1547　五朱铜币 1.0克，17.5毫米

1548　五朱铜币 0.8克，14.4毫米

1549　五朱铜币 0.9克，13.2毫米

无文币

公元5-7世纪，无文。

1550　无文铜币 1.1克，15.5毫米

1551　无文铜币 0.5克，13.0毫米

1552　无文铜币　0.5克，12.7毫米

1553　无文铜币　0.3克，11.9毫米

1554　无文铜币　0.3克，9.9毫米

北凉

　　北凉（公元397-460年）是中国魏晋时期十六国之一。公元397年，凉州牧段业自立为凉王，国号"天玺"，建都城在凉州（今武威），史称北凉。段业在位仅4年就被张掖太守沮渠蒙逊所杀，其自称河西王、凉州牧，改国号"永安"。公元421年，沮渠蒙逊灭西凉，此时北凉达到鼎盛时期。公元433年，沮渠蒙逊病死，其三子沮渠牧犍即位，随后与北魏拓跋焘和亲。但公元439年时，北凉依然被北魏所灭。

　　沮渠牧犍之弟逃至高昌重新建立北凉，史称高昌北凉。公元460年，柔然攻破高昌城，高昌北凉灭亡。

凉造新泉

公元5世纪。正面有内外郭，篆书汉字对读"凉造新泉"。背面有内外郭，无文。

1555　凉造新泉铜币　2.0克，20.9毫米

高昌

　　高昌位于今新疆吐鲁番盆地，西汉时期汉军在这里屯垦戍边，因建有军事壁垒，称高昌壁或高昌垒，设戊己校尉负责屯田和军事。随着汉军携妻儿家小定居高昌，砌墙筑城，这里逐渐繁盛起来。公元327年，前凉的张俊在高昌设郡，归入敦煌沙洲刺史管辖。

　　公元460年，柔然南下攻灭高昌北凉，杀死沮渠安周。扶植阚伯周为高昌王，开创了高昌国历史。高昌国（公元460-640年）是一个以汉人为主体民族的地方政权。先后历经阚氏高昌、张氏高昌、马氏高昌、麴氏高昌四个时期。

高昌吉利

　　公元7世纪前期。正面有内外郭，汉字环读"高昌吉利"。背面有内外郭，无文。

1556　高昌吉利铜币 13.1克，26.4毫米
宋志勇藏。

1557　高昌吉利铜币 13.9克，27.2毫米

1558　高昌吉利铜币 14.6克，26.6毫米
恩维尔·努尔顿藏。

1559　高昌吉利铜币 12.1克，26.6毫米

1560　高昌吉利铜币 11.6克，26.7毫米

1561　高昌吉利铜币 11.7克，26.5毫米

唐管辖西域铸币

　　唐贞观二十二年（公元648年），将安西都护府迁至龟兹。唐显庆三年（公元658年），安西都护府升格为大都护府。龟兹成为唐朝西域经营中的政治、经济、军事和文化中心。大历元宝、建中通宝、"元"字和"中"字等钱币，历年都集中出土于古龟兹地区，说明这几种钱币应该都是在龟兹地区铸造、流通的。

　　大历元宝、建中通宝、"元"字和"中"字等钱币样式源于开元通宝，但铸造技术和风格更像龟兹五铢钱，比较粗犷。"元"字和"中"字钱正、背面均无郭，铸造技术简单，应为单范铸币，较粗劣，应该是在战争环境下的应急铸币。

大历元宝

公元8世纪中后期。正面有内外郭，汉字环读"大历元宝"。背面有内外郭，无文。

1562　大历元宝铜币　4.4克，23.9毫米　　　　1563　大历元宝铜币　3.6克，23.9毫米

1564　大历元宝铜币　4.2克，23.8毫米　　　　1565　大历元宝铜币　3.8克，24.1毫米

1566　大历元宝铜币　4.2克，23.7毫米　　　　1567　大历元宝铜币　3.2克，24.1毫米

1568　大历元宝铜币　5.4克，24.0毫米　　　　1569　大历元宝铜币　3.6克，23.8毫米

1570　大历元宝铜币　3.9克，23.5毫米　　　　1571　大历元宝铜币　2.8克，22.4毫米

建中通宝

公元8世纪中后期。正面有内外郭，汉字环读"建中通宝"。背面有内外郭，无文。

1572　建中通宝铜币　2.7克，22.5毫米

1573　建中通宝铜币　3.7克，23.1毫米

1574　建中通宝铜币　3.5克，23.3毫米

1575　建中通宝铜币　2.2克，21.2毫米

1576　建中通宝铜币　2.7克，21.1毫米

元字

公元8世纪中后期。正面无内外郭，上方有汉字"元"。背面无郭无文。

1577　元字铜币　2.2克，20.5毫米

1578　元字铜币　2.4克，20.3毫米

中字

公元8世纪中后期。正面无内外郭，上方有汉字"中"。背面无郭无文。

1579　中字铜币 2.2克，21.1毫米　　　　　1580　中字铜币 1.4克，20.9毫米

回鹘汗国

　　回鹘，早期名回纥，铁勒诸部之一，8世纪改名为回鹘。公元前游牧于贝加尔湖以南的草原地带，随后逐渐统一了铁勒诸部，回纥逐渐成为铁勒诸部的统称。公元4-6世纪，游牧于土拉河、鄂尔浑河流域，7世纪时又在色楞格河流域生活。

　　回纥一直与唐朝保持良好关系，唐玄宗册封骨力裴罗为怀仁可汗。安史之乱时，回纥曾两次出兵协助唐朝平叛。

　　公元788年，回纥取"回旋轻捷如鹘"之意，改名回鹘，称回鹘汗国。公元840年，回鹘属国黠戛斯攻占了牙帐，回鹘人离开草原南迁和西迁。南迁的一支进入华北地区，后来逐渐融入汉人。西迁的一支到达中亚七河地区，建立了后来的喀喇汗王朝。还有一支向西发展至库车地区与喀喇汗王朝为邻，南达于阗地区，东至哈密地区与西夏接壤，北越东天山到北庭，称高昌回鹘汗国。国王称阿尔斯兰汗（狮子王），又称亦都护。公元10-11世纪，高昌回鹘汗国与宋朝交往密切。

　　现在发现的带有回鹘文的圆形方孔铜币就是高昌回鹘时期发行的。

公元10-12世纪（一）

正面有内外郭，有回鹘文"阙，毗伽，天，莫贺，回鹘可汗"。背面有内外郭，有回鹘文"奉王命颁行"。

1581　铜币 2.9克，22.6毫米

1582　铜币 3.0克，23.2毫米

公元10-12世纪（二）

正面有内外郭，有回鹘文"亦都护准予通行"。背面有内外郭，无文。

1583　铜币 3.2克，21.5毫米

1584　铜币 2.3克，21.3毫米

倭马亚王朝

阿拉伯人在7世纪建立起了一个伊斯兰帝国（公元632-1258年），中国史称大食，西方则称萨拉森帝国。前后分为三个发展时期，一是四大哈里发时期，二是倭马亚王朝时期，三是阿巴斯王朝时期。

倭马亚王朝（公元661-750年），中国称其为白衣大食，是一个世袭王朝。公元661年，倭马亚家族的穆阿维叶一世成为哈拉发，建立起倭马亚王朝，首都大马士革。穆阿维叶一世将选举哈里发制度改为世袭，经过几十年的发展，王朝的社会结构发生了本质的变化，从部落联盟制变成世袭君主制。

表025　倭马亚王朝世系表

序号	哈里发	在位年代	备注
1	穆阿维亚一世	公元 661－680 年，回历 41－60 年	
2	耶兹德一世	公元 680－683 年，回历 60－64 年	
3	穆阿维亚二世	公元 683－684 年，回历 64 年	
4	马尔万一世	公元 684－685 年，回历 64－65 年	
5	阿卜杜勒·马立克	公元 685－705 年，回历 65－86 年	实行币改
6	瓦利德一世	公元 705－715 年，回历 86－96 年	
7	苏莱曼	公元 715－717 年，回历 96－99 年	
8	乌玛尔二世	公元 717－720 年，回历 99－101 年	
9	耶兹德二世	公元 720－724 年，回历 101－105 年	
10	哈斯木	公元 724－743 年，回历 105－125 年	
11	瓦利德二世	公元 743 年，回历 125－126 年	
12	耶兹德三世	公元 743－744 年，回历 126 年	
13	易卜拉欣	公元 744 年，回历 126－127 年	
14	马尔万二世	公元 744－750 年，回历 127－132 年	

表026　阿拉伯数字表（早期写法）

数字	手写体	库法体	数字	手写体	库法体	数字	手写体	库法体
1	احدى,أحد	احكى,اكك	10	عشر,عشرة	عسرو	100	مائة, مئة	مــه
2	اثنين,اثنين	سار,سلر,السر	20	عشرين	عسرو	200	متين,مائتين	ملىر ماسر
3	ثلث, ثلاث	ىلت	30	ثلثين,ثلاثون	ىلسر	300	ثلثمة,ثلاثماة	ىلىماكه,ىلساطله
4	ارجح,اربعة	اربع, ادبع	40	اربعون	ادسر,اربسر	400	اربعمة,اربعماة	اربعطه,اربمطله
5	خمس,خمسة	ىمسر,اسمر	50	خمسين	لمسر	11	اىل عسرہ	احكى عسرہ
6	ست,ستة	سك, سالك	60	ستين	سلر, ساكر	24	/	ادبع و عسرہ
7	سبع,سبعة	سبع,سابع	70	سبعين	سابعر	35	خمسرو بلسر	ىمسرو ىلسر
8	ثمان,ثمانية	نمار, ىمالك	80	ثمانين	نمسر, ىمالر	126	/	سكه و عسىرو مكه
9	تسع, تسعة	لسع	90	تسعين	لسىر	233	/	ىلى و ىلسر و ماسر

表027　阿拉伯数字表（晚期写法）

数字	1	2	3	4	5	6	7	8	9	10
手写体	١	٢	٣	٤,٤	٥,٥	٦,٦	٧,٧	٨	٩	١٠,١٠

阿卜杜勒·马立克

1585　1迪尔汗银币　2.6克，24.9毫米
回历80年，巴士拉铸。

1586　1迪尔汗银币　2.7克，25.2毫米
回历80年，巴士拉铸。

1587　1迪尔汗银币　2.8克，25.9毫米
回历81年，大马士革铸。

1588　1迪尔汗银币　2.6克，23.9毫米
回历81年，大马士革铸。

1589　1迪尔汗银币　2.8克，26.3毫米
回历82年，巴士拉铸。

1590　1迪尔汗银币　2.7克，26.0毫米
回历82年，巴士拉铸。

1591　1迪尔汗银币　2.7克，25.4毫米
回历83年，大马士革铸。

1592　1迪尔汗银币　2.7克，25.8毫米
回历83年，大马士革铸。

1593　1迪尔汗银币　2.7克，26.0毫米
回历84年，大马士革铸。

1594　1迪尔汗银币　2.8克，26.3毫米
回历84年，大马士革铸。

1595　1迪尔汗银币　2.5克，25.9毫米
回历85年，大马士革铸。

1596　1迪尔汗银币　2.7克，26.7毫米
回历85年，瓦斯特铸。

瓦利德一世

1597　1迪尔汗银币　2.7克，27.3毫米
回历86年，瓦斯特铸。

1598　1迪尔汗银币　2.8克，26.4毫米
回历86年，大马士革铸。

1599　1迪尔汗银币　2.7克，25.8毫米
回历88年，大马士革铸。

1600　1迪尔汗银币　2.4克，25.3毫米
回历88年，大马士革铸。

1601　1迪尔汗银币　2.8克，27.8毫米
回历89年，大马士革铸。

1602　1迪尔汗银币　2.8克，27.5毫米
回历89年，瓦斯特铸。

1603　1第纳尔金币　4.3克，20.0毫米
回历90年。

1604　1迪尔汗银币　3.0克，25.6毫米
回历90年，瓦斯特铸。

1605　1迪尔汗银币 2.7克，28.3毫米
回历90年，大马士革铸。

1606　1第纳尔金币 4.3克，20.0毫米
回历91年。

1607　1迪尔汗银币 2.9克，25.2毫米
回历91年，萨布尔铸。

1608　1迪尔汗银币 2.9克，27.0毫米
回历91年，瓦斯特铸。

1609　1第纳尔金币 4.2克，19.8毫米
回历92年。

1610　1迪尔汗银币 2.9克，27.6毫米
回历92年，瓦斯特铸

1611　1第纳尔金币 4.2克，19.6毫米
回历93年。

1612　1迪尔汗银币 2.8克，26.0毫米
回历93年，瓦斯特铸。

1613　1迪尔汗银币 2.9克，27.2毫米
回历94年，大马士革铸。

1614　1迪尔汗银币 2.9克，26.5毫米
回历94年，瓦斯特铸。

1615　1迪尔汗银币　2.8克，26.9毫米　　　　1616　1迪尔汗银币　3.0克，26.1毫米
回历95年，大马士革铸。　　　　　　　　　　回历95年，瓦斯特铸。

苏莱曼

1617　1迪尔汗银币　2.8克，26.6毫米　　　　1618　1迪尔汗银币　2.7克，25.5毫米
回历96年，瓦斯特铸。　　　　　　　　　　　回历97年，瓦斯特铸。

1619　1迪尔汗银币　3.0克，26.8毫米　　　　1620　1第纳尔金币　4.3克，19.6毫米
回历97年，大马士革铸。　　　　　　　　　　回历98年。

1621　1迪尔汗银币　2.7克，26.6毫米
回历98年，瓦斯特铸。

乌玛尔二世

1622 1迪尔汗银币 2.7克，27.1毫米
回历99年，瓦斯特铸。

1623 1第纳尔金币 4.2克，19.3毫米
回历100年。

1624 1迪尔汗银币 2.5克，25.5毫米
回历100年，大马士革铸。

1625 1迪尔汗银币 2.7克，26.3毫米
回历100年，巴士拉铸。

耶兹德二世

1626 1迪尔汗银币 3.0克，26.9毫米
回历101年，大马士革铸。

1627 1迪尔汗银币 2.8克，26.7毫米
回历103年，瓦斯特铸。

1628 1第纳尔金币 4.2克，19.6毫米
回历104年。

1629 1迪尔汗银币 2.6克，26.2毫米
回历104年，瓦斯特铸。

1630　1迪尔汗银币　2.9克，26.3毫米
回历105年，瓦斯特铸。

哈斯木

1631　1迪尔汗银币　2.8克，27.3毫米
回历105年，大马士革铸。

1632　1迪尔汗银币　2.7克，27.1毫米
回历106年，大马士革铸。

1633　1迪尔汗银币　2.7克，25.6毫米
回历106年，瓦斯特铸。

1634　1第纳尔金币　4.3克，19.6毫米
回历107年。

1635　1迪尔汗银币　2.7克，25.9毫米
回历107年，大马士革铸。

1636　1迪尔汗银币　2.8克，26.4毫米
回历107年，瓦斯特铸。

1637　1迪尔汗银币　2.8克，27.2毫米
回历108年，瓦斯特铸。

1638　1迪尔汗银币　2.7克，27.5毫米
回历110年，瓦斯特铸。

1639　1迪尔汗银币 2.6克，25.7毫米
回历110年，大马士革铸。

1640　1迪尔汗银币 2.7克，26.9毫米
回历111年，瓦斯特铸。

1641　1迪尔汗银币 2.7克，27.7毫米
回历111年，瓦斯特铸。

1642　1迪尔汗银币 2.8克，26.3毫米
回历113年，瓦斯特铸。

1643　1迪尔汗银币 2.9克，26.2毫米
回历113年，瓦斯特铸。

1644　1迪尔汗银币 2.6克，24.9毫米
回历114年，大马士革铸。

1645　1迪尔汗银币 2.5克，25.9毫米
回历114年，瓦斯特铸。

1646　1迪尔汗银币 2.7克，28.2毫米
回历115年，瓦斯特铸。

1647　1迪尔汗银币 2.9克，27.6毫米
回历115年，瓦斯特铸。

1648　1迪尔汗银币 2.7克，27.5毫米
回历116年，瓦斯特铸。

1649　1迪尔汗银币 2.9克，29.3毫米　　　　1650　1迪尔汗银币 2.9克，27.8毫米
回历117年，瓦斯特铸。　　　　　　　　　回历118年，瓦斯特铸。

1651　1迪尔汗银币 2.9克，27.8毫米　　　　1652　1迪尔汗银币 2.8克，29.5毫米
回历119年，瓦斯特铸。　　　　　　　　　回历119年，瓦斯特铸。

1653　1迪尔汗银币 2.8克，26.0毫米　　　　1654　1迪尔汗银币 2.9克，25.3毫米
回历120年，瓦斯特铸。　　　　　　　　　回历121年，瓦斯特铸。

1655　1迪尔汗银币 2.9克，27.4毫米　　　　1656　1迪尔汗银币 2.9克，24.8毫米
回历121年，大马士革铸。　　　　　　　　回历122年，瓦斯特铸。

1657　1迪尔汗银币 2.9克，25.8毫米　　　　1658　1迪尔汗银币 2.9克，24.3毫米
回历123年，瓦斯特铸。　　　　　　　　　回历124年，瓦斯特铸。

瓦利德二世

1659　1迪尔汗银币　2.9克，23.5毫米
回历125年，瓦斯特铸。

1660　1迪尔汗银币　2.7克，23.7毫米
回历125年，瓦斯特铸。

1661　1迪尔汗银币　2.9克，24.1毫米
回历126年，瓦斯特铸。

易卜拉欣

1662　1迪尔汗银币　3.0克，24.9毫米
回历127年，瓦斯特铸。

1663　1迪尔汗银币　2.8克，24.8毫米
回历127年，瓦斯特铸。

马尔万二世

1664　1（币种未知）银币　2.8克，24.2毫米
回历128年，瓦斯特铸。

1665　1迪尔汗银币　2.9克，24.5毫米
回历129年，瓦斯特铸。

1666　1迪尔汗银币 2.9克，24.5毫米
回历129年，瓦斯特铸。

1667　1迪尔汗银币 3.0克，24.7毫米
回历130年，瓦斯特铸。

1668　1迪尔汗银币 2.9克，24.2毫米
回历130年，瓦斯特铸。

1669　1迪尔汗银币 2.9克，24.6毫米
回历131年，瓦斯特铸。

1670　1迪尔汗银币 2.9克，24.6毫米
回历131年，瓦斯特铸。

阿巴斯王朝

　　阿巴斯王朝（公元750-1258年），中国史称黑衣大食，西方则称东萨拉森帝国。是阿拉伯帝国的第二个世袭王朝，都城初建在库法，第二任哈里发时迁往巴格达。

　　公元750年，穆罕默德叔父的后裔阿布·阿巴斯推翻了倭马亚王朝成为哈里发，建立起阿巴斯王朝。到哈里发拉失德及哈里发马蒙·阿卜杜勒执政时期，阿巴斯王朝达到鼎盛。尤其是迁都巴格达后，政治中心迁到丝绸之路核心地区。随着对沿海港口城市的控制和经营，加之陆路商业沿线城市的稳定，商路四通八达，商业盛极一时。巴格达成为阿巴斯王朝最大的商业贸易中心。

表028　阿巴斯王朝世系表

序号	哈里发	在位年代	备注
1	萨法赫	公元 749－754 年，回历 132－136 年	
2	曼苏尔	公元 754－775 年，回历 136－158 年	
3	麦海迪	公元 775－785 年，回历 158－169 年	
4	哈迪	公元 785－786 年，回历 169－170 年	

序号	哈里发	在位年代	备注
5	拉失德	公元 786－809 年，回历 170－193 年	
6	艾敏·穆罕默德	公元 809－813 年，回历 193－198 年	
7	马蒙·阿卜杜勒	公元 810－833 年，回历 194－218 年	
8	穆阿塔斯木	公元 833－842 年，回历 218－227 年	
9	瓦斯齐	公元 842－847 年，回历 227－232 年	
10	穆塔瓦克拉	公元 847－861 年，回历 232－247 年	
11	蒙塔斯尔	公元 861－862 年，回历 247－248 年	
12	穆斯塔因	公元 862－866 年，回历 248－251 年	
13	穆塔兹	公元 866－869 年，回历 251－255 年	
14	穆赫泰迪	公元 869－870 年，回历 255－256 年	
15	穆阿塔迷	公元 870－892 年，回历 256－279 年	
16	穆阿塔德	公元 892－902 年，回历 279－289 年	
17	穆斯塔法	公元 902－908 年，回历 289－295 年	
18	穆克台迪尔	公元 908－932 年，回历 295－320 年	
19	卡合尔	公元 932－934 年，回历 320－322 年	
20	拉迪	公元 934－940 年，回历 322－329 年	
21	穆塔克	公元 940－944 年，回历 329－333 年	
22	穆斯塔克菲	公元 944－946 年，回历 333－334 年	
23	穆迪	公元 946－974 年，回历 334－363 年	
24	阿卜杜勒·克里木·塔伊	公元 974－991 年，回历 363－381 年	
25	阿合麦德·卡德尔	公元 991－1031 年，回历 381－422 年	
26	克伊木	公元 1031－1075 年，回历 422－467 年	
27	穆卡泰迪	公元 1075－1094 年，回历 467－487 年	
28	穆斯塔兹尔	公元 1094－1118 年，回历 487－512 年	
29	穆斯塔尔什德	公元 1118－1135 年，回历 512－529 年	
30	满速尔·拉失德	公元 1135－1136 年，回历 529－530 年	

萨法赫

1671 1迪尔汗银币 2.7克，23.1毫米
回历133年，巴士拉铸。

1672 1迪尔汗银币 2.9克，25.3毫米
回历134年，巴士拉铸。

1673 1迪尔汗银币 2.8克，25.7毫米
回历134年，库法铸。

1674 1迪尔汗银币 2.9克，25.7毫米
回历135年，库法铸。

1675 1迪尔汗银币 3.0克，24.7毫米
回历136年，巴士拉铸。

1676 1迪尔汗银币 3.0克，24.3毫米
回历136年，库法铸。

曼苏尔

1677 1迪尔汗银币 2.9克，24.9毫米
回历137年，库法铸。

1678 1迪尔汗银币 2.9克，25.5毫米
回历137年，巴士拉铸。

1679　1迪尔汗银币　3.0克，24.4毫米
回历138年，巴士拉铸。

1680　1迪尔汗银币　2.8克，24.6毫米
回历139年，库法铸。

1681　1迪尔汗银币　2.9克，24.9毫米
回历139年，巴士拉铸。

1682　1迪尔汗银币　2.9克，26.0毫米
回历140年，库法铸。

1683　1迪尔汗银币　2.8克，24.9毫米
回历141年，库法铸。

1684　1迪尔汗银币　2.9克，26.2毫米
回历141年。

1685　迪尔汗银币　3.0克，25.3毫米
回历142年，库法铸。

1686　迪尔汗银币　2.9克，24.6毫米
回历143年，库法铸。

1687　迪尔汗银币　2.9克，24.6毫米
回历143年，巴士拉铸。

1688　迪尔汗银币　2.9克，25.0毫米
回历144年，库法铸。

1689　迪尔汗银币　3.0克，25.0毫米
回历144年，巴士拉铸。

1690　迪尔汗银币　3.0克，25.7毫米
回历145年，巴士拉铸。

1691　迪尔汗银币　2.9克，24.8毫米
回历145年，库法铸。

1692　迪尔汗银币　3.0克，25.2毫米
回历146年，库法铸。

1693　1迪尔汗银币　2.9克，24.2毫米
回历146年，巴士拉铸。

1694　1迪尔汗银币　2.9克，25.2毫米
回历146年。

1695　1迪尔汗银币　2.9克，24.0毫米
回历147年，巴士拉铸。

1696　1迪尔汗银币　2.9克，25.0毫米
回历148年，巴格达铸。

1697　1迪尔汗银币　2.9克，24.8毫米
回历148年，雷伊铸。

1698　1迪尔汗银币　2.9克，24.2毫米
回历148年，巴士拉铸。

1699　1迪尔汗银币 2.8克，24.6毫米
回历149年，巴格达铸。

1700　1迪尔汗银币 2.9克，25.5毫米
回历150年，雷伊铸。

1701　1迪尔汗银币 2.8克，26.2毫米
回历150年，巴格达铸。

1702　1迪尔汗银币 2.9克，25.7毫米
回历151年，巴格达铸。

1703　1迪尔汗银币 2.8克，26.6毫米
回历151年，雷伊铸。

1704　1迪尔汗银币 2.9克，23.6毫米
回历152年，巴格达铸。

1705　1迪尔汗银币 3.0克，25.8毫米
回历153年，巴格达铸。

1706　1迪尔汗银币 2.9克，26.0毫米
回历153年，雷伊铸。

1707　1迪尔汗银币 3.0克，24.7毫米
回历154年，巴格达铸。

1708　1迪尔汗银币 3.0克，25.8毫米
回历155年，巴格达铸。

1709 1迪尔汗银币 2.9克，25.9毫米
回历156年，巴格达铸。

1710 1迪尔汗银币 2.9克，25.3毫米
回历157年，巴格达铸。

麦海迪

1711 1第纳尔金币 4.1克，18.5毫米
回历158年。

1712 1第纳尔金币 3.8克，18.5毫米
回历168年。

1713 1迪尔汗银币 2.9克，25.7毫米
回历158年，巴格达铸。

1714 1迪尔汗银币 2.8克，26.1毫米
回历159年，巴格达铸。

1715 1迪尔汗银币 2.9克，25.4毫米
回历160年，雷伊铸。

1716 1迪尔汗银币 2.9克，25.9毫米
回历160年，巴格达铸。

1717 1迪尔汗银币 2.9克，24.8毫米
回历161年，雷伊铸。

1718 1迪尔汗银币 2.9克，23.4毫米
回历161年，巴格达铸。

1719 1迪尔汗银币 2.9克，23.6毫米
回历162年，巴格达铸。

1720 1迪尔汗银币，2.9克，23.0毫米
回历163年，巴格达铸。

1721 1迪尔汗银币 2.9克，23.6毫米
回历164年，巴格达铸。

1722 1迪尔汗银币 2.8克，23.7毫米
回历165年，巴格达铸。

1723 1迪尔汗银币 2.9克，24.3毫米
回历166年，雷伊铸。

拉失德

1724 1第纳尔金币 4.0克，17.2毫米
回历171年。

1725 1第纳尔金币 4.1克，17.6毫米
回历180年。

1726 1第纳尔金币 4.1克，18.2毫米
回历184年。

1727 1第纳尔金币 4.2克，18.2毫米
回历192年。

1728　1迪尔汗银币　3.0克，25.3毫米
回历171年，雷伊铸。

1729　1迪尔汗银币　2.9克，24.2毫米
回历175年，雷伊铸。

1730　1迪尔汗银币　2.9克，25.6毫米
回历179年，巴格达铸。

1731　1迪尔汗银币　2.9克，25.0毫米
回历180年，雷伊铸。

1732　1迪尔汗银币　2.9克，24.1毫米
回历180年，巴格达铸。

1733　1迪尔汗银币　3.0克，25.8毫米
回历181年，巴格达铸。

1734　1迪尔汗银币　3.0克，25.1毫米
回历181年，雷伊铸。

1735　1迪尔汗银币　3.0克，24.1毫米
回历182年，雷伊铸。

1736　1迪尔汗银币　2.9克，25.8毫米
回历183年，雷伊铸。

1737　1迪尔汗银币　2.9克，24.7毫米
回历184年，巴格达铸。

1738 1迪尔汗银币 3.0克，25.9毫米
回历184年，雷伊铸。

1739 1迪尔汗银币 2.9克，25.9毫米
回历185年，雷伊铸。

1740 1迪尔汗银币 2.4克，23.4毫米
回历185年，巴尔赫铸。

1741 1迪尔汗银币 2.9克，24.8毫米
回历186年，雷伊铸。

1742 1迪尔汗银币 2.9克，23.3毫米
回历187年，巴格达铸。

1743 1迪尔汗银币 2.5克，25.9毫米
回历187年，巴尔赫铸。

1744 1迪尔汗银币 2.9克，24.1毫米
回历188年，巴格达铸。

1745 1迪尔汗银币 2.7克，25.5毫米
回历188年，巴尔赫铸。

1746 1迪尔汗银币 2.9克，25.4毫米
回历189年，巴尔赫铸。

1747 1迪尔汗银币 2.9克，25.3毫米
回历189年，巴格达铸。

1748　1迪尔汗银币　2.9克，24.8毫米
回历189年，雷伊铸。

1749　1迪尔汗银币　2.0克，21.9毫米
回历190年，雷伊铸。

1750　1迪尔汗银币　2.9克，25.0毫米
回历190年，巴尔赫铸。

1751　1迪尔汗银币　2.9克，24.9毫米
回历190年。

1752　1迪尔汗银币　2.9克，20.6毫米
回历190年，巴格达铸。

1753　1迪尔汗银币　2.9克，22.3毫米
回历190年。

1754　1迪尔汗银币　2.9克，21.5毫米
回历191年，巴格达铸。

1755　1迪尔汗银币　2.9克，20.8毫米
回历192年，巴格达铸。

1756　1迪尔汗银币　2.9克，22.1毫米
回历192年，雷伊铸。

艾敏·穆罕默德

1757　1迪尔汗银币　3.0克，21.7毫米
回历193年，巴格达铸。

1758　1迪尔汗银币　3.0克，23.4毫米
回历195年，巴格达铸。

1759　1第纳尔金币　4.3克，18.0毫米
回历196年。

1760　1第纳尔金币　3.9克，18.3毫米
回历197年。

1761　1迪尔汗银币　2.9克，23.1毫米
回历196年，巴格达铸。

1762　1迪尔汗银币　2.9克，24.0毫米
回历196年，撒马尔罕铸。

1763　1迪尔汗银币　3.0克，27.0毫米
回历197年。

1764　1迪尔汗银币　3.0克，25.0毫米
回历197年，尼沙布尔铸。

1765　1迪尔汗银币　2.5克，24.8毫米
回历198年，撒马尔罕铸。

马蒙·阿卜杜勒

1766 1迪尔汗银币 2.9克，23.7毫米
回历199年，巴格达铸。

1767 1迪尔汗银币 3.0克，25.0毫米
回历199年，撒马尔罕。

1768 1迪尔汗银币 2.9克，24.2毫米
回历200年，伊斯法罕铸。

1769 1第纳尔金币 4.1克，17.9毫米
回历201年。

1770 1第纳尔金币 4.1克，17.6毫米
回历210年。

1771 1迪尔汗银币 2.9克，23.8毫米
回历201年，伊斯法罕铸。

穆阿塔斯木

1772 1第纳尔金币 4.2克，18.0毫米
回历226年。

瓦斯齐

1773　1第纳尔金币　4.1克，20.6毫米
回历232年。

穆塔瓦克拉

1774　1第纳尔金币　4.2克，20.9毫米
回历243年。

穆阿塔迷

1775　1第纳尔金币　4.4克，23.2毫米　　　　1776　1第纳尔金币　4.1克，21.7毫米
回历271年。　　　　　　　　　　　　　　　回历275年。

1777　1第纳尔金币　4.1克，21.2毫米
回历279年。

穆阿塔德

1778　1迪尔汗银币 2.8克，24.7毫米
回历280年，巴格达铸。

1779　1迪尔汗银币 3.0克，24.6毫米
回历284年。

1780　1迪尔汗银币 3.2克，24.7毫米
回历286年，巴格达铸。

穆斯塔法

1781　1迪尔汗银币 3.2克，25.6毫米
回历291年，巴格达铸。

1782　1迪尔汗银币 3.0克，24.6毫米
回历292年，巴格达铸。

1783　1迪尔汗银币 3.1克，24.1毫米
回历293年，巴格达铸。

1784　1迪尔汗银币 3.0克，23.9毫米
回历294年，巴格达铸。

穆克台迪尔

1785　1第纳尔金币　4.4克，23.6毫米
回历304年。

1786　1第纳尔金币　3.7克，24.5毫米
回历313年。

1787　1第纳尔金币　5.5克，23.9毫米
回历317年。

1788　1第纳尔金币　4.9克，24.7毫米
回历320年。

1789　1第纳尔金币　3.8克，23.8毫米
回历320年。

1790　1迪尔汗银币　3.0克，26.9毫米
回历296年，阿瓦兹铸。

1791　1迪尔汗银币　3.5克，25.4毫米
回历297年，巴格达铸。

1792　1迪尔汗银币　3.0克，25.8毫米
回历298年，巴格达铸。

1793　1迪尔汗银币　3.0克，25.2毫米
回历299年。

1794　1迪尔汗银币　3.8克，25.7毫米
回历301年，巴格达铸。

1795　1迪尔汗银币　3.0克，24.8毫米
回历302年，巴格达铸。

1796　1迪尔汗银币　4.3克，25.2毫米
回历303年，巴格达铸。

1797　1迪尔汗银币　3.2克，25.6毫米
回历309年，巴格达铸。

1798　1迪尔汗银币　5.0克，25.9毫米
回历310年。

1799　1迪尔汗银币　3.1克，24.7毫米
回历311年，巴格达铸。

1800　1迪尔汗银币　2.6克，26.2毫米
回历313年，设拉子铸。

1801　1迪尔汗银币　3.1克，25.7毫米
回历315年，设拉子铸。

1802　1迪尔汗银币　2.9克，25.1毫米
回历316年。

1803　1迪尔汗银币　4.0克，25.5毫米
回历317年，巴格达铸。

1804　1迪尔汗银币　2.9克，26.3毫米
回历319年。

卡合尔

1805　1第纳尔金币　4.6克，23.2毫米
回历321年。

1806　1第纳尔金币　4.0克，25.1毫米
回历321年。

拉迪

1807　1第纳尔金币　4.1克，22.8毫米
回历322年。

1808　1第纳尔金币　4.6克，22.2毫米
回历323年。

1809　1迪尔汗银币　2.4克，25.4毫米
回历322年，巴格达铸。

1810　1迪尔汗银币　2.4克，25.4毫米
回历323年，巴格达铸。

1811 1迪尔汗银币 2.9克，24.9毫米
回历324年，巴格达铸。

1812 1迪尔汗银币 3.0克，25.8毫米
回历325年，巴格达铸。

穆塔克

1813 1迪尔汗银币 3.7克，23.5毫米

后阿巴斯王朝

从公元9世纪中叶开始，阿巴斯王朝实际上已经逐渐四分五裂，许多地区只是在名义上服从哈里发的统治。

当时以哈里发的名义仅仅打制了少数几种硬币，真正的阿巴斯钱币只在巴格达打制，因为巴格达是阿巴斯哈里发唯一行使主权的城市。

后阿巴斯王朝发行的金币第纳尔重量有很大变化，从1.5克到15克都有，没有明显规律，应该是称重使用或赏赐使用。而银币迪尔汗则严格遵守1迪尔汗重2.8克、1/2迪尔汗重1.4克的标准，这样非常便于市井流通。

表029　后阿巴斯王朝世系表

序号	哈里发	在位年代	备注
1	穆克塔菲	公元 1136 – 1160 年，回历 530 – 555 年	
2	穆斯坦吉德	公元 1160 – 1170 年，回历 555 – 566 年	
3	穆斯塔迪	公元 1170 – 1180 年，回历 566 – 575 年	
4	纳斯尔	公元 1180 – 1225 年，回历 575 – 622 年	
5	扎黑尔	公元 1225 – 1226 年，回历 622 – 623 年	
6	穆斯坦斯尔	公元 1226 – 1242 年，回历 623 – 640 年	
7	穆斯塔斯木	公元 1242 – 1258 年，回历 640 – 656 年	

纳斯尔

1814　1第纳尔金币 11.5克，30.5毫米
回历614年，"和平之城"造币厂铸。

1815　1第纳尔金币 9.1克，30.0毫米
回历620年，"和平之城"造币厂铸。

穆斯坦斯尔

1816　1迪尔汗银币 3.0克，24.6毫米
回历640年，"和平之城"造币厂铸。

1817　1迪尔汗银币 3.0克，20.8毫米
回历637年，"和平之城"造币厂铸。

1818　1迪尔汗银币 2.4克，22.0毫米
"和平之城"造币厂铸。

穆斯塔斯木

1819 1第纳尔金币 13.4克，28.5毫米
"和平之城"造币厂铸。

1820 1第纳尔金币 8.5克，27.6毫米
回历649年，"和平之城"造币厂铸。

图伦王朝

  图伦王朝（公元868-905年）是突厥人在埃及和叙利亚建立的政权。艾哈迈德·本·图伦的父亲是突厥人，他本人成年后作为埃及总督助理到达埃及，掌握着阿巴斯王朝驻埃及军队的指挥权，随后又取得税收权。公元868年，艾哈迈德·本·图伦被任命为埃及总督，随后宣布独立，建立图伦王朝。艾哈迈德·本·图伦主政期间大力发展生产力，锐意改革，发展经济。图伦王朝承认阿巴斯王朝哈里发的宗主权，每年贡赋。

表030　图伦王朝世系表

	王名	在位年代	备注
1	阿合麦德·本·图伦	公元 868-884 年，回历 254-270 年	
2	胡马尔瓦伊·本·阿合麦德	公元 884-896 年，回历 270-282 年	
3	贾伊什·本·胡马尔瓦	公元 896 年，回历 282-283 年	
4	哈伦·本·胡马尔瓦	公元 896-905 年，回历 283-292 年	
5	沙伊班·本·阿合麦德	公元 904-905 年，回历 291-292 年	

胡麻尔瓦·本·阿合麦德

1821　1第纳尔金币　4.0克，20.9毫米
回历270年。

哈伦·本·胡马尔瓦

1822　1第纳尔金币　4.1克，22.6毫米
回历289年。

法蒂玛王朝

法蒂玛王朝（公元909-1171年），中国史称绿衣大食，西方则称南萨拉森帝国。

阿卜杜勒·马赫迪以先知穆罕默德女儿法蒂玛之名建立起法蒂玛王朝，都城初建在拉卡达，后迁都马赫迪亚城。

公元1171年，法蒂玛王朝灭亡。

表031　法蒂玛王朝世系表

序号	王名	在位年代	备注
1	阿卜杜勒·麦海迪	公元909－934年，回历297－322年	
2	凯穆尔·穆罕默德	公元934－946年，回历322－334年	
3	满速尔·伊斯马依	公元946－953年，回历334－341年	
4	穆兹·马阿德	公元953－975年，回历341－365年	
5	艾责兹·尼扎尔	公元975－996年，回历365－386年	
6	哈克木·阿布·阿里·满苏尔	公元996－1021年，回历386－411年	
7	扎希尔·阿布·哈桑·阿里	公元1021－1036年，回历411－427年	

续表

序号	王名	在位年代	备注
8	穆斯坦斯尔·阿布·塔明·穆阿德	公元1036－1094年，回历427－487年	
9	穆斯塔利·阿布·卡斯木·阿合麦德	公元1094－1101年，回历487－495年	
10	阿米尔·阿布·阿里·满苏尔	公元1101－1130年，回历495－525年	
11	哈菲兹·阿布·马伊蒙·阿卜杜勒·马杰德	公元1130－1149年，回历525－544年	
12	扎菲尔·阿布·满速尔·伊斯马利	公元1149－1154年，回历544－549年	
13	法伊兹·阿布·卡斯木·伊萨	公元1154－1160年，回历549－555年	
14	阿迪德·阿布·穆罕默德·阿卜杜勒	公元1160－1171年，回历555－567年	

穆兹·马阿德

1823　1第纳尔金币　4.1克，22.5毫米

艾责兹·尼扎尔

1824　1第纳尔金币　4.1克，23.1毫米

1825　1迪尔汗银币　1.4克，19.4毫米

1826　1迪尔汗银币　1.5克，18.6毫米

1827　1迪尔汗银币　1.5克，18.9毫米

哈克木·阿布·阿里·满速尔

1828　1第纳尔金币　4.1克，21.9毫米

1829　1第纳尔金币　4.2克，23.2毫米

1830　1第纳尔金币　4.1克，21.5毫米

1831　1迪尔汗银币　1.4克，18.3毫米

1832　1迪尔汗银币　1.4克，18.6毫米

1833　1迪尔汗银币　1.7克，18.3毫米

扎希尔·阿布·哈桑·阿里

1834　1第纳尔金币　4.3克，22.7毫米

穆斯坦斯尔·阿布·塔明·穆阿德

1835　1第纳尔金币　4.0克，21.4毫米

1836　1第纳尔金币　4.2克，21.0毫米

1837　1第纳尔金币　4.4克，21.6毫米　　　　1838　1迪尔汗银币　1.4克，18.3毫米

1839　1迪尔汗银币　1.4克，20.1毫米

兹利王朝

　　兹利王朝是桑哈伽族柏柏人建立的王朝。在法蒂玛王朝迁都开罗后，于公元971年建都凯鲁万。兹利王朝的第纳尔金币仅打制于公元1049-1057年（回历441-449年）之间，均为匿名币，通过背面的铭文可与同时期的法蒂玛王朝第纳尔金币加以区分。兹利王朝第纳尔金币大多数打制于凯鲁万造币厂，少数打制于马哈迪造币厂。

表032　兹利王朝世系表

序号	王名	在位年代	备注
1	阿布·法图赫·赛义夫	公元 973-983 年，回历 363-373 年	
2	阿布·法斯·满速尔	公元 983-995 年，回历 373-385 年	
3	阿布·卡塔达·纳斯尔	公元 995-1016 年，回历 385-407 年	
4	穆仪兹．本·巴迪斯	公元 1016-1062 年，回历 406-454 年	
5	阿布·塔希尔·塔明·本·穆仪兹	公元 1062-1108 年，回历 454-502 年	
6	叶海亚·本塔明	公元 1108-1131 年，回历 502-526 年	

序号	王名	在位年代	备注
7	阿里·本·叶海亚	公元 1115－1121 年，回历 509－515 年	
8	哈桑·本·阿里	公元 1121－1168 年，回历 515－563 年	

穆仪兹·本·巴迪斯

1840　1第纳尔金币　3.7克，23.0毫米

1841　1第纳尔金币　4.4克，22.3毫米

1842　1第纳尔金币　4.1克，23.7毫米

阿尤布王朝

阿尤布王朝由库尔德人萨拉丁·优素福·本·阿尤布建立,故名阿尤布王朝。

阿尤布王朝统治时期,埃及的亚历山大港逐渐成为国际贸易中心,埃及是地中海和印度洋之间的贸易中转站,埃及的棉花、黄金、象牙、玻璃器皿源源不断向东方出口,而东方的香料、丝绸、宝石等又经埃及转卖到地中海沿岸地区。由此,阿尤布王朝因商业活动的繁荣和经济的快速发展,进一步推动了城市化的进程。

纳斯尔·萨拉丁(公元1169-1193年在位)

1843 1第纳尔金币 5.2克,20.0毫米
开罗系。

1844 1第纳尔金币,3.8克,18.4毫米
开罗系。

阿迪力一世（公元1196-1218年在位）

1845　1迪尔汗银币　3.0克，19.6毫米
开罗系。

凯穆尔·穆哈马德一世（公元1218-1238年在位）

1846　1第纳尔金币　10.6克，22.8毫米
开罗系。

扎希尔·伽兹（公元1186-1216年）

1847　1迪尔汗银币　3.7克，17.1毫米
阿勒颇系。

马穆鲁克王朝

马穆鲁克王朝（公元1250-1517年）是埃及、叙利亚的一个伊克塔制王朝（伊克塔是伊斯兰教国家统治者将国有土地或地区税收授予将士作为报酬的一种制度）。"马穆鲁克"阿拉伯语意为"被占有者"或"奴隶"的意思，又被称为奴隶王朝。王朝分为前后两个时期，前期称为伯海里王朝，后期是布尔吉王朝。

表033　马穆鲁克王朝世系表

序号	王名	在位年代	备注
	前期	伯海里王朝	
1	沙吉尔·杜尔（王后）	公元 1250 年，回历 648 年	
2	阿伊拜克	公元 1250－1257 年，回历 648－655 年	
3	阿里一世	公元 1257－1259 年，回历 655－657 年	
4	库图兹	公元 1259－1260 年，回历 657－658 年	
5	扎赫尔·卢肯	公元 1260－1277 年，回历 658－676 年	

序号	王名	在位年代	备注
6	拜尔克汗	公元 1277－1279 年，回历 676－678 年	
7	萨拉迷失	公元 1279 年，回历 678 年	
8	盖拉温	公元 1279－1290 年，回历 678－689 年	
9	哈利勒	公元 1290－1293 年，回历 689－693 年	
10	穆罕默德一世	公元 1293－1294 年，回历 693－694 年 公元 1299－1309 年，回历 698－708 年 公元 1310－1341 年，回历 709－741 年	三次执政
11	拉金	公元 1296－1299 年，回历 696－698 年	
12	拜伯尔斯二世	公元 1309－1310 年，回历 708－709 年	
13	阿布·伯克尔	公元 1341 年，回历 741－742 年	
14	库就克	公元 1341－1342 年，回历 742 年	
15	阿合麦德一世	公元 1342 年，回历 742－743 年	
16	伊斯马利	公元 1342－1345 年，回历 743－746 年	
17	沙尔班一世	公元 1345－1346 年，回历 746－747 年	
18	哈吉一世	公元 1346－1347 年，回历 747－748 年	
19	哈桑	公元 1347－1351 年，回历 748－752 年 公元 1354－1361 年，回历 755－762 年	两次执政
20	萨利赫	公元 1351－1354 年，回历 752－755 年	
21	穆罕默德二世	公元 1361－1363 年，回历 762－764 年	
22	沙尔班二世	公元 1363－1376 年，回历 764－778 年	
23	满苏尔·阿里	公元 1376－1381 年，回历 778－783 年	
24	哈吉二世	公元 1381－1382 年，回历 783－784 年 公元 1389－1390 年，回历 791－792 年	两次执政
后期		布尔吉王朝	
25	巴尔库克	公元 1382－1388 年，回历 784－791 年	
26	法尔吉	公元 1399－1405 年，回历 801－808 年 公元 1406－1412 年，回历 809－815 年	
27	阿卜杜勒·艾责兹	公元 1405－1406 年，回历 808－809 年	
28	贾克木	公元 1406 年，回历 809 年	
29	穆斯塔因	公元 1412 年，回历 815 年	

续表

序号	王名	在位年代	备注
30	沙赫	公元 1412 – 1421 年，回历 815 – 824 年	
31	阿合麦德二世	公元 1421 年，回历 824 年	
32	塔塔尔	公元 1421 年，回历 824 年	
33	穆罕默德三世	公元 1421 – 1422 年，回历 824 – 825 年	
34	巴尔斯贝	公元 1422 – 1438 年，回历 825 – 841 年	
35	玉素甫	公元 1438 年，回历 841 – 842 年	
36	奥斯曼	公元 1453 年，回历 857 年	
37	阿伊纳勒	公元 1453 – 1461 年，回历 857 – 865 年	
38	阿合麦德三世	公元 1461 年，回历 865 年	
39	胡什卡德姆	公元 1461 – 1467 年，回历 865 – 872 年	
40	比勒拜	公元 1467 年，回历 872 年	
41	帖木儿不花	公元 1467 – 1468 年，回历 872 – 873 年	
42	凯特贝伊	公元 1468 – 1496 年，回历 873 – 901 年	
43	穆罕默德四世	公元 1496 – 1498 年，回历 902 – 904 年	
44	昆萨赫一世	公元 1498 – 1500 年，回历 904 – 905 年	
45	简布拉特	公元 1500 – 1501 年，回历 905 – 906 年	
46	图曼拜一世	公元 1501 年，回历 906 年	
47	昆萨赫二世	公元 1501 – 1516 年，回历 906 – 922 年	
48	图曼拜二世	公元 1516 – 1517 年，回历 922 年	

盖拉温

1848 1第纳尔金币 6.8克，21.7毫米

法尔吉

1849　1第纳尔金币　8.2克，24.9毫米　　　　1850　1第纳尔金币　14.9克，26.8毫米

巴尔斯贝

1851　1第纳尔金币　7.0克，23.8毫米　　　　1852　1第纳尔金币　5.8克，22.8毫米

鲁木苏丹

鲁木苏丹（公元1077-1308年）是塞尔柱王朝的旁系国家。因其是在小亚细亚原东罗马帝国（拜占庭）领土建国，故名鲁木（罗马）苏丹国。

公元1070年，塞尔柱王朝马立克沙的远亲苏莱曼沙一世带领塞尔柱人占领了安纳托利亚西部地区，1075年又占领了拜占庭帝国的尼西亚、尼科米底亚伊斯密尔等地，两年后他自称塞尔柱苏丹，建都尼西亚，建立鲁木苏丹。

公元1194年，塞尔柱王朝最后一位苏丹去世，鲁木苏丹成为大塞尔柱王朝的唯一统治者。到13世纪上半叶，鲁木苏丹在凯·库思鲁一世、凯卡乌斯一世、凯·库巴德一世的统治下达到极盛。公元1308年，鲁木苏丹灭亡。

表034　鲁木苏丹世系表

序号	王名	在位年代	备注
1	库塔尔米什	公元 1060－1077 年，回历 452－470 年	
2	苏莱曼一世	公元 1077－1086 年，回历 470－479 年	
3	克里杰·阿尔斯兰一世	公元 1092－1107 年，回历 485－501 年	
4	马立克沙	公元 1107－1116 年，回历 501－510 年	
5	马斯乌德一世	公元 1116－1156 年，回历 510－551 年	
6	克里杰·阿尔斯兰二世	公元 1156－1192 年，回历 551－588 年	
7	凯·库思鲁一世	公元 1192－1198 年，回历 588－595 年 公元 1204－1210 年，回历 600－607 年	两次执政
8	苏莱曼沙二世	公元 1196－1204 年，回历 592－600 年	
9	克里杰·阿尔斯兰三世	公元 1204－1205 年，回历 600－601 年	
10	凯·考斯一世	公元 1210－1219 年，回历 607－616 年	
11	凯·库巴德一世	公元 1210－1213 年，回历 607－610 年 公元 1219－1236 年，回历 616－634 年	两次执政
12	凯·库思鲁二世	公元 1236－1245 年，回历 634－644 年	
13	凯·考斯二世	公元 1245－1249 年，回历 643－647 年 公元 1257－1261 年，回历 655－660 年	两次执政
14	克里杰·阿尔斯兰四世	公元 1248－1249 年，回历 646－647 年 公元 1257－1266 年，回历 655－664 年	两次执政
15	凯·库巴德二世	公元 1249－1257 年，回历 647－655 年	
16	凯·库思鲁三世	公元 1265－1283 年，回历 663－682 年	
17	马斯乌德二世	公元 1280－1298 年，回历 679－697 年 公元 1302－1308 年，回历 701－708 年	两次执政
18	凯·库巴德三世	公元 1298－1302 年，回历 697－701 年	

凯·库巴德一世

1853　1迪尔汗银币 2.9克，22.8毫米　　　　1854　1迪尔汗银币 2.7克，23.0毫米

1855 1迪尔汗银币 3.0克，22.4毫米

1856 1迪尔汗银币 2.7克，21.4毫米

1857 1迪尔汗银币 2.9克，23.4毫米

1858 1迪尔汗银币 2.9克，23.0毫米

1859 1迪尔汗银币 2.8克，23.0毫米

凯·库思鲁二世

1860 1迪尔汗银币 3.0克，21.6毫米

1861 1迪尔汗银币 2.6克，21.7毫米

1862 1迪尔汗银币 3.1克，23.1毫米

1863 1迪尔汗银币 3.0克，21.4毫米

1864　1迪尔汗银币　2.9克，21.8毫米

凯·考斯二世

1865　1迪尔汗银币　3.0克，22.8毫米

1866　1迪尔汗银币　3.0克，22.3毫米

1867　1迪尔汗银币　3.0克，23.7毫米

1868　1迪尔汗银币　3.0克，24.1毫米

1869　1迪尔汗银币　3.0克，24.0毫米

1870　1迪尔汗银币　3.0克，23.0毫米

凯·库巴德二世（三兄弟）

1871　1迪尔汗银币　2.4克，21.5毫米

凯·库思鲁三世（三兄弟）

1872　1迪尔汗银币　3.0克，23.7毫米

奥斯曼帝国

　　建立奥斯曼帝国（公元1299年–1924年）的突厥人原居住在阿姆河流域，属于西突厥乌古斯人的部落联盟，为花剌子模王朝的藩王。后来，他们西迁至小亚细亚，依附于塞尔柱突厥人建立的鲁木苏丹国，并领有封地。公元1299年，鲁木苏丹国灭亡后，分裂出许多小的地方政权。这时，部落酋长奥斯曼一世正式宣布独立，为后来延续六个世纪之久的奥斯曼帝国奠定了基础。

　　公元1326年奥斯曼一世去世后，其子奥尔汗一世即位，宣布使用"苏丹"称号，并迁都萨尔布。

　　奥斯曼帝国领土广阔，是个多民族、多宗教的帝国，采取宽容的宗教政策和开明的文化态度。其统治的很多地区历史悠久，文化遗产丰富，在吸收和兼容了这些文化后发展出了自己的特色文化。公元1566年，苏莱曼一世死后到17世纪后期，帝国逐渐衰落。

表035　奥斯曼帝国世系表

序号	王名	在位年代	备注
1	奥斯曼一世	公元 1299－1326 年，回历 699－724 年	
2	奥尔汗一世	公元 1326－1359 年，回历 724－761 年	
3	穆拉德一世	公元 1359－1389 年，回历 761－791 年	
4	巴耶兹德一世	公元 1389－1402 年，回历 791－804 年	
5	穆罕默德一世	公元 1403－1421 年，回历 816－824 年	
6	穆拉德二世	公元 1421－1444 年，回历 824－848 年 公元 1446－1451 年，回历 850－855 年	两次执政
7	穆罕默德二世	公元 1444－1446 年，回历 848－850 年 公元 1451－1481 年，回历 855－886 年	两次执政
8	巴耶兹德二世	公元 1481－1512 年，回历 886－918 年	
9	萨利姆一世	公元 1512－1520 年，回历 918－926 年	
10	苏莱曼一世	公元 1520－1566 年，回历 926－974 年	
11	萨利姆二世	公元 1566－1574 年，回历 974－982 年	
12	穆拉德三世	公元 1574－1595 年，回历 982－1003 年	
13	穆罕默德三世	公元 1595－1603 年，回历 1003－1012 年	
14	阿合麦德一世	公元 1603－1617 年，回历 1012－1026 年	
15	穆斯塔法一世	公元 1617－1618 年，回历 1026－1027 年 公元 1622－1623 年，回历 1031－1032 年	两次执政
16	奥斯曼二世	公元 1618－1622 年，回历 1027－1031 年	
17	穆拉德四世	公元 1623－1640 年，回历 1032－1049 年	
18	易卜拉欣一世	公元 1640－1648 年，回历 1049－1058 年	
19	穆罕默德四世	公元 1648－1687 年，回历 1058－1099 年	
20	苏莱曼二世	公元 1687－1691 年，回历 1099－1103 年	
21	阿合麦德二世	公元 1691－1695 年，回历 1103－1107 年	
22	穆斯塔法二世	公元 1695－1703 年，回历 1107－1115 年	
23	阿合麦德三世	公元 1703－1730 年，回历 1115－1143 年	
24	马哈茂德一世	公元 1730－1754 年，回历 1143－1168 年	
25	奥斯曼三世	公元 1754－1757 年，回历 1168－1171 年	
26	穆斯塔法三世	公元 1757－1774 年，回历 1171－1187 年	
27	阿卜杜勒·哈米德一世	公元 1774－1789 年，回历 1187－1203 年	
28	萨利姆三世	公元 1789－1807 年，回历 1203－1222 年	
29	穆斯塔法四世	公元 1807－1808 年，回历 1222－1223 年	
30	马哈茂德二世	公元 1808－1839 年，回历 1223－1255 年	
31	阿卜杜勒·迈基德一世	公元 1839－1861 年，回历 1255－1277 年	
32	阿卜杜勒·艾责兹	公元 1861－1876 年，回历 1277－1293 年	

序号	王名	在位年代	备注
33	穆拉德五世	公元 1876 年，回历 1293 年	
34	阿卜杜勒·哈米德二世	公元 1876–1909 年，回历 1293–1327 年	
35	穆罕默德五世	公元 1909–1918 年，回历 13277–1336 年	
36	穆罕默德六世	公元 1918–1922 年，回历 1336–1341 年	
37	阿卜杜勒·迈基德二世	公元 1922–1924 年，回历 1341–1342 年	

苏莱曼一世

1873　1第纳尔金币　3.5克，20.1毫米
回历926年。

1874　1第纳尔，金，3.6克，20.4毫米
回历926年。

1875　1第纳尔金币　3.4克，18.9毫米
回历926年。

穆拉德三世

1876　1第纳尔金币　3.5克，21.7毫米
回历982年。

穆罕默德三世

1877　1第纳尔金币　3.5克，21.0毫米
回历1003年。

阿合麦德一世

1878　1第纳尔金币　3.4克，21.1毫米
回历1021年。

易卜拉欣一世

1879　1第纳尔金币　3.4克，21.6毫米
回历1058年。

阿合麦德三世

1880　1第纳尔金币　3.5克，18.6毫米
回历1115年。

塔希尔王朝

塔希尔王朝（公元 821-872 年）是从阿巴斯王朝分裂出来的王朝，虽然在名义上出属于阿巴斯王朝哈里发，但实际上统治者们是独立的。

公元 820 年，阿巴斯王朝哈里发马蒙任命塔希尔为波斯和东方行省总督，赐予他呼罗珊领地的世袭权，统辖巴格达以东的广大地区，以木鹿为首府。

公元 822 年塔希尔下令辖地的穆斯林在主麻日时不再为哈里发祝福，只提自己的名字，在钱币上不再铸哈里发名字，自此宣告独立。塔希尔之子塔尔哈即位后，仍臣属于阿巴斯王朝哈里发，定期缴纳赋税。

表036　塔希尔王朝世系表

序号	王名	在位年代	备注
1	塔希尔·本·侯赛因	公元 821-822 年，回历 205-207 年	
2	塔尔哈·本·塔希尔	公元 822-828 年，回历 207-213 年	
3	阿不都拉·本·塔希尔	公元 828-845 年，回历 213-230 年	

续表

序号	王名	在位年代	备注
4	塔希尔二世·本·阿不都拉	公元 845-862 年，回历 230-248 年	
5	穆罕默德·本·塔希尔	公元 862-873 年，回历 248-259 年	

塔希尔·本·侯赛因

1881　1迪尔汗银币 2.8克，25.1毫米
回历205年。

1882　1迪尔汗银币 2.8克，26.5毫米
回历206年。

阿不都拉·本·塔希尔

1883　1迪尔汗银币 2.9克，25.0毫米
回历216年。

穆罕默德·本·塔希尔

1884　1迪尔汗银币 2.8克，22.0毫米
回历252年。

萨曼尼王朝

萨曼尼王朝（公元892-999年）是继塔希尔王朝之后的又一个波斯王朝。萨曼尼王朝得名于萨珊王朝的袄教神权贵族萨曼尼·胡达。

萨曼尼·胡达有四个孙子，他们被哈里发马蒙分别任命为撒马尔罕、费尔干纳、赭时、伊利亚斯总督。就在这一时期，萨曼尼家族以哈里发的名义控制着河中地区。公元874年，阿合麦德之子阿合麦德·本·哈桑·本·纳斯尔进驻布哈拉，受哈里发册封成为河中地区总督。

公元892年，伊斯玛利·本·阿合麦德以布哈拉为首都，自称"埃米尔"，正式宣告独立，名义上仍承认阿巴斯王朝哈里发的宗主权。

公元914年，伊斯玛利一世的孙子，年仅8岁的纳斯尔二世·本·阿合麦德即位艾米尔，在能臣的辅佐下积极发展商业、促进贸易、大兴水利、鼓励农业，减免赋税、奖励学术，这时国内经济繁荣，文化兴盛，是萨曼尼王朝的黄金时代。

表037 萨曼尼王朝世系表

序号	王名	在位年代	备注
1	奴侯一世·本·阿合麦德	公元 819 – 841 年，回历 204 – 227 年	撒马尔罕
2	阿合麦德·本·阿萨德	公元 819 – 864 年，回历 204 – 250 年	费加纳
3	叶赫亚·本·阿萨德	公元 819 – 861 年，回历 204 – 247 年	沙什
4	纳斯尔一世	公元 864 – 892 年，回历 250 – 279 年	
5	雅各布·本·阿合麦德	公元 878 – 884 年，回历 265 – 271 年	沙什
6	阿合麦德·本·哈桑·本·纳斯尔	公元 874 – 884 年，回历 260 – 270 年	库詹达
7	奴侯二世·本·阿萨德	公元 887 – 892 年，回历 274 – 279 年	库詹达
8	伊斯马利·本·阿合麦德	公元 892 – 907 年，回历 279 – 295 年	
9	阿合麦德二世·本·伊斯马利	公元 907 – 914 年，回历 295 – 301 年	
10	纳斯尔二世·本·阿合麦德	公元 914 – 943 年，回历 301 – 331 年	
11	奴侯二世·本·纳斯尔	公元 943 – 954 年，回历 331 – 343 年	
12	阿卜杜勒·马立克·本·奴侯二世	公元 954 – 961 年，回历 343 – 350 年	
13	满速尔一世·本·奴侯二世	公元 961 – 976 年，回历 350 – 365 年	
14	奴侯三世·本·满苏尔一世	公元 976 – 997 年，回历 365 – 387 年	
15	满苏尔二世·本·奴侯二世	公元 997 – 999 年，回历 387 – 389 年	
16	阿卜杜勒·马立克二世·本·奴侯二世	公元 999 – 1000 年，回历 389 – 390 年	
17	伊斯马利二世·本·奴侯二世	公元 1000 – 1004 年，回历 390 – 395 年	

伊斯马利·本·阿合麦德

1885 1第纳尔金币 4.2克，22.6毫米
回历292年。

1886 1迪尔汗银币 3.2克，27.4毫米

1887　1迪尔汗银币　6.1克，29.9毫米
回历295年。

阿合麦德·本·伊斯马利

1888　1第纳尔金币　4.2克，23.7毫米
回历297年。

1889　1迪尔汗银币　3.0克，28.4毫米
回历295年。

纳斯尔二世·本·阿合麦德

1890　1第纳尔金币　4.6克，25.5毫米
回历310年。

1891　1第纳尔金币　4.0克，23.9毫米
回历315年。

1892　1第纳尔金币　4.8克，23.5毫米
回历321年。

1893　1第纳尔，金，4.3克，22.1毫米
回历326年。

1894　1第纳尔金币 4.1克，22.7毫米
回历330年。

1895　1迪尔汗银币 3.0克，26.4毫米
回历305年。

1896　1迪尔汗银币 3.4克，28.3毫米
回历325年。

1897　1迪尔汗银币 3.0克，27.6毫米
回历327年。

奴侯二世·本·纳斯尔

1898　1第纳尔金币 4.5克，23.7毫米
回历337年。

1899　1第纳尔金币 4.2克，23.5毫米
回历339年。

1900　1第纳尔金币 4.6克，23.2毫米
回历340年。

1901　1迪尔汗银币，2.8克，29.4毫米

1902　1迪尔汗银币 3.0克，28.0毫米

阿卜杜勒·马立克·本·奴侯三世

1903　1第纳尔金币　4.4克，22.5毫米
回历343年。

1904　1第纳尔，金，4.1克，22.2毫米
回历344年。

1905　1第纳尔金币　4.5克，23.2毫米
回历347年。

1906　1迪尔汗银币　2.7克，31.0毫米

满速尔一世·本·奴侯二世

1907　1第纳尔金币　4.6克，24.2毫米
回历358年。

1908　1第纳尔金币　4.1克，22.8毫米
回历361年。

1909　1迪尔汗银币　3.9克，32.9毫米
回历354年。

奴侯三世·本·满苏尔一世

1910　1第纳尔金币　4.4克，26.4毫米
回历366年。

1911　1第纳尔金币　4.2克，22.7毫米
回历370年。

1912　1第纳尔金币　4.0克，23.2毫米
回历372年。

1913　1第纳尔金币　4.4克，24.6毫米
回历377年。

1914　1迪尔汗银币　10.6克，42.6毫米

1915　1迪尔汗银币　8.6克，45.3毫米

满速尔二世·本·奴侯二世

1916 1第纳尔金币 3.9克，24.0毫米
回历387年。

1917 1第纳尔金币，2.6克 24.3毫米
回历387年。

1918 1第纳尔金币 3.1克，24.1毫米

西喀喇汗王朝

  喀喇汗王朝是9世纪中叶，由西迁至中亚七河地区的漠北回鹘人联合当地葛逻禄、样磨等游牧部族建立起的一个王朝。

  传说王朝建立者为毗伽阙·卡迪尔汗，王朝初建时是一个比较松散的游牧部落联盟，实行"双汗制"，立有大汗和副汗。大汗称阿尔斯兰汗（狮子王），驻八剌沙衮，副汗称博格拉汗（公驼王），驻怛罗斯。

  喀喇汗王朝经过100多年的发展，逐渐形成了阿里系和哈桑系两大派系。最初，王朝的统治权控制在阿里系手中，但在玉素甫·卡迪尔汗占领喀什噶尔后，王朝的统治权转移到哈桑系手中。公元1041年，伊卜拉欣夺取河中的布哈拉后，阿里系控制了费尔干纳地区，而哈桑系则控制着东部地区。伊卜拉欣自称桃花石·布格拉·喀喇汗，完全独立自主，不承认东部喀喇汗的宗主地位。自此，喀喇汗王朝以锡尔河为界，正式分裂为东喀喇汗王朝和西喀喇汗王朝。

表038　西喀喇汗王世系表

序号	汗王名	在位日期	备注
1	苏阿伊斯·本·易卜拉欣	约公元 1058－1062 年，约回历 450－454 年	
2	达乌德·本·易卡拉欣	公元 1066－1068 年，回历 458－460 年	
3	玉素普·本·布尔汉·道拉	约公元 1068－1069 年，约回历 460－461 年	
4	纳斯尔·本·易卜拉欣	公元 1068－1080 年，回历 460－472 年	
5	脱欢（叶护）汗·阿里	约公元 1068－1069 年，约回历 460－461 年	
6	海德尔·本·易卜拉欣	公元 1080－1081 年，回历 472－473 年	
7	艾哈迈德·本·海德尔	公元 1081－1095 年，回历 473－488 年	
8	穆罕默德·本·易卜拉欣	约公元 1089 年，约回历 482 年	
9	伊马德·道拉·马哈茂德	约公元 1097 年，约回历 490 年	
10	穆罕默德·本·苏莱曼	公元 1102－1129 年，回历 495－523 年	
11	艾哈迈德·本·穆罕默德	约公元 1129－1130 年，约回历 523－524 年	
12	伊卜拉欣二世	公元 1130－1132 年，回历 525－527 年	
13	哈桑·克雷奇·桃花石汗	公元 1132 年，回历 527 年	
14	马哈茂德三世·本·穆罕默德	约公元 1136－1142 年，约回历 530－536 年	
15	易卜拉欣·本·穆罕默德	约公元 1143－1153 年，约回历 537－548 年	
16	阿里·恰格雷汗	公元 1156－1160，回历 551－556 年	
17	马哈茂德·本·侯赛因	约公元 1157 年，约回历 552 年	
18	马斯乌德·本·哈桑	公元 1161－1171 年，回历 556－566 年	
19	骨咄禄·毗伽汗	公元 1170－117，回历 566－567 年	
20	易卜拉欣·本·侯赛因	公元 1178－1203 年，回历 574－599 年	
21	奥斯曼·本·易卜拉欣	公元 1203－1210 年，回历 599－607 年	

炽俟移涅（公元9-10世纪）

正面是阿拉伯文"伟大君王，炽俟移涅"。此币实为无名王币。"炽俟"是葛逻禄部"三姓叶护"之一。"移涅"是突厥语音译，意为王子或第一级汗王的称谓，不是大汗。此币钱币学界共识，归入喀喇汗早期铸币。

1919　1铜币　3.8克，22.8毫米　　　　　1920　1铜币　4.8克，24.8毫米

其他国王

1921　1铜币　43.3克，30.1毫米　　　　1922　1铜币　7.6克，40.8毫米

1923　1铜　6.1克，39.2毫米

1924　1铜币　9.1克，46.1毫米

1925　1铜币　3.1克，21.9毫米

1926　1铜　2.2克，26.5毫米

1927　1铜币　6.5克，31.6毫米

1928　1铜币　4.3克，31.2毫米

1929　1铜币　4.7克，32.2毫米

1930　1铜币　3.4克，32.4毫米

1931　1铜币　4.8克，29.1毫米

东喀喇汗王朝

公元1041年，喀喇汗王朝以锡尔河为界，正式分裂为东喀喇汗王朝和西喀喇汗王朝。

公元1211年，屈出律出兵攻占了喀什噶尔，东喀喇汗王朝灭亡。

表039　东喀喇汗王朝世系表

序号	汗王名	在位日期	备注
1	苏莱曼·阿尔斯兰汗	公元 1041－1056 年，回历 443－448 年	
2	穆罕默德·布格核汗	公元 1056－1057 年，回历 448－449 年	
3	阿里·侯塞音	公元 1057 年，回历 446 年	
4	易卜拉欣·本·穆罕默德	约公元 1057－1062 年，约回历 449－454 年	
5	布尔汉·道拉·阿尤布	约公元 1062 年，约回历 454 年	
6	玉素普·本·苏莱曼	约公元 1068－1080 年，约回历 460－472 年	
7	尼扎姆·道拉·马哈茂德	约公元 1069－1070 年，约回历 462 年	
8	沙拉夫·道拉·穆仪兹	约公元 1067－1070 年，约回历 459－462 年	
9	乌马尔	公元 1074 年－1075 年，回历 467－468 年	

续表

序号	汗王名	在位日期	备注
10	哈桑·本·苏莱曼	约公元 1088 - 1089 年，约回历 481 年	
11	哲布勒伊来·本·乌马尔	约公元 1100 - 1101 年，约回历 494 年	
12	哈桑·桃花石·博格达汗	公元 102 年，回历 495 年	
13	艾哈迈德	公元 1102 - 1132 年，回历 496 - 527 年	
14	易卜拉欣汗二世	公元 1132 - 1158 年，回历 527 - 553 年	
15	穆罕默德汗二世	公元 1158 - 1180 年，回历 553 - 576 年	
16	玉素甫	公元 1180 - 1205 年，回历 576 - 602 年	
17	穆罕默德三世	公元 1205 - 1210 年，回历 602 - 607 年	

穆罕默德·汗二世

币面文字为"寻求保护的穆罕默德·阿尔斯兰汗"。

1932　1法尔斯铜币 6.4克，23.7毫米
喀什噶尔铸。

1933　1法尔斯铜币 6.4克，25.3毫米
喀什噶尔铸。

1934　1法尔斯铜币 7.2克，22.1毫米
喀什噶尔铸。

苏莱曼·阿尔斯兰汗

币面文字为"祈求宽恕的苏莱曼·卡德尔·桃花石可汗"。

1935　1宽坯迪尔汗铜币　3.5克，30.3毫米
喀什噶尔铸。

1936　1宽坯迪尔汗铜币　4.3克，30.8毫米
喀什噶尔铸。

1937　1宽坯迪尔汗铜币　5.0克，33.0毫米
喀什噶尔铸。

1938　1宽坯迪尔汗铜币　8.5克，31.4毫米
喀什噶尔铸。

1939　1宽坯迪尔汗铜币　4.1克，27.0毫米
喀什噶尔铸，合面。

玉素甫

币面文字为"世界之王玉素甫·阿尔斯兰汗"。

1940　1法尔斯铜币　4.2克，25.8毫米
喀什噶尔铸。

布益王朝

　　布益王朝（公元934-1055年）是由里海南岸山区的德莱木人所建立的王朝，王朝得名于建立者阿里之父布益（或译布韦希、布耶、白益），前后共传了22位埃米尔，延续了121年。

　　布益王朝共有三个支系，是由布益的三个儿子：阿里、哈桑和阿合麦德分别统治。公元934年，阿里统治了法尔斯，定都设拉子，随后便控制伊斯法罕、胡齐斯坦和克尔曼。公元943年，哈桑定都雷伊。公元945年，阿合麦德进入巴格达。

　　公元949年，阿里去世，哈桑之子阿杜德·阿里·达乌拉即位，他采用了萨珊王朝时期的"王中之王"称号。在他统治期间，布益王朝达到了鼎盛，领土面积接近萨珊王朝统治时期。他在巴格达和设拉子都设立了图书馆、学校和医院，奖励诗人和学者，使设拉子成为当时的文化中心。

表040　布益王朝世系表

序号	王名	在位年代	备注
	法尔斯分支		
1	伊马德·阿里·达乌拉	公元 934－949 年，回历 322－338 年	
2	阿杜德·阿里·达乌拉	公元 949－983 年，回历 338－372 年	
3	沙尔夫·阿里·达乌拉	公元 983－989 年，回历 373－379 年	
4	萨姆萨姆·阿里·达乌拉	公元 983－998 年，回历 372－388 年	
5	巴哈·阿里·达乌拉	公元 998－1012 年，回历 388－403 年	
6	苏丹·阿里·达乌拉	公元 1012－1024 年，回历 403－415 年	
7	伊迈德丁·阿布·卡利贾尔	公元 1024－1048 年，回历 415－440 年	
8	弗拉德·苏丹	公元 1048 年，回历 440 年 公元 1055－1061 年，回历 447－454 年	两次执政
9	阿布·萨德·库思鲁·沙	公元 1049 年，回历 441 年 公元 1051－1054 年，回历 443－446 年	两次执政
	伊拉克分支		
10	穆伊兹·阿里·达乌拉	公元 939－967 年，回历 328－356 年	
11	伊兹·阿里·达乌拉	公元 967－978 年，回历 356－367 年	
12	阿杜德·阿里·达乌拉	公元 978－983 年，回历 367－372 年	
13	萨姆萨姆·阿里·达乌拉	公元 983－987 年，回历 372－376 年	
14	沙尔夫·阿里·达乌拉	公元 983－989 年，回历 373－379 年	
15	巴哈·阿里·达乌拉	公元 989－1012 年，回历 379－403 年	
16	苏丹·阿里·达乌拉	公元 1012－1021 年，回历 403－412 年	
17	穆沙拉夫 1 阿里·达乌拉	公元 1021－1025 年，回历 412－416 年	
18	贾拉尔·阿里·达乌拉	公元 1025－1044 年，回历 416－435 年	
19	伊迈德丁·阿布·卡利贾尔	公元 1044－1048 年，回历 436－440 年	
20	马立克·阿里·拉希姆	公元 1048－1055 年，回历 440－447 年	

伊马德·阿里·达乌拉

1941　1迪尔汗银币　3.9克，27.0毫米
法尔斯分支。

1942　1迪尔汗银币　4.2克，27.8毫米
法尔斯分支。

阿杜德·阿里·达乌拉

1943　1第纳尔金币　4.5克，23.9毫米
回历367年，法尔斯分支。

1944　1第纳尔金币　4.7克，24.1毫米
回历369年，法尔斯分支。

1945　1第纳尔金币　3.8克，24.1毫米
回历370年，法尔斯分支。

1946　1迪尔汗银币　3.3克，30.1毫米
法尔斯分支。

1947　1迪尔汗银币　2.6克，27.6毫米
法尔斯分支。

萨姆萨姆·阿里·达乌拉

1948　1迪尔汗银币　4.4克，25.5毫米
法尔斯分支。

巴哈·阿里·达乌拉

1949　1第纳尔金币　4.4克，24.0毫米
回历398年，法尔斯分支。

1950　1第纳尔金币　4.5克，26.1毫米
回历399年，法尔斯分支。

苏丹·阿里·达乌拉

1951　1第纳尔金币　4.5克，26.2毫米
回历410年，法尔斯分支。

1952　1第纳尔金币　3.9克，25.6毫米
回历411年，法尔斯分支。

伊迈德丁·阿布·卡利贾尔

1953　1第纳尔金币　4.3克，24.1毫米
回历424年，法尔斯分支。

穆伊兹·阿里·达乌拉

1954　1迪尔汗银币　3.4克，23.9毫米
伊拉克分支。

哥疾宁王朝

　　哥疾宁王朝（公元962-1186年）是由萨曼尼王朝的将领阿勒普·特勤建立的，因其都城建在哥疾宁（也译作加兹尼、迦色尼）而得名。阿勒普·特勤作为萨曼尼王朝宫廷侍卫受到君主重用，后被提拔为宫廷禁军首领，成为最有权力的突厥将领。公元961年，他被任命为呼罗珊总督，后因反对刚即位的萨曼尼王朝艾米尔满苏尔失败，于公元962年被迫退往哥疾宁地区，夺取了当地的统治权，自立为艾米尔，建立起哥疾宁王朝。

　　到11世纪后半期，随着塞尔柱王朝进一步强大，哥疾宁王朝开始衰落。12世纪中叶，随着廓尔王朝兴起，哥疾宁王朝萎缩至旁遮普地区。公元1186年，廓尔王朝攻下旁遮普的拉合尔，哥疾宁王朝灭亡。

表041 哥疾宁王朝世系表

序号	王名	在位年代	备注
1	阿勒普·特勒	公元 954－966 年，回历 343－355 年	
2	萨布克·特勒	公元 977－997 年，回历 366－387 年	
3	伊斯梅尔	公元 997－998 年，回历 387－388 年	
4	马哈茂德	公元 999－1030 年，回历 389－421 年	
5	纳斯尔·本·萨布克特勒	公元 997－1022 年，回历 387－413 年	两任总督
6	穆罕默德	公元 1030－1042 年，回历 421－432 年	
7	马斯乌德一世	公元 1030－1042 年，回历 421－432 年	
8	毛杜德	公元 1041－1048 年，回历 432－440 年	
9	马斯乌德二世	公元 1048 年，回历 440 年	
10	阿里	公元 1048－1049 年，回历 440 年	
11	阿卜杜勒·拉失德	公元 1049－1052 年，回历 440－443 年	
12	图格鲁勒	公元 1053 年，回历 443－444 年	篡位王
13	法鲁克扎德	公元 1053－1059 年，回历 444－451 年	
14	易卜拉欣	公元 1059－1099 年，回历 451－492 年	
15	马斯乌德三世	公元 1099－1115 年，回历 492－508 年	
16	席尔扎德	公元 1115－1116 年，回历 508－509 年	
17	阿尔斯兰沙	公元 1116－1117 年，回历 509－511 年	
18	巴赫拉姆沙	公元 1117－1117 年，回历 511－552 年	
19	库思老沙	公元 1157－1160 年，回历 552－555 年	
20	库思老·马立克	公元 1160－1186 年，回历 555－582 年	

萨布克特勒

1955 1迪尔汗银币 3.1克，17.7毫米

1956 1迪尔汗银币 3.5克，17.6毫米

1957　1迪尔汗银币　3.3克，18.2毫米　　　　1958　1迪尔汗银币　3.3克，17.1毫米

1959　1迪尔汗银币　3.2克，18.5毫米　　　　1960　1迪尔汗银币，3.8克，19.3毫米

1961　1迪尔汗银币　3.1克，19.4毫米

伊斯梅尔

1962　1迪尔汗银币　3.2克，17.1毫米　　　　1963　1迪尔汗银币　3.2克，16.6毫米

1964　1迪尔汗银币　3.1克，18.1毫米　　　　1965　1迪尔汗银币　3.2克，16.6毫米

马哈茂德

1966　1第纳尔金币　3.5克，24.7毫米
回历389年。

1967　1第纳尔金币　4.4克，24.6毫米
回历391年。

1968　1第纳尔金币　4.9克，24.8毫米
回历395年。

1969　1第纳尔金币　4.2克，24.1毫米
回历396年。

1970　1第纳尔金币　4.1克，23.8毫米
回历397年。

1971　1第纳尔金币　4.5克，25.3毫米
回历399年。

1972　1第纳尔金币　3.7克，24.2毫米
回历405年。

1973　1第纳尔金币　3.5克，25.0毫米
回历407年。

1974　1第纳尔金币　4.9克，23.3毫米
回历411年。

1975　1第纳尔金币　4.0克，23.6毫米
回历415年。

1976　1第纳尔金币 5.3克，23.6毫米
回历417年。

1977　1第纳尔金币 3.2克，23.3毫米
回历418年。

1978　1第纳尔金币 2.8克，23.6毫米
回历419年。

1979　1第纳尔金币 3.9克，21.8毫米
回历420年。

1980　1/2迪尔汗银币 2.0克，13.6毫米

1981　1/2迪尔汗银币 1.8克，15.2毫米

1982　1/2迪尔汗银币 1.6克，13.9毫米

1983　1/2迪尔汗银币 1.5克，15.5毫米

1984　1/2迪尔汗银币 2.0克，14.4毫米

1985　1/2迪尔汗，银，1.7克，14.2毫米

1986　1迪尔汗银币 2.9克，18.4毫米　　　　1987　1迪尔汗银币 2.3克，19.4毫米

1988　1迪尔汗银币 3.5克，18.2毫米　　　　1989　1迪尔汗银币 3.0克，18.1毫米

1990　1迪尔汗银币 3.4克，18.6毫米　　　　1991　1迪尔汗银币 3.4克，18.9毫米

1992　1迪尔汗银币 3.7克，18.6毫米　　　　1993　1迪尔汗银币 4.0克，17.4毫米

1994　1迪尔汗银币 3.4克，18.7毫米　　　　1995　1迪尔汗银币 3.1克，18.7毫米

1996　1迪尔汗银币 2.8克，19.7毫米　　　　1997　1迪尔汗银币 3.3克，18.5毫米

1998　1迪尔汗银币　3.0克，18.0毫米

1999　1迪尔汗银币　3.6克，18.7毫米

2000　1迪尔汗银币　3.3克，17.0毫米

2001　1迪尔汗银币　3.0克，18.4毫米

2002　1迪尔汗银币　3.2克，18.3毫米

2003　1迪尔汗银币　3.1克，18.1毫米

2004　1迪尔汗银币　2.9克，18.6毫米

2005　1宽坯迪尔汗银币 3.4克，22.1毫米

2006　1宽坯迪尔汗银币 3.3克，21.7毫米

马斯乌德一世

2007　1第纳尔金币 3.4克，23.8毫米
回历425年。

2008　1第纳尔金币 3.3克，24.0毫米
回历427年。

2009　1第纳尔金币 3.3克，24.3毫米
回历429年。

2010　1第纳尔金币 3.9克，24.2毫米
回历430年。

2011　1迪尔汗银币 3.6克，18.9毫米

2012　1迪尔汗银币 3.0克，19.1毫米

2013　1迪尔汗银币 3.1克，17.9毫米

2014　1迪尔汗银币 2.8克，18.2毫米

2015　1迪尔汗银币 3.4克，18.5毫米

2016　1迪尔汗银币 3.7克，18.8毫米

2017　1迪尔汗银币 3.0克，19.3毫米

2018　1迪尔汗银币 3.1克，17.4毫米

2019　1迪尔汗银币 3.2克，18.0毫米

2020　1迪尔汗银币 3.2克，17.6毫米

2021　1宽坯迪尔汗银币 3.1克，20.8毫米

2022　1宽坯迪尔汗银币 3.7克，21.6毫米

2023　1宽坯迪尔汗银币 3.4克，21.1毫米

2024　1宽坯迪尔汗银币 3.0克，22.2毫米

2025　1宽坯迪尔汗银币 4.1克，21.9毫米

毛杜德

2026　1迪尔汗银币　3.7克，18.4毫米　　2027　1迪尔汗银币　3.8克，19.2毫米

2028　1迪尔汗银币　3.0克，18.9毫米　　2029　1迪尔汗银币　3.1克，19.2毫米

2030　1迪尔汗银币　3.8克，19.8毫米

法鲁克扎德

2031　1第纳尔低金币　3.8克，22.8毫米　　2032　1第纳尔低金币　4.0克，24.1毫米
回历444年。　　　　　　　　　　　　　回历444年。

易卜拉欣

2033　1第纳尔低金币　5.3克，22.9毫米　　2034　1第纳尔低金币，4.5克，23.4毫米
回历47年。

2035　1迪尔汗银币　2.7克，18.4毫米

巴赫拉姆沙

2036　1迪尔汗银币　3.1克，19.6毫米

库思老·马立克

2037　1吉塔尔铜币　3.2克，15.4毫米

2038　1吉塔尔铜币　3.1克，15.0毫米

2039　1吉塔尔铜币　3.2克，15.6毫米

卡克维希王朝

卡克维希王朝是最后一个德莱木人王朝，于公元1008-1051年在伊朗的中西部独立。有一个分支在耶兹德，但没有打制钱币。卡克维希王朝打制的有迪尔汗银币和第纳尔金币，大多制作精美，币模雕刻细腻，书法优美。少数钱币上留有雕模师的署名。

法拉穆兹（公元1041-1051年）

2040　1第纳尔金币 2.5克，22.5毫米

花剌子模王朝

　　花剌子模地区先后被塔希尔王朝、萨法尔王朝、萨曼尼王朝、哥疾宁王朝和塞尔柱王朝统治。公元1097年，塞尔柱王朝的呼罗珊异密委派突厥人出身的库都不丁·摩柯末为花剌子模沙，他在花剌子模的统治长达30年。在他统治期间，社会稳定，经济得到了发展，为之后花剌子模的强盛奠定了基础。

　　公元1127年，库都不丁·摩柯末去世。其子阿即思即位花剌子模沙。此时，花剌子模依然是塞尔柱王朝的藩属国。

　　公元1200年，花剌子模沙穆扎法尔·特克斯去世，其儿子摩柯末即位。不久，摩柯末沙趁廓尔王朝内部不稳，将廓尔王朝的势力赶出呼罗珊地区。公元1208年，花剌子模夺取了赫拉特，廓尔王朝最终臣服，成为花剌子模的藩属。此后，花剌子模进入鼎盛时期。

　　摩柯末沙死后，其子扎兰丁继承了花剌子模沙及苏丹称号。公元1231年，花剌子模灭亡。

表042 花剌子模王朝世系表

序号	王名	在位年代	备注
1	库特布阿德·丁·摩柯末	公元 1097－1127 年，回历 491－521 年	
2	阿特斯	公元 1127－1156 年，回历 521－551 年	
3	理·阿尔斯兰	公元 1156－1172 年，回历 551－567 年	
4	苏丹沙	公元 1172－1193 年，回历 567－589 年	
5	穆扎法尔·特克斯	公元 1172－1200 年，回历 567－596 年	
6	摩柯末沙	公元 1200－1220 年，回历 596－617 年	
7	曼巴拉尼·扎兰丁	公元 1220－1231 年，回历 617－628 年	

穆扎法尔·特克斯

2041 1第纳尔金币 4.5克，23.0毫米   2042 1第纳尔金币 6.0克，24.0毫米

摩柯末沙

2043 1第纳尔金币 5.7克，24.3毫米   2044 1第纳尔金币 5.8克，28.2毫米

2045 1第纳尔金币 3.5克，24.6毫米   2046 1第纳尔金币 7.0克，24.6毫米

2047　1第纳尔金币　5.0克，25.0毫米

2048　1第纳尔金币　4.9克，24.7毫米

2049　1第纳尔金币　4.7克，25.1毫米

2050　1第纳尔金币　9.0克，26.1毫米

2051　1第纳尔金币　7.6克，25.5毫米

2052　1第纳尔金币　6.1克，27.8毫米

2053　1第纳尔金币　6.0克，26.5毫米

2054　1第纳尔金币　4.9克，23.6毫米

2055　1第纳尔金币　5.5克，23.5毫米

2056　1宽坯迪尔汗银币　4.4克，31.0毫米

2057　1宽坯迪尔汗银币　4.6克，29.7毫米

2058　2迪尔汗，银，8.2克，28.7毫米
哥疾宁铸。

2059　2迪尔汗银币　8.0克，26.4毫米
哥疾宁铸。

2060　2迪尔汗银币　6.9克，25.8毫米
哥疾宁铸。

2061　2迪尔汗银币　6.2克，25.9毫米
哥疾宁铸。

2062　1迪尔汗银币　4.6克，26.1毫米
哥疾宁铸。

2063　1吉塔尔低银币　4.2克，22.5毫米
昆都士铸。

2064　1吉塔尔镀银币　3.1克，15.6毫米

2065　1吉塔尔镀银币　3.0克，15.1毫米
花剌子模铸。

2066　1吉塔尔低银币　3.2克，15.4毫米
法尔万铸。

2067 1迪尔汗铜币 5.5克，32.4毫米
巴尔赫铸。

2068 1迪尔汗铜币 4.5克，30.1毫米

2069 1迪尔汗铜币 4.3克，32.5毫米

2070 1迪尔汗铜币，5.0克，32.0毫米

2071 1吉塔尔铜币 3.1克，14.3毫米
法尔万铸。

2072 1吉塔尔铜币，2.9克，16.7毫米
法尔万铸。

2073 1吉塔尔铜币 2.5克，16.2毫米
法尔万铸。

2074 1吉塔尔铜币 2.8克，16.3毫米

2075 1吉塔尔铜币 3.0克，17.1毫米
赫拉特铸。

2076 1吉塔尔铜币 2.7克，12.1毫米

2077　1吉塔尔铜币　2.2克，13.4毫米
巴鲁前铸。

2078　1吉塔尔铜币　2.6克，13.1毫米

2079　1吉塔尔铜币　2.7克，15.9毫米

2080　1吉塔尔铜币　2.6克，21.8毫米

廓尔王朝

廓尔王朝（公元1148-1215年）是由廓尔萨穆族人建立的一个王朝，他们是从中亚迁到廓尔地区的突厥人，廓尔位于阿富汗赫尔曼山谷至赫拉特之间的广大地区。廓尔王朝之前的历史不甚明了，似为地方酋长相对独立。11世纪初，哥疾宁王朝任命阿布·阿里酋长在廓尔地区传授伊斯兰教。

表043　廓尔王朝世系表

序号	王名	在位年代	备注
1	穆罕默德·本·苏里	？－1011 公元，？－回历 402 年	
2	阿布·阿里·本·穆罕默德	公元 1011－1035 年，回历 402－427 年	
3	阿巴斯·本·什斯	公元 1035－1060 年，回历 427－452 年	
4	穆罕默德·本·阿巴斯	公元 1060－1080 年，回历 452－473 年	
5	库特卜丁·哈桑	公元 1080－1100 年，回历 473－494 年	
6	伊兹丁·侯赛因	公元 1100－1146 年，回历 494－541 年	

续表

序号	王名	在位年代	备注
7	赛义夫丁·苏利	公元 1146－1149 年，回历 541－544 年	
8	巴哈丁·萨姆一世	公元 1149 年，回历 5447 年	
9	阿拉丁·侯赛因	公元 1149－1151 年，回历 544－546 年 公元 1153－1160 年，回历 548－555 年	两次执政
10	赛义夫丁·穆罕默德·侯赛因	公元 1161－1163 年，回历 556－558 年	
11	吉亚斯丁·穆罕默德·本·萨姆	公元 1163－1203 年，回历 558－559 年	
12	穆伊兹丁·穆罕默德·本·萨姆	公元 1171－1206 年，回历 567－602 年	
13	塔吉丁·伊尔第兹	公元 1206－1215 年，回历 602－612 年	篡位王
14	库特布丁·阿布·哈里斯·艾伯克	公元 1206－1210 年，回历 602－606 年	地方总督
15	马哈茂德·本·穆罕默德	公元 1206－1212 年，回历 602－609 年	
16	卢肯·阿里·马尔丹	公元 1210－1213 年，回历 606－610 年	地方总督
17	巴哈丁·萨姆三世	公元 1212－1213 年，回历 609－610 年	
18	阿拉丁·阿齐兹	公元 1213－1214 年，回历 610－611 年	
19	阿拉丁·阿里	公元 1214－1215 年，回历 611－612 年	

穆伊兹丁·穆罕默德·本·萨姆

2081　1斯塔特金币 4.2克，16.3毫米
拉克希米币型，卡瑙季铸。

2082　1斯塔特金币 4.2克，15.9毫米
拉克希米币型，卡瑙季铸。

2083　1斯塔特金币 4.2克，15.0毫米
拉克希米币型，卡瑙季铸。

2084　1第纳尔金币 13.8克，27.5毫米
哥疾宁铸。

2085　1第纳尔金币 9.4克，30.5毫米
哥疾宁铸。

2086　1第纳尔金币 6.4克，27.4毫米

2087　1第纳尔金币 6.8克，27.1毫米

2088　1第纳尔金币 6.1克，27.7毫米

2089　1迪尔汗银币 6.0克，30.7毫米
哥疾宁铸。

2090　1迪尔汗银币 3.2克，30.8毫米
哥疾宁铸。

2091　1迪尔汗银币 3.8克，27.5毫米
哥疾宁铸。

2092　1迪尔汗银币 4.8克，29.3毫米
哥疾宁铸。

2093　1迪尔汗银币 4.4克，30.2毫米
哥疾宁铸。

2094　1迪尔汗银币 5.2克，30.8毫米
哥疾宁铸。

2095　1迪尔汗银币　4.1克，29.3毫米
哥疾宁铸。

2096　1迪尔汗银币　4.4克，30.6毫米
哥疾宁铸。

2097　1迪尔汗银币　5.4克，31.5毫米
哥疾宁铸。

2098　1吉塔尔镀银币　3.0克，15.4毫米

2099　1吉塔尔铜币　3.2克，15.4毫米

2100　1吉塔尔铜币　3.2克，15.4毫米

2101　1吉塔尔铜币　3.2克，15.9毫米

2102　1吉塔尔铜币　3.5克，15.0毫米

2103　1吉塔尔铜币　3.4克，14.5毫米

2104　1吉塔尔铜币　3.5克，15.1毫米

2105　1吉塔尔铜币　3.4克，15.7毫米

2106　1吉塔尔铜币　3.2克，14.9毫米

2107　1吉塔尔铜币　3.2克，15.1毫米

2108　1吉塔尔铜币　3.2克，14.7毫米

马哈茂德·本·穆罕默德

2109　1第纳尔金币　4.5克，25.1毫米

2110　1第纳尔金币　4.8克，25.7毫米
费鲁兹库赫铸。

2111　1吉塔尔镀银币　3.4克，15.5毫米

2112　1吉塔尔铜币　3.4克，16.1毫米

塔吉丁·伊尔第兹

2113　1吉塔尔铜币　2.7克，15.0毫米

2114　1吉塔尔铜币　3.6克，14.1毫米

2115　1吉塔尔铜币 3.2克，15.1毫米

2116　1吉塔尔铜币 3.0克，14.3毫米

2117　1吉塔尔铜币 3.1克，14.5毫米
白沙瓦铸。

2118　1吉塔尔铜币 3.1克，14.5毫米

2119　1吉塔尔铜币 3.1克，14.9毫米

2120　1吉塔尔铜币 2.9克，14.6毫米

2121　1吉塔尔铜币 3.4克，14.8毫米

阿尔图格王朝

阿尔图格王朝是由突厥土库曼人阿尔图格·伊本·伊克塞卜建立的，他曾是塞尔柱王朝苏丹马立克麾下的将领，公元1098年趁塞尔柱王朝分裂之机宣告独立。

公元1113年阿尔图格去世后，其子嗣继任。王朝有两个分支，一是阿米德和卡伊法地区分支（公元1114-1232年），于1232年被塞尔柱所灭；二是马尔丁和马亚法里津地区分支（公元1122-1408年），于1408年被黑羊王朝所灭。阿尔图格王朝在历史上留下了一座恢宏大气的都城马尔丁。

表044　阿尔图格王朝世系表

序号	王名	在位年代	备注
阿勒颇城			
1	理·伽兹一世	公元1118-1122年，回历511-516年	
2	巴拉克·伽兹	公元1122-1124年，回历516-518年	

续表

序号	王名	在位年代	备注
阿米德和卡伊法城（要塞）			
3	喀喇·阿尔斯兰	公元 1144－1174 年，回历 539－570 年	
4	穆罕默德	公元 1174－1185 年，回历 570－581 年	
5	苏克曼二世	公元 1185－1201 年，回历 581－597 年	
6	马哈茂德	公元 1201－1222 年，回历 597－619 年	
7	马瓦杜德	公元 1122－1232 年，回历 619－629 年	
卡特皮尔特城（要塞）			
8	阿布·伯克尔·伊马德丁	公元 1185－1203 年，回历 581－600 年	
9	易卜拉欣·尼扎姆丁	公元 1203－1223 年，回历 600－620 年	
10	阿合麦德·海达尔·伊兹丁	公元 1223－1234 年，回历 620－631 年	
11	阿尔图格·沙·努尔丁	公元 1234 年，回历 631 年	
马尔丁城			
12	帖木儿塔什	公元 1122－1152 年，回历 516－547 年	
13	阿尔普	公元 1152－1176 年，回历 547－572 年	
14	里·伽兹二世	公元 1176－1184 年，回历 572－580 年	
15	玉鲁克·阿尔斯兰	公元 1184－1201 年，回历 580－597 年	
16	阿尔图格·阿尔斯兰	公元 1201－1239 年，回历 597－63/ 年	
17	伽兹一世	公元 1239－1260 年，回历 637－658 年	

阿米德和卡伊法城·穆罕默德

2122　1迪尔汗铜币 10.4克，24.8毫米

马尔丁城·玉鲁克·阿尔斯兰

2123 1迪尔汗铜币 13.2克，30.4毫米

赞吉王朝

赞吉王朝（公元1127-1262年）是公元12世纪至13世纪由突厥人在叙利亚和伊拉克北部建立的一个伊斯兰教王朝，先后定都于摩苏尔和阿勒颇，由伊马德丁·赞吉建立。公元1127年，伊马德丁·赞吉因立有大功，苏丹封他为摩苏尔艾塔伯克，赐以阿勒颇、哈兰、摩苏尔三大城市作为封地。自此他以摩苏尔为首府，建立了赞吉王朝。

伊马德丁·赞吉在任期间，不断扩充自己的实力。公元1146年伊马德丁·赞吉去世后，其子平分了领地。

公元1262年，赞吉王朝灭亡。

表045　赞吉王朝世系表

序号	统治者	在位年代	备注
1	赛义夫丁·伽兹一世	公元 1146~1149 年，回历 541-544 年	
2	库特卜丁·马瓦杜德	公元 1149~1169 年，回历 544~564 年	
3	赛义夫丁·伽兹二世	公元 1169 ~ 1180 年，回历 564-576 年	
4	伊兹丁·马斯乌德一世	公元 1180~1193 年，回历 576~589 年	

续表

序号	统治者	在位年代	备注
5	努尔丁·阿尔斯兰沙一世	公元 1193~1211 年，回历 589 ~ 607 年	
6	伊兹丁·马斯乌德二世	公元 1211 ~ 1218 年，回历 607 ~ 615 年	
7	阿尔斯兰沙二世	公元 1218 ~ 1219 年，回历 615-616 年	
8	纳斯尔丁·马哈茂德	公元 1219~1233 年，回历 616-631 年	

库特卜丁·马瓦杜德

2124　1迪尔汗铜币 16.2克，30.0毫米

蒙古帝国

蒙古帝国又称蒙古汗国，后世学者对13世纪蒙古人所建政权的称呼。蒙古曾以"大朝"为名发行银币、铜币，币文"大朝通宝"。成吉思汗在位时开始对西夏、西辽、金国、花剌子模等国作战，其继承人又经过两次大规模的西征。

公元1260年由于忽必烈和阿里不哥争位，帝国走向分裂。公元1260—1264年忽必烈最终击败阿里不哥夺得大汗位。公元1271年，忽必烈改国号"大元"。

表046　蒙古帝国世系表

序号	统治者	在位年代	备注
1	太祖铁木真－成吉思汗	公元 1206－1227 年，回历 603－624 年	
2	太宗窝阔台可汗	公元 1227－1241 年，回历 624－639 年	太祖三子
3	定宗贵由可汗	公元 1246－1249 年，回历 644－647 年	太宗长子
4	宪宗蒙哥可汗	公元 1251－1259 年，回历 649－657 年	睿宗长子
5	阿里不哥	公元 1260－1264 年，回历 658－662 年	
6	世祖忽必烈	公元 1260－1294 年，回历 662－696 年	睿宗次子

成吉思汗

2125 大朝通宝，银，2.5克，22.4毫米　　　　2126 1第纳尔金币 4.6克，25.5毫米

2127 1第纳尔金币 4.3克，27.0毫米　　　　2128 1迪尔汗银币 3.1克，17.0毫米
宋功藏。　　　　　　　　　　　　　　　　　哥疾宁铸。

2129 1迪尔汗银币 3.2克，16.5毫米　　　　2130 1吉塔尔铜币 4.2克，17.5毫米
哥疾宁铸。　　　　　　　　　　　　　　　　哥疾宁类型。

2131 1吉塔尔铜币 4.2克，16.0毫米　　　　2132 1吉塔尔铜币 2.8克，22.3毫
哥疾宁类型。　　　　　　　　　　　　　　　哥疾宁类型。

2133 1吉塔尔铜币 2.8克，20.9毫米　　　　2134 1宽坯迪尔汗铜币 6.9克，37.3毫米
哥疾宁类型。　　　　　　　　　　　　　　　撒马尔罕铸。

蒙哥（公元1251-1259年）

2135 1迪尔汗银币 2.7克，22.1毫米
提弗利斯铸。

2136 1迪尔汗银币 2.9克，22.4毫米
提弗利斯铸。

2137 1小面额迪尔汗银币 0.8克，14.2毫米
阿里麻里铸。

2138 1小面额迪尔汗银币 0.6克，14.4毫米
阿里麻里铸。

阿里不哥

2139 1迪尔汗银币 1.5克，18.0毫米
也密里铸。

2140 1迪尔汗银币，1.5克，18.1毫米
也密里铸。

马斯乌德（喀喇昆仑总督）

2141 1宽坯法尔斯铜币 7.5克，30.4毫米
喀什噶尔铸。

2142 1宽坯法尔斯铜币，4.5克，29.3毫米
喀什噶尔铸。

2143　1宽坯法尔斯铜币 3.8克，27.6毫米
喀什噶尔铸。

2144　1宽坯法尔斯铜币 5.6克，30.6毫米
喀什噶尔铸。

2145　1宽坯法尔斯铜币 4.2克，28.1毫米
喀什噶尔铸。

窝阔台汗国

　　窝阔台汗国是窝阔台后王海都所建的蒙古汗国。成吉思汗分封诸子，第三子窝阔台得到也密里（今新疆额敏县附近）与霍博（今新疆和布克赛尔蒙古自治县）地区。窝阔台在位时，也密里地区为长子贵由的封地，次子阔端则封于河西一带。贵由汗死后蒙哥汗即位，大汗位便由窝阔台系转入拖雷系后王手中。窝阔台系后王中，除阔端与蒙哥友好，仍以河西之地为其封地外，其他宗王多被迁谪，窝阔台的封国被分划成几处小的封地。

　　蒙哥驾崩后，阿里布哥与忽必烈争夺大汗位，海都依附于阿里布哥，与忽必烈为敌。阿里布哥失败后，海都拒绝归附忽必烈。公元1268年，海都与察合台汗国的八剌相结纳，取得伊犁河谷与可失哈耳（今新疆喀什）地区，并与窝阔台、察合台、术赤三系诸王，于公元1269年在答剌速河（今塔拉斯河）畔召开"忽里勒台"大会。

　　公元1301年，海都在与元军战斗中受伤，回师途中死去，子察八儿继立。窝阔台后裔为争夺汗位发生矛盾和分裂，汗国力量削弱。公元1304年，都哇起而与察八儿争战。元朝海山的军队也同时逾阿尔泰山，大破察八儿军，察八儿投奔都哇。窝阔台汗国所属诸部，一部分归附元朝，大部分降于都哇。公元1309年，察八儿因参与察合台汗国的一次内争失

败，逃归元朝，元封他为汝宁王。他的领地大半为新即位的察合台汗国也先布花汗所有，
窝阔台汗国亡。

表047 窝阔台汗国世系表

序号	王名	在位年代	备注
1	窝阔台可汗	约公元 1229－1241 年	
2	贵由可汗	约公元 1246－1248 年	
3	海都可汗	约公元 1235－1301 年	
4	察八儿可汗	约公元 1301－1310 年	
5	威里	约公元 1246－1251 年	1 之七子
6	禾忽	约公元 1260－1264 年，回历 659－663 年	2 之三子

海都

2146 1迪尔汗银币 1.9克，21.0毫米
和田铸。

2147 1迪尔汗银币 1.6克，18.9毫米
阿里麻里铸。

2148 1迪尔汗银币 1.9克，22.1毫米
阿里麻里铸。

2149 1迪尔汗银币 1.9克，21.6毫米
布哈拉铸。

2150 1迪尔汗银币 1.9克，21.3毫米
撒马尔罕铸。

2151 1迪尔汗银币 1.7克，23.9毫米
讹答剌铸。

2152　1迪尔汗银币　1.8克，24.0毫米
讹答剌铸。宋志勇藏品。

2153　1迪尔汗银币　1.9克，23.4毫米
讹答剌铸。

2154　1迪尔汗银币　1.6克，19.8毫米
也密里铸。

2155　1迪尔汗银币　1.4克，19.4毫米
也密里铸。

2156　1迪尔汗银币　1.5克，20.0毫米
也密里铸。

2157　1迪尔汗银币　2.3克，18.8毫米
也密里铸。

2158　1迪尔汗银币　2.5克，19.6毫米
也密里铸，宋志勇藏品。

2159　1迪尔汗银币，2.3克，18.0毫米
也密里铸。

2160　1迪尔汗铜币　2.4克，25.4毫米
喀什噶尔铸。

2161　1迪尔汗铜币　1.7克，25.2毫米
喀什噶尔铸。

威里

2162　1迪尔汗银币 2.4克，21.5毫米
库姆巴克铸。

2163　1迪尔汗银币 2.7克，20.1毫米
库姆巴克铸。

2164　1迪尔汗银币 2.0克，19.2毫米
库姆巴克铸。

2165　1吉塔尔铜币 2.5克，18.9毫米

2166　1吉塔尔银币 3.8克，21.0毫米
宋志勇藏品。

2167　1吉塔尔银币 3.2克，19.2毫米
宋志勇藏品。

禾忽

2168　1迪尔汗银币 1.4克，20.4毫米
布拉特铸。

2169　1迪尔汗银币 1.5克，19.4毫米
布拉特铸。

2170　1迪尔汗银币 1.7克，19.0毫米
布拉特铸，宋志勇藏品。

2171　1迪尔汗银币 1.7克，20.0毫米
布拉特铸，宋志勇藏品。

2172　1迪尔汗银币 3.1克，22.6毫米

匿名

2173　1迪尔汗银币 1.5克，19.0毫米
布拉特铸，宋志勇藏品。

察合台汗国

　　察合台汗国一名来源于察合台王子，因他的领地而得名。察合台汗国名义上为元朝西北宗藩国，由成吉思汗次子察合台依其领地扩建而成。察合台汗国最盛时其疆域东至吐鲁番、罗布泊，西及阿姆河，北到塔尔巴哈台山，南越兴都库什山，包括阿尔泰至河中地区（河中地区特指阿姆河与锡尔河之间的大片地区）。斡尔朵（宫帐）设在阿力麻里境内的忽牙思。

　　公元1314年，原本让位于自己哥哥也先不花的怯伯汗复位，把国都从阿力麻里迁至撒马尔罕，在河中地区提倡农业，实行改革，而也先不花汗则坚持游牧传统。公元1321年后，察合台汗国分裂为东、西两部分，东部称为"蒙兀儿斯坦"，西部称为"马维兰纳儿"。

　　也先不花、怯伯死后，西域蒙古各部各自为政。公元1348年，统治天山南麓杜格拉特部的权臣布拉吉找到一个18岁的贵族秃黑鲁帖木儿，宣布他是也先不花的儿子，并在阿克苏拥立为汗。历史上把秃黑鲁帖木儿统治的地区称为东察合台汗国。东察合台汗国也称"别失八里国"和"亦力巴里国"。东察合台汗国从公元1348年建立，历经8代、15位汗主政，到公元1514年被叶尔羌汗国取代。而西察合台汗国在秃黑鲁帖木儿死后不久，便被自己的将军帖木儿夺取了政权。

表048 察合台汗国世系表

序号	王名	在位年代	备注
1	察合台	公元 1227－1241 年，回历 624－639 年	
2	哈喇旭烈	公元 1241－1247 年，回历 639－645 年	
3	也速蒙哥	公元 1247－1252 年，回历 645－650 年	
4	兀鲁忽乃	公元 1252－1261 年，回历 650－659 年	皇后
5	阿鲁忽	公元 1261－1266 年，回历 659－664 年	
6	木儿剌沙	公元 1266 年，回历 664 年	
7	八剌	公元 1266－1271 年，回历 664－670 年	
8	聂古柏	公元 1271 年，回历 670 年	
9	秃里帖木儿	公元 1271－1272 年，回历 670－671 年	
10	都哇	公元 1272－1306 年，回历 671－706 年	
11	宽阇	公元 1298－1299 年，回历 697－698 年	
12	塔里忽	公元 1308－1309 年，回历 708－709 年	
13	也先不花	公元 1309－1320 年，回历 709－718 年	
14	怯别	公元 1318－1326 年，回历 718－726 年	
15	燕只吉台	公元 1326－1327 年，回历 726－727 年	
16	塔尔麻失里	公元 1326－1333 年，回历 726－734 年	
17	笃来铁木尔	公元 1329－1330 年，回历 729－730 年	
18	不赞	公元 1334－1335 年，回历 735－736 年	
19	贞可失	公元 1333－1336 年，回历 734－737 年	
20	也孙帖木儿	公元 1336－1340 年，回历 737－741 年	
21	阿里苏丹	公元 1341 年，回历 741 年	
22	穆罕默德	公元 1340－1341 年，回历 741－742 年	
23	阿里阿拉	公元 1341－1343 年，回历 742－744 年	
24	合赞苏丹	公元 1343－1346 年，回历 744－747 年	
25	答失蛮察	公元 1346－1348 年，回历 744－747 年	
26	拜延忽里	公元 1348－1359 年，回历 749－760 年	
27	帖木儿沙	公元 1359 年，回历 760 年	
28	秃黑鲁帖木儿	公元 1359－1364 年，回历 760－765 年	

续表

序号	王名	在位年代	备注
29	卡布勒汗	公元 1366－1368 年，回历 767－769 年	
30	阿迪力苏丹	公元 1368－1370 年，回历 769－771 年	
31	昔兀儿海迷失	公元 1370－1388 年，回历 771－790 年	
32	马赫穆德苏丹	公元 1388－1396 年，回历 790－800 年	

察合台

2174　1第纳尔金币 3.1克，23.4毫米
阿里麻里铸。

2175　1第纳尔金币 3.2克，22.5毫米
阿里麻里铸。

2176　1第纳尔金币 3.7克，25.5毫米
阿里麻里铸。

2177　1第纳尔金币 4.1克，21.3毫米
阿里麻里铸。

2178　1第纳尔金币 4.3克，19.7毫米
阿里麻里铸。

2179　1迪尔汗银币 2.1克，20.9毫米
阿里麻里铸。

2180　1迪尔汗银币 2.2克，20.8毫米
阿里麻里铸。

2181　1吉塔尔铜币 1.5克，17.3毫米
阿里麻里铸。

2182　1吉塔尔铜币　1.5克，18.2毫米
阿里麻里铸。

2183　1吉塔尔铜币　2.7克，21.6毫米
布哈拉铸，宋志勇藏品。

阿鲁忽

2184　1迪尔汗银币　3.0克，18.6毫米
库车铸。

2185　1迪尔汗银币　3.2克，20.0毫米
库车铸。

2186　1迪尔汗银币　3.1克，19.4毫米
库车铸。

2187　1迪尔汗银币　3.1克，19.0毫米
库车铸，宋志勇藏品。

2188　1迪尔汗银币　2.2克，21.5毫米
库车铸。

2189　1迪尔汗银币　2.2克，21.4毫米
库车铸。

2190　1迪尔汗银币　2.3克，19.2毫米

2191　1迪尔汗银币　2.5克，18.6毫米

八剌

2192　1迪尔汗银币　1.9克，20.5毫米
阿里麻里铸。

2193　1迪尔汗银币　2.0克，18.5毫米
阿里麻里铸。

2194　1宽坯迪尔汗铜币　5.1克，35.2毫米
阿里麻里铸。

都哇

2195　1迪尔汗银币　2.1克，19.6毫米
安集延铸。

2196　1迪尔汗银币　2.0克，20.3毫米
安集延铸，宋志勇藏品。

宽阁

2197　1吉塔尔铜币　3.6克，16.1毫米
哥疾宁铸。

巴达赫尚地区：阿鲁洪沙（约公元1311-1315年在位）

2198　1迪尔汗银币 2.4克，23.3毫米　　　　2199　1迪尔汗银币 2.0克，20.1毫米

巴达赫尚地区：苏丹·巴赫特（约公元1311-1315年在位）

2200　1迪尔汗银币 2.3克，19.8毫米　　　　2201　1迪尔汗银币 2.4克，20.8毫米

怯别

2202　1/6第纳尔银币 1.3克，19.6毫米　　2203　1/6第纳尔银币 1.3克，18.6毫米
回历721年，布哈拉铸。　　　　　　　　回历722年，布哈拉铸。

2204　1/6第纳尔银币 1.4克，20.3毫米　　2205　1/6第纳尔银币 1.3克，19.8毫米
回历723年，布哈拉铸。　　　　　　　　回历724年，布哈拉铸。

2206　1第纳尔银币　8.7克，30.9毫米
回历724年。

2207　1第纳尔银币　8.1克，31.9毫米
布哈拉铸。

2208　1第纳尔银币　8.0克，33.0毫米
撒马尔罕铸，宋志勇藏品。

燕只吉台

2209　1/6第纳尔银币　1.3克，19.0毫米

塔尔麻失里

2210　1第纳尔银币　8.0克，31.3毫米
回历729年。

2211　1迪尔汗银币　3.9克，26.3毫米
回历72-? 年。

2212　1第纳尔银币　8.1克，32.3毫米　　　　　2213　1第纳尔银币　8.0克，32.1毫米
　　　　　　　　　　　　　　　　　　　　　　　　　　　回历728年。

2214　1第纳尔银币　8.1克，31.5毫米　　　　　2215　1第纳尔银币　8.0克，31.6毫米
回历731年。

2216　1第纳尔银币　8.0克，28.7毫米　　　　　2217　1/6第纳尔银币　1.4克，20.0毫米
回历726年，宋志勇藏品。　　　　　　　　　　　回历733年。

笃来铁木尔

2218　1第纳尔银币　7.9克，29.8毫米　　　　　2219　1第纳尔银币　7.9克，29.9毫米
回历731年。　　　　　　　　　　　　　　　　　回历732年。

2220　1第纳尔银币　8.0克，29.6毫米
回历733年。

贞可失

2221　1/6第纳尔银币　1.2克，18.9毫米
讹答拉铸。

2222　1第纳尔银币　8.0克，27.1毫米
回历737年，阿里麻里铸。

也孙帖木儿

2223　1第纳尔银币　7.9克，32.4毫米
回历740年，阿里麻里铸。

2224　1第纳尔银币　7.9克，30.5毫米
回历740年。

2225　1/6第纳尔银币　1.3克，17.7毫米

阿里阿拉

2226　1/6第纳尔银币　1.5克，19.2毫米
回历744年，阿里麻里铸。

2227　1第纳尔银币　8.0克，33.4毫米
回历744年，阿里麻里铸。

2228　1第纳尔银币　7.7克，30.6毫米
回历744年，布哈拉铸。

2229　1第纳尔银币　7.8克，30.0毫米

合赞苏丹

2230　1第纳尔银币　7.9克，26.9毫米

2231　1第纳尔银币　7.8克，30.2毫米

2232　1第纳尔银币　7.7克，29.5毫米

2233　1第纳尔银币　8.0克，30.9毫米

2234　1第纳尔银币　7.9克，30.8毫米　　　　2235　1第纳尔银币　7.8克，28.2毫米

拜延忽里

2236　1第纳尔银币　6.8克，31.2毫米

秃黑鲁帖木儿

2237　1第纳尔银币　7.2克，32.3毫米　　　　2238　1第纳尔银币　7.8克，30.9毫米

2239　第纳尔银币　7.5克，31.3毫米　　　　2240　1第纳尔银币　7.4克，30.1毫米

2241　1/6第纳尔银币　1.3克，17.2毫米　　　　2242　1/6第纳尔银币　1.3克，17.0毫米

卡布勒汗

2243　1/6第纳尔银币　1.3克，16.6毫米　　　　2244　1/6第纳尔银币　1.3克，18.3毫米
回历768年。　　　　　　　　　　　　　　　　回历769年。

2245　1/6第纳尔银币　1.3克，17.8毫米

阿迪力苏丹

2246　1/6第纳尔银币　1.3克，16.7毫米

秃黑鲁帖木儿加印徽记戳（时间不详）

2247　1第纳尔银币　6.8克，31.9毫米

加印徽记戳（时间不详）

2248　1第纳尔银币　7.2克，31.6毫米　　2249　1第纳尔银币　7.7克，30.8毫米

钦察汗国

钦察汗国又称金帐汗国，是蒙古帝国的四大汗国之一。成吉思汗死后，四个儿子划分了各自的封地。长子术赤的封地在咸海、顿河、伏尔加河一带。公元1243年，术赤的次子拔都建立了钦察汗国，建都萨莱，以钦察草原为主要居住地，汗国的人口主要是钦察人、保加尔人、花剌子模人以及其他一些突厥系族群，尤其以钦察人与土库曼人居多。

14世纪末，中亚的帖木儿帝国兴起，公元1396年帖木儿击溃钦察汗国的军队，占领其都城萨莱。到15世纪中后期，钦察汗国正式分裂为几个小的汗国。

表049　钦察汗国世系表

序号	王名	在位年代	备注
1	拔都	公元 1227－1256 年，回历 624－654 年	
2	撒里答	公元 1256 年，回历 654 年	
3	乌拉黑赤	公元 1256－1257 年，回历 654－655 年	
4	别儿哥	公元 1257－1267 年，回历 655－665 年	
5	忙哥帖木儿	公元 1267－1280 年，回历 665－679 年	

续表

序号	王名	在位年代	备注
6	脱脱蒙哥	公元 1280－1287 年，回历 679－686 年	
7	兀剌不花	公元 1287－1291 年，回历 686－690 年	
8	脱脱	公元 1291－1212 年，回历 690－712 年	
9	月既别	公元 1312－1341 年，回历 712－742 年	
10	迪尼别	公元 1341 年，回历 742 年	
11	扎尼别	公元 1341－1357 年，回历 742－758 年	
12	别儿迪别	公元 1357－1359 年，回历 758－761 年	
13	忽里纳	公元 1359－1360 年，回历 760－761 年	
14	纳兀鲁斯	公元 1359－1360 年，回历 760－761 年	
15	卡迪尔	公元 1360－1361 年，回历 761－762 年	
16	帖木儿·火者	公元 1361 年，回历 762 年	
17	兀都·灭里沙	公元 1361 年，回历 762 年	
18	凯里迪别	公元 1361－1362 年，回历 762－763 年	
19	穆拉德汗	公元 1361－1363 年，回历 762－764 年	
20	艾米尔·普拉德	公元 1364－1365 年，回历 765－766 年	篡位王
21	阿齐兹汗	公元 1364－1366 年，回历 765－768 年	
22	阿卜杜勒汗	公元 1361－1370 年，回历 762－772 年	
23	哈桑汗	公元 1368－1369 年，回历 770－771 年	
24	札尼别	公元 1365－1366 年，回历 766－768 年	
25	穆哈马德·布拉克	公元 1369－1380 年，回历 771－782 年	
26	兀鲁斯汗	公元 1368－1378 年，回历 770－779 年	
27	怯尔克斯别	公元 1374－1375 年，回历 776－777 年	
28	贾伊迪丁·汗·阿博克	公元 1375－1377 年，回历 777－779 年	
29	脱黑脱乞牙	公元 1377 年，回历 779 年	
30	帖木儿·威里	公元 1364－1366 年，回历 765－768 年	
31	阿拉伯·沙·穆扎法尔	公元 1378－1380 年，回历 780－782 年	
32	脱脱迷失	公元 1376－1395 年，回历 778－797 年	
33	帖木儿·库特鲁格	公元 1395－1410 年，回历 797－803 年	

续表

序号	王名	在位年代	备注
34	沙迪别汗	公元 1410－1407 年，回历 803－810 年	
35	不剌德汗	公元 1407－1411 年，回历 810－813 年	
36	帖木儿汗	公元 1411－1412 年，回历 813－814 年	
37	札兰丁汗	公元 1411－1412 年，回历 813－815 年	
38	卡里姆·别尔迪	公元 1412－1413 年，回历 814－815 年	
39	怯别汗	公元 1414－1417 年，回历 817－820 年	
40	库卡剌汗	公元 1414－1416 年，回历 816－818 年	
41	贾巴尔·别尔迪汗	公元 1424－1437 年，回历 827－840 年	
42	德拉特·别尔迪汗	公元 1424－1437 年，回历 827－840 年	
43	八剌汗	公元 1422－1427 年，回历 825－831 年	
44	兀鲁黑·马哈麻	公元 1418－1425 年，回历 821－828 年 公元 1428－1447 年，回历 832－849 年	两次执政
45	赛义德·阿黑麻	公元 1417 年，回历 8191 年	
46	库楚克·马哈麻	公元 1435－1466 年，回历 840－871 年	
47	马哈麻	公元 1430 年，回历 830 年	
48	阿黑麻汗	公元 1466－1481 年，回历 871－886 年	
49	赛义德·阿黑麻二世	公元 1433－1460 年，回历 837－864 年	
50	谢赫·阿黑麻	公元 1481 年，回历 886 年	
51	穆尔塔扎汗	公元 1481－1499 年，回历 886－904 年	

兀剌不花

2250　1迪尔汗银币　2.3克，17.5毫米
回历687年。

脱脱

2251　1迪尔汗银币　1.8克，18.0毫米
回历707年，宋志勇藏品。

月既别

2252　1迪尔汗银币　1.9克，17.0毫米
回历717年。

2253　1迪尔汗银币　2.0克，18.7毫米
回历720年。

别儿迪别

2254　1迪尔汗银币　1.9克，17.4毫米
回历760年。

脱脱迷失

2255　1迪尔汗银币　1.5克，16.3毫米
回历787年。

2256　1迪尔汗银币　1.3克，15.4毫米
回历788年。

扎尼别（公元1341-1357年）

2257　1迪尔汗银币 1.5克，15.2毫米
回历752年。

帝王不详，时间不详

2258　1迪尔汗银币 0.6克，15.0毫米
宋志勇藏品。

2259　1迪尔汗银币 0.6克，14.0毫米
宋志勇藏品。

伊尔汗国

　　伊尔汗国（公元1256-1335年）又译作伊利汗国，是蒙古帝国的四大汗国之一，由成吉思汗四子拖雷之子旭烈兀所建。忽必烈即位大汗后，封旭烈兀为"统治阿姆河直至叙利亚和密昔儿间疆土之王"，至此旭烈兀和继任者们自称伊尔汗，伊尔汗国正式成立，建都大不里士。

　　公元1265年旭烈兀去世，阿巴哈即位，后忽必烈派使者持诏立他为汗。公元1295年，第七代汗王合赞汗即位，他在位期间大力进行社会改革，发展经济，奖励学术和艺术，统一度量衡和货币，限制蒙古贵族特权，由此伊尔汗国达到鼎盛时期。

　　公元1335年，第九代汗王不赛因死后无嗣，统治集团内讧迭起，纷争不断，权臣、将军们各自拥立可汗，伊尔汗国走向瓦解，分裂成几个地方王朝。公元1355年，钦察汗国扎尼别汗攻破大不里士，伊尔汗国灭亡。

表050　伊尔汗国世系表

序号	王名	在位年代	备注
1	旭烈兀	公元 1256－1265 年，回历 654－663 年	
2	阿巴哈	公元 1265－1282 年，回历 663－680 年	
3	帖古迭儿	公元 1282－1284 年，回历 681－683 年	
4	阿鲁洪	公元 1284－1291 年，回历 683－690 年	
5	海罕都	公元 1291－1295 年，回历 690－694 年	
6	拜都	公元 1295 年，回历 694 年	
7	合赞	公元 1295－1304 年，回历 694－703 年	
8	完者都	公元 1304－1316 年，回历 703－716 年	
9	不赛因	公元 1316－1335 年，回历 716－736 年	
10	阿儿巴	公元 1335－1336 年，回历 736 年	
11	木撒汗	公元 1336－1337 年，回历 736－737 年	
12	穆哈默德汗	公元 1336－1338 年，回历 736－738 年	
13	撒迪别	公元 1338－1339 年，回历 739 年	王后
14	只罕帖木儿	公元 1339－1340 年，回历 740－741 年	
15	苏莱曼汗	公元 1339－1343 年，回历 739－746 年	
16	脱合帖木儿汗	公元 1336－1353 年，回历 737－754 年	
17	努失儿完	公元 1344－1356 年，回历 745－757 年	
18	合赞二世	公元 1356－1357 年，回历 757－758 年	

旭烈兀

2260　1迪尔汗银币 2.9克，23.4毫米　　2261　1迪尔汗银币 2.8克，24.3毫米

2262　1迪尔汗银币 2.7克，27.3毫米　　2263　1迪尔汗银币 2.7克，23.9毫米

2264　1迪尔汗银币　2.7克，25.6毫米

2265　1迪尔汗银币　2.7克，23.1毫米

2266　1迪尔汗银币　2.9克，23.1毫米

2267　1迪尔汗银币　2.9克，24.5毫米

2268　1迪尔汗银币　2.8克，24.6毫米

2269　1迪尔汗银币　2.6克，23.3毫米

2270　1迪尔汗银币　2.7克，26.2毫米

2271　1迪尔汗银币　2.5克，25.9毫米

2272　1迪尔汗银币　2.8克，25.8毫米

2273　1迪尔汗银币　2.8克，26.4毫米

2274　1迪尔汗银币 2.9克，25.7毫米

阿巴哈

2275　1第纳尔金币 4.3克，24.2毫米，
背面回鹘文。

2276　1第纳尔金币 8.8克，24.2毫米

2277　1第纳尔金币 7.3克，25.2毫米

2278　1迪尔汗银币，2.8克，20.8毫米

2279　1迪尔汗银币 2.7克，18.3毫米

2280　1迪尔汗银币 2.8克，21.5毫米

2281　1迪尔汗银币 2.8克，21.7毫米

2282　1迪尔汗银币 2.7克，22.8毫米

2283　1迪尔汗银币 2.8克，23.6毫米　　　　2284　1迪尔汗银币 2.6克，23.6毫米

2285　1迪尔汗银币 2.3克，22.7毫米　　　　2286　1迪尔汗银币 2.4克，22.7毫米，
　　　　　　　　　　　　　　　　　　　　　　　　　　　背面回鹘文。

阿鲁洪

2287　1第纳尔金 4.4克，23.3毫米　　　　　2288　1第纳尔金币 3.9克，24.0毫米
　　　　背面回鹘文。　　　　　　　　　　　　　　　　背面回鹘文。

2289　1第纳尔金币 4.2克，22.0毫米　　　　2290　1第纳尔金币，3.8克，21.7毫米
　　　　背面回鹘文。　　　　　　　　　　　　　　　　背面回鹘文。

2291　1第纳尔金币 4.0克，20.7毫米　　　　2292　1第纳尔金币 3.8克，23.2毫米
　　　　背面回鹘文。　　　　　　　　　　　　　　　　背面回鹘文。

2293　1迪尔汗银币　2.5克，21.5毫米
背面回鹘文。

2294　1迪尔汗银币　2.5克，21.7毫米
背面回鹘文。

2295　1迪尔汗银币　2.3克，20.7毫米
背面回鹘文。

2296　1迪尔汗银币　2.5克，22.5毫米
背面回鹘文。

2297　1迪尔汗银币　2.5克，21.0毫米
背面回鹘文。

海罕都

2298　1第纳尔金币　2.9克，20.9毫米
背面回鹘文。

2299　1第纳尔金币　4.0克，24.3毫米
背面回鹘文。

2300　1第纳尔金币　4.2克，22.6毫米
背面回鹘文。

2301　1第纳尔金币　5.5克，25.1毫米
背面回鹘文。

拜都

2302　1第纳尔金币　4.3克，22.9毫米　　　　2303　1第纳尔金　4.5克，22.3毫米

合赞

2304　1第纳尔金币　4.4克，23.9毫米
背面回鹘文。

2305　1第纳尔金币　4.3克，21.7毫米
背面回鹘文，阿拉伯文。

2306　1第纳尔金币　4.3克，20.2毫米
背面回鹘文，八思巴文，阿拉伯文。

2307　1第纳尔，金，9.1克，27.3毫米
背面回鹘文，八思巴文，阿拉伯文。

2308　1迪尔汗银币　2.0克，20.7毫米
背面回鹘文，八思巴文，阿拉伯文。

2309　1迪尔汗银币　2.1克，21.7毫米
背面回鹘文，八思巴文，阿拉伯文。

2310　1迪尔汗银币　2.3克，22.5毫米
背面回鹘文，八思巴文，阿拉伯文。

2311　2迪尔汗银币　4.3克，25.3毫米
背面回鹘文，八思巴文，阿拉伯文。

2312　2迪尔汗银币 3.9克，24.5毫米
背面回鹘文，八思巴文，阿拉伯文。

2313　2迪尔汗银币 4.3克，24.8毫米
背面回鹘文，八思巴文，阿拉伯文。

2314　2迪尔汗银币 4.3克，24.6毫米
背面回鹘文，八思巴文，阿拉伯文。

完者都

2315　2迪尔汗银币 3.9克，23.6毫米

2316　2迪尔汗银币 4.3克，24.5毫米

2317　2迪尔汗银币 4.2克，24.0毫米

2318　1迪尔汗银币 2.2克，22.0毫米
瓦斯特铸。

2319　2迪尔汗银币 4.3克，23.4毫米
瓦斯特铸。

2320　2迪尔汗银币 4.3克，25.2毫米
瓦斯特铸。

2321　2迪尔汗银币　4.3克，24.1毫米
瓦斯特铸。

2322　2迪尔汗银币　3.9克，25.3毫米
设拉子铸。

2323　2迪尔汗银币　3.9克，23.7毫米
设拉子铸。

2324　2迪尔汗银币　3.9克，25.0毫米
设拉子铸。

2325　2迪尔汗银币　3.9克，21.9毫米
设拉子铸。

2326　6迪尔汗银币　11.7克，30.7毫米
设拉子铸。

2327　6迪尔汗银币　11.8克，27.7毫米
设拉子铸。

2328　6迪尔汗银币　11.5克，28.7毫米
设拉子铸。

不赛因

2329　2第纳尔金币 5.8克，21.3毫米　　　　2330　6迪尔汗银币 8.5克，25.8毫米

2331　6迪尔汗银币 8.5克，24.6毫米　　　　2332　2第纳尔金币 8.4克，22.6毫米
　　　　　　　　　　　　　　　　　　　　　　　大不里士铸。

2333　2迪尔汗银币 3.6克，21.1毫米　　　　2334　2迪尔汗银币 3.5克，22.5毫米
大不里士铸。

2335　2第纳尔金币 9.3克，23.0毫米　　　　2336　2迪尔汗银币 3.2克，20.2毫米
巴格达铸。　　　　　　　　　　　　　　　　　大不里士铸。

2337　2迪尔汗银币 3.1克，21.1毫米　　　　2338　2迪尔汗，银，3.2克，20.1毫米
希拉铸。　　　　　　　　　　　　　　　　　　喀山铸。

2339　2迪尔汗银币 3.1克，21.0毫米

2340　6迪尔汗银币，9.5克，27.2毫米

2341　6迪尔汗银币 9.5克，27.6毫米

2342　6迪尔汗银币 9.6克，25.6毫米

2343　6迪尔汗银币 9.4克，25.9毫米

2344　2第纳尔金币 9.0克，28.3毫米

2345　2迪尔汗银币 4.0克，25.9毫米
哈马丹铸。

2346　2迪尔汗银币 4.0克，23.1毫米
大不里士铸。

2347　2迪尔汗银币 3.5克，22.9毫米
大不里士铸。

2348　2迪尔汗银币 3.3克，22.8毫米

2349　6迪尔汗银币　10.6克，26.3毫米

2350　6迪尔汗银币　10.7克，29.4毫米

2351　6迪尔汗银币　10.7克，27.2毫米

2352　6迪尔汗银币　10.5克，31.5毫米

2353　2迪尔汗银币　3.5克，21.7毫米
希斯坦铸。

2354　2迪尔汗银币　3.6克，21.5毫米
伊斯法罕铸。

2355　2迪尔汗银币　3.5克，19.9毫米
设拉子铸。

脱合帖木儿

2356　2迪尔汗银币　2.1克，17.0毫米

2357　6迪尔汗银币　5.2克，26.5毫米

2358　6迪尔汗银币 5.3克，24.8毫米

2359　6迪尔汗银币 5.4克，22.3毫米

2360　6迪尔汗银币 7.3克，23.9毫米

叶尔羌汗国

　　叶尔羌汗国的创建者赛依德汗是东察合台汗国阿黑麻汗的三子。赛依德出生在吐鲁番，年少时就随叔父征战中亚，被昔班尼汗俘获，一年后逃出，先投奔伯父马赫穆德汗，后又到喀布尔投奔表兄巴布尔。其间阿黑麻汗去世，其长子满速尔在吐鲁番即位，成为东察合台汗国可汗。

　　公元1514年，赛依德和巴布尔在撒马尔罕战败后，带部众翻越天山到达喀什噶尔地区，先后攻下英吉沙、喀什噶尔、叶尔羌，阿巴拜克逃往和田，赛依德不久又攻占和田、阿克苏。赛依德在杜格拉特部诸艾米尔的拥立下登上汗位，定都叶尔羌，史书称为叶尔羌汗国、赛依德王朝等。叶尔羌汗国建立不久，就与东察合台汗满速尔和解，这时原察合台汗国境内有两个并立的政权。

　　赛依德汗在位期间实行休养生息的政策，豁免农名赋税，推动农业种植，鼓励商业贸易，恢复开通商路，使得叶尔羌汗国呈现繁荣和平的景象。公元1533年，赛依德汗在出征克什米尔时病死于拉达克。汗位由赛依德汗的长子拉失德汗继承。拉失德汗统治时期，经济、农业开始恢复和发展，文化艺术得到振兴，拉失德汗妃子阿曼尼沙汗整理出了传统音乐"十二木卡姆"。

表051　叶尔羌汗国世系表

序号	王名	在位年代	备注
1	赛义德汗	公元 1514-1533 年，回历 920-940 年	
2	拉失德汗	公元 1533-1560 年，回历 940-968 年	
3	阿不都拉·克里木汗	公元 1560-1591 年，回历 968-1000 年	
4	穆罕默德苏丹	公元 1592-1610 年，回历 1001-1019 年	
5	阿合麦德	公元 1610-1619 年，回历 1019-1029 年	
6	沙拉夫丁苏丹	公元 1615 年，回历 1024 年	
7	忽来失苏丹	公元 1619 年，回历 1029 年	
8	阿不都拉·拉提夫汗	公元 1610-1627 年，回历 1019-1037 年	
9	苏丹阿合麦德	公元 1627-1632 年，回历 1037-1042 年 公元 1634-1638 年，回历 1044-1048 年	两次执政
10	苏丹马合木	公元 1632-1635 年，回历 1042-1045 年	
11	阿不都拉哈汗	公元 1638-1669 年，回历 1048-1080 年	
12	努尔丁	公元 1669 年，回历 1080 年	
13	阿卜杜勒·拉失德汗二世	公元 1678-1681 年，回历 1089-1092 年	吐鲁番
14	穆罕默德·额敏	公元 1682-1694 年，回历 1093-1106 年	吐鲁番
15	尧勒瓦斯	公元 1667-1669 年，回历 1078-1080 年	
16	阿不都拉·拉提夫	公元 1669-1670 年，回历 1080-1081 年	
17	伊斯玛业勒	公元 1666-1670 年，回历 1077-1081 年 公元 1670-1680 年，回历 1081-1091 年	两次执政

帝王不详（约公元1514-1610年）

2361　1普尔铜币 5.8克，17.0毫米
叶尔羌铸。

2362　1普尔铜币 5.9克，17.1毫米
叶尔羌铸。

2363　1普尔铜币 5.3克，18.9毫米
叶尔羌铸。

2364　1普尔铜币 5.7克，17.4毫米
叶尔羌铸。

2365　1普尔铜币 6.1克，19.0毫米
叶尔羌铸。

2366　1普尔铜币 4.7克，18.2毫米
叶尔羌铸。

2367　1普尔铜币 5.2克，18.8毫米
叶尔羌铸。

2368　1普尔铜币 均重5.5克
叶尔羌铸。

准噶尔汗国

准噶尔部（卫拉特蒙古的一支）的首领噶尔丹于公元1676年打败卫拉特盟主鄂齐尔图汗之后，把松散的联盟体制逐步改变为集权的政权体制，把准噶尔首领的台吉地位上升为汗王地位，后于公元1678年正式建立汗国。

公元1635年卫拉特盟主固始汗遣使归顺后金，此后在公元1646年卫拉特各部首领联名归顺清朝。公元1670年，噶尔丹夺得了准噶尔部的台吉位。公元1676年噶尔丹打败卫拉特盟主鄂齐尔图汗，不断加强统治权力，在公元1678年，噶尔丹出兵占领叶尔羌汗国。公元1688年，噶尔丹突然率兵越过杭爱山，大举进攻土谢图汗，迫使喀尔喀蒙古诸部南迁。公元1690年6月，噶尔丹又向漠北喀尔喀蒙古进攻，玄烨（清康熙帝）组织左右两路大军亲征，噶尔丹溃逃。

噶尔丹败亡后，他的侄子策妄阿拉布坦继任准噶尔部台吉，准噶尔部又逐渐强大起来，与清朝再次发生冲突。公元1760年，准噶尔汗国灭亡。

策妄·阿拉布坦（公元1698-1727年在位）

2369　1普尔铜币 8.3克，19.3毫米
叶尔羌铸。

2370　1普尔铜币 8.1克，17.9毫米
叶尔羌铸。

2371　1普尔铜币 7.5克，18.4毫米
叶尔羌铸。

2372　1普尔铜币 7.1克，17.9毫米
叶尔羌铸。

噶尔丹·策零（公元1727-1745年在位）

2373　1普尔铜币 8.7克，16.7毫米
叶尔羌铸。

2374　1普尔铜币 8.3克，18.6毫米
叶尔羌铸。

2375　1普尔铜币 8.2克，17.3毫米
叶尔羌铸。

2376　1普尔铜币 8.1克，15.9毫米
叶尔羌铸。

穆扎法尔王朝

  穆扎法尔王朝是14世纪在波斯南部建立的封建王朝（约公元1314—1393年）。奠基者为阿拉伯人后裔谢里夫丁·穆扎法尔。他为穆扎法尔家族人，原为伊尔汗国的臣属，曾被完者都汗任命为耶兹德总督。

  公元1316年伊尔汗国不赛因汗任命穆扎法尔之子穆巴拉勒丁·穆罕默德为法尔斯和耶兹德总督，他趁宫廷内乱实行割据。公元1335年不赛因汗死后，他拥兵自立，自称"沙"（即国王）。他娶法尔斯统治者吉尔曼沙·贾汗之女为妻，后继承了吉尔曼沙的职权，遂吞并了法尔斯。公元1343年征服伊斯法罕，并攻打北部的大不里士。公元1353年夺取设拉子，并以此为都。至此王朝领有法尔斯、克尔曼、耶兹德、库尔德斯坦等地。公元1358年，他被其子古特布丁·马哈茂德与沙·叔佳废黜。沙·叔佳以设拉子为中心，领有法尔斯、克尔曼等地，马哈茂德领有耶兹德和库尔德斯坦等地。

  沙·叔佳以王位的继任者自诩，称"沙"。他在设拉子建立宫殿、皇家清真寺和宗教大学，奖掖学术文化。著名诗人哈菲兹被任命为设拉子经学院院长，并在其庇护下用波斯语创作了大量著名宗教诗篇。王朝信奉伊斯兰教逊尼派教义，但允许什叶派和苏菲派学者从事宗教学术活动。设拉子学者云集，为苏菲派的中心之一。公元1384年，沙·叔佳临终前将自己的领土又分给三个儿子，从此王朝分崩离析。

沙·叔佳

2377　2第纳尔银币　4.4克，25.0毫米
设拉子铸。

2378　2第纳尔银币　4.3克，24.9毫米
设拉子铸。

2379　1第纳尔银币　2.2克，21.0毫米
设拉子铸。

米赫拉班王朝

　　米赫拉班王朝是一个统治锡斯坦地区的王朝，都城在锡斯坦城。公元1236年建立，至16世纪中叶灭于萨法维王朝。

　　米赫拉班王朝在统治锡斯坦时采用马立克称号，马立克可以继承皇位或受贵族及军事领袖的委任。米赫拉班王朝通常作为强大邻邦的藩王。公元1256年旭烈兀建立伊尔汗国后，米赫拉班王朝的马立克立刻承认伊尔汗国为其宗主国，锡斯坦地区也因此获得了相当的自治权。公元14世纪中期伊尔汗国灭亡后，米赫拉班王朝独立了半个世纪，公元1383年帖木儿进入锡斯坦地区，由此米赫拉班王朝又成为帖木儿帝国的藩属国，后又相继承认昔班尼王朝、萨法维王朝为其宗主国。

　　米赫拉班王朝发行的钱币种类较多，金、银、铜、铅都有。金币天罡采用德里苏丹金币天罡的标准，重11克。银币第纳尔重约7.4克，银币天罡重约5.5克。铜币法尔斯有浇铸和打压两种，重量不一，另外还打制有铜或铅的吉塔尔。

伊兹丁（公元1352-1382年在位）

2380　1天罡金币　11.0克，21.3毫米

帖木儿帝国

帖木儿帝国（公元1370−1508年），是中亚河中地区的乌兹别克贵族帖木儿于公元1370年开创的帝国。首都为撒马尔罕，后迁都赫拉特（又译哈烈、黑拉特），最终在公元1507年昔班尼击败了帖木儿的后代，建立了昔班尼王朝。

在帖木儿帝国建立的过程中，当时周围所有强大的帝国无一能够迎其锋芒，经三十多年的征服战争，它成为一个庞大的帝国。帖木儿帝国末代大汗，帖木儿五世孙巴布尔兵败逃至印度，并在那里开创了莫卧尔王朝。

表052　帖木儿帝国世系表

序号	王名	在位年代	备注
1	帖木儿	公元1370−1405年，回历771−807年	跛子
2	哈里勒·苏丹	公元1405−1409年，回历807−811年	
3	皮尔·穆哈马德	公元1405−1406年，回历807−808年	巴尔赫
4	沙·鲁克	公元1405−1447年，回历807−850年	
5	乌尔噶·巴格·沙	公元1447−1449年，回历851−853年	撒马尔罕
6	阿卜杜勒·拉提夫·米尔扎	公元1449−1450年，回历853−854年	撒马尔罕

续表

序号	王名	在位年代	备注
7	阿不都拉	公元1450－1451年，回历854－855年	撒马尔罕
8	阿布·赛义德·古尔坎	公元1451－1469年，回历855－873年	大汗
9	阿布·卡斯木·巴卑尔	公元1449－1457年，回历853－861年	
10	沙·马哈茂德	公元1447－1451年，回历851－855年	
11	苏丹·易卜拉欣	公元1457－1459年，回历861－863年	
12	苏丹·穆罕默德	公元1460－1495年，回历864－900年	
13	苏丹·侯赛因	公元1470－1506年，回历874－912年	阿斯塔拉班
14	亚达戈尔·穆罕默德	公元1470年，回历874年	
15	穆扎法尔·侯赛因	公元1506－1507年，回历912－913年	
16	巴迪·扎曼	公元1506－1508年，回历912－914年	

帖木儿

2381　1迪尔汗银币　1.4克，16.9毫米
回历783年。

2382　1迪尔汗银币　1.6克，16.5毫米
回历783年。

2383　1迪尔汗银币　1.6克，16.6毫米
回历785年。

2384　1迪尔汗银币　1.5克，16.3毫米
回历785年。

2385　1迪尔汗银币　1.5克，16.2毫米
回历788年。

2386　1迪尔汗银币　1.5克，17.6毫米
回历791年，撒马尔罕铸。

2387　1迪尔汗银币　1.5克，16.7毫米
回历791年，撒马尔罕铸。

2388　1迪尔汗银币　1.5克，18.2毫米
回历792年，撒马尔罕铸。

2389　1迪尔汗银币　1.5克，16.7毫米
回历793年，撒马尔罕铸。

2390　1迪尔汗银币　1.5克，16.1毫米
回历794年，撒马尔罕铸。

2391　1迪尔汗银币　1.5克，17.0毫米
回历795年，撒马尔罕铸。

2392　1迪尔汗银币，1.5克，17.8毫米
回历795年。

2393　1迪尔汗银币　1.6克，16.4毫米
回历796年，撒马尔罕铸。

2394　1迪尔汗银币　1.6克，16.6毫米
回历797年，撒马尔罕铸。

2395　1迪尔汗银币　1.6克，16.2毫米
回历798年，撒马尔罕铸。

2396　1迪尔汗银币，1.6克，16.0毫米
回历799年，撒马尔罕铸。

2397　1迪尔汗银币 1.5克，15.4毫米
回历801年，撒马尔罕铸。

2398　1迪尔汗银币 1.5克，16.6毫米
回历807年，撒马尔罕铸。

2399　1迪尔汗银币 1.5克，14.8毫米
回历807年，撒马尔罕铸。

2400　1迪尔汗银币 1.6克，16.3毫米
撒马尔罕铸。

2401　1迪尔汗银币 1.5克，17.2毫米

2402　1迪尔汗银币 1.5克，15.4毫米
阿斯塔拉班铸。

2403　1天罡银币 6.2克，24.7毫米
赫拉特铸。

2404　1天罡银币 6.2克，26.3毫米
赫拉特铸。

2405　1天罡银币 6.0克，25.0毫米

2406　1天罡银币，6.2克，27.2毫米
回历797年，耶兹德铸。

2407　1天罡银币 6.1克，25.5毫米

2408　1天罡银币 6.0克，24.9毫米

2409　1天罡银币 4.8克，23.7毫米

2410　1天罡银币 6.1克，27.3毫米

2411　1天罡银币 6.2克，21.6毫米
撒马尔罕铸。

2412　1天罡银币 6.2克，27.3毫米

2413　1天罡银币 6.1克，26.5毫米

2414　1天罡银币 6.0克，26.0毫米
耶兹德铸。

2415　1天罡银币 6.0克，25.6毫米
耶兹德铸。

2416　1天罡银币 6.2克，26.5毫米
回历807年。

2417　1天罡银币 6.1克，25.6毫米

2418　1天罡银币，6.6克，28.4毫米，
大不里士铸。

2419　1天罡银币 6.1克，27.5毫米

2420　1天罡银币 6.6克，25.4毫米

2421　1天罡银币 5.8克，25.6毫米

2422　1天罡银币 6.6克，23.8毫米

2423　1天罡银币 6.1克，29.1毫米

2424　1天罡银币 6.2克，25.1毫米

2425　1天罡银币 6.0克，26.7毫米

2426　1天罡银币 6.2克，23.6毫米

2427　1天罡银币 6.2克，24.9毫米　　　　　2428　1天罡银币 6.2克，26.4毫米

2429　1天罡银币 6.1克，27.2毫米　　　　　2430　1天罡银币，6.1克，24.6毫米

2431　1天罡银币 6.1克，24.1毫米
马尔丁铸。

沙·鲁克

2432　1天罡银币 5.3克，22.6毫米　　　　　2433　1天罡，银，5.4克，22.7毫米
回历822年，色布则瓦铸。　　　　　　　　　回历826年，耶兹德铸。

2434　1天罡银币 5.0克，23.0毫米　　　　　2435 1天罡银币 5.0克，24.0毫米
回历827年，赫拉特铸。　　　　　　　　　　回历828年，撒马尔罕铸。

2436　1天罡银币 5.0克，24.0毫米
回历828年，色布则瓦铸。

2437　1天罡银币 5.0克，24.0毫米
回历829年，撒马尔罕铸。

2438　1天罡银币 5.0克，24.0毫米
回历829年。

2439　1天罡银币 5.0克，21.7毫米
回历830年，撒马尔罕铸。

2440　1天罡银币 5.0克，23.3毫米
回历830年，伊斯法罕铸。

2441　1天罡，银，5.1克，24.4毫米
回历831年，阿斯塔拉班铸。

2442　1天罡银币 5.1克，21.7毫米
回历834年，阿斯塔拉班铸。

2443　1天罡银币 4.8克，22.9毫米
回历835年，阿斯塔拉班铸。

2444　1天罡银币 5.0克，21.3毫米
回历837年，耶兹德铸。

2445　1天罡银币 5.2克，20.6毫米
回历843年，苏丹尼亚铸。

2446 1天罡银币 5.1克，18.7毫米
回历849年，大不里士铸。

2447 1天罡银币 5.1克，20.8毫米
回历849年。

2448 1天罡银币 5.0克，23.4毫米
阿斯塔拉班铸。

2449 1天罡银币 5.5克，22.1毫米
耶兹德铸。

2450 1天罡银币 5.1克，21.6毫米

2451 1天罡银币 5.0克，20.9毫米

2452 1天罡银币 5.2克，25.6毫米

2453 1天罡银币 5.2克，22.7毫米
喀山铸。

2454 1天罡银币 4.9克，20.4毫米
色布则瓦铸。

2455 1天罡银币 5.1克，19.5毫米

2456　1天罡银币 5.1克，19.8毫米

乌尔噶·巴格·沙

2457　1天罡银币 5.1克，20.2毫米
回历851年，阿斯塔拉班铸.

阿布·赛义德·古尔坎

2458　1天罡银币 5.1克，20.5毫米
回历862年。

2459　1天罡银币 5.0克，26.2毫米

2460　1天罡银币 5.0克，24.9毫米

苏丹·侯赛因

2461 1天罡银币 2.4克，18.6毫米
赫拉特铸。

2462 1天罡，银，4.8克，24.5毫米
回历895年，阿斯塔拉班铸。

2463 1天罡银币 4.7克，25.4毫米
回历896年，阿斯塔拉班铸。

2464 1天罡银币 4.7克，26.1毫米
回历897年，阿斯塔拉班铸。

2465 1天罡银币 4.6克，22.7毫米
回历895年，赫拉特铸。

2466 1天罡，银，4.7克，26.2毫米
回历896年，赫拉特铸。

黑羊王朝

　　黑羊王朝是古代的土库曼人部族联盟建立的王朝。约于公元1375—1468年统治当时的阿塞拜疆、伊朗西北部与伊拉克地区。"黑羊"系突厥语意译，音译为"卡拉-科雍鲁"。因其旗帜上绘有黑羊图案，故名黑羊王朝。

　　黑羊土库曼游牧部落原居亚美尼亚的凡湖东部地区，约于公元1375年建立部落联盟，为统治巴格达和大不里士的贾拉伊尔王朝（札剌亦儿王朝）的藩属。在首领卡拉·穆罕默德时期开始强大，据有小亚细亚东部和上美索不达米亚平原。公元1375年，黑羊王朝于阿富汗斯坦地区西部的赫拉特建都。公元1390年其首领卡拉·玉素甫在大不里士定都，该王朝获得独立。公元1468年，黑羊王朝被白羊王朝苏丹乌宗·哈桑打败，黑羊王朝灭亡。

表053　黑羊王朝世系表

序号	统治者	在位日期	备注
1	拜拉姆·火者	公元 1374－1378 年，回历 776－780 年	
2	喀喇·穆罕默德	公元 1375－1388 年，回历 777－791 年	
3	喀喇·玉素普	公元 1388－1400 年，回历 791－803 年 公元 1406－1420 年，回历 809－823 年	
4	帖木儿入侵	公元 1400－1405 年，回历 803－808 年	
5	喀喇·伊斯坎达尔	公元 1420－1438 年，回历 823－841 年	
6	伊斯彭德·本·玉素普	公元 1420－1445 年，回历 823－848 年	
7	贾汗沙	公元 1438－1467 年，回历 841－872 年	
8	哈桑·阿里	公元 1467－1468 年，回历 872－873 年	
9	玉素普·本·贾汗沙	公元 1468－1469 年，回历 873－874 年	

贾汗沙

2467　1 天罡银币 5.0克，16.4毫米　　　　2468　1 天罡银币 5.1克，17.3毫米

白羊王朝

　　白羊王朝（公元1378－1502）是土库曼人在波斯建立的封建王朝，因其旗帜上以白羊图案为标志，故名。白羊土库曼人源于中亚咸海北方的草原，为九姓乌古斯中的重要组成部分，他们原为松散的游牧部落，后推举卡拉·奥斯曼为联盟首领，隶属于帖木尔帝国。

　　公元1402年，帖木尔帝国征服安卡拉后，因卡拉·奥斯曼率部参战有功，帖木尔将土耳其东部的迪亚巴克尔地区赐予他作为封地。公元1408年，卡拉·奥斯曼正式脱离帖木尔帝国宣布独立，定都迪亚巴克尔。到卡拉·奥斯曼之孙乌尊·哈桑统治时期，对外连续击溃黑羊王朝和帖木尔帝国，王朝极力扩张疆土，将领土扩张至伊朗甚至呼罗珊地区。对内兴修水利，减免税赋，文治武功，国势发展达到了极盛。

　　公元1478年，乌尊·哈桑去世，其两个儿子相互争权，地方长官也不断叛乱，王朝趋于分裂。公元1508年，白羊王朝灭亡。

表054　白羊王朝世系表

序号	统治者	在位日期	备注
1	奥斯曼	公元 1378－1435 年，回历 780－839 年	
2	阿里	公元 1435 年－1438 年，回历 839－842 年	
3	哈马扎	公元 1435－1444 年，回历 839－848	
4	吉汗格尔	公元 1444－1453 年，回历 848－857 年	
5	哈桑	公元 1453－1478 年，回历 857－882 年	
6	哈里勒	公元 1478 年，回历 882－883 年	
7	雅各布	公元 1478－1490 年，回历 883－896 年	
8	拜松库尔	公元 1490－1492 年，回历 896－897 年	
9	鲁斯塔姆	公元 1492－1497 年，回历 897－902 年	
10	阿哈艾德格乌代	公元 1497－1498 年，回历 902－903 年	
11	穆罕默德	公元 1498－1500 年，回历 903－905 年	
12	艾勒旺德	公元 1498－1504 年，回历 903－910 年	
13	穆拉德	公元 1499－1508 年，回历 905－914 年	

雅各布

2469　1 天罡银币 3.4克，18.2毫米

克拉特王朝

克拉特王朝（或译为卡特王朝、卡尔提德王朝），从公元13世纪初至14世纪后期统治着呼罗珊大部分地区，建都于赫拉特。

克拉特王朝最初臣服于廓尔王朝，随后又承认伊尔汗国为其宗主国。公元1335年伊尔汗国分裂后，克拉特王朝的穆伊兹丁·侯赛因取得了独立。公元1381年帖木儿帝国掌控了呼罗珊地区，至公元1389年克拉特王朝灭亡。

克拉特王朝打制的银币始于公元1345年，即穆伊兹丁·侯赛因独立后10年才开始铸币。克拉特王朝历经9个国王，只有最后两个国王穆伊兹丁·侯赛因和皮尔·阿里有打制钱币。

表055　克拉特王朝世系表

序号	王名	在位年代	备注
1	马立克·卢肯丁·阿布·伯克尔	公元？－1245年，回历？－643年	
2	沙姆斯丁·穆罕默德·阿布·伯克尔	公元1245－1277年，回历643－676年	
3	卢肯丁·沙姆斯丁·穆罕默德	公元1277－1295年，回历676－695年	
4	法赫鲁丁·本·卢肯丁	公元1295－1308年，回历695－708年	
5	吉亚斯丁·本·卢肯丁	公元1308－1329年，回历708－730年	
6	沙姆斯丁·穆罕默德·本·吉亚斯丁	公元1329－1330年，回历730－731年	
7	哈菲兹·本·吉亚斯丁	公元1330－1332年，回历731－732年	
8	穆伊兹丁·侯赛因	公元1332－1369年，回历732－771年	
9	吉亚斯丁·皮尔·阿里	公元1369－1389年，回历771－792年	

穆伊兹丁·侯赛因

2470　12迪尔汗银币 8.4克，31.4毫米
回历747年，赫拉特铸。

2471　12迪尔汗银币 8.3克，27.2毫米
赫拉特铸。

2472　12迪尔汗银币 8.4克，31.8毫米
回历747年，赫拉特铸。

2473　12迪尔汗银币 8.4克，29.1毫米
回历759年，赫拉特铸。

2474　12迪尔汗银币　8.4克，29.0毫米
回历759年，赫拉特铸。

2475　12迪尔汗银币，8.2克，33.2毫米
回历759年，赫拉特铸。

2476　12迪尔汗银币　8.0克，28.2毫米

2477　12迪尔汗银币　8.4克，29.0毫米

吉亚斯丁·皮尔·阿里

2478　1天罡银币　6.9克，27.3毫米

瓦里王朝

　　瓦里王朝是伊尔汗国灭亡后，于公元1356–1366年在阿斯塔拉班和部分马赞德地区建立的王朝，统治者称为艾米尔。

　　在瓦里王朝统治期间一直与萨尔巴达尔王朝和贾拉尔王朝战争不断。瓦里王朝于公元1366–1373年失去了阿斯塔拉班地区，后又于公元1374–1386年重新取得该地区的统治权。瓦里王朝的大多数硬币打制于阿斯塔拉班造币厂，其打制的钱币均没有国王名字，故比较容易与萨尔巴达尔王朝钱币搞混。

艾米尔·瓦里（公元757-788年在位）

2479　6迪尔汗银币　4.2克，26.3毫米
阿斯塔拉班铸。

2480　6迪尔汗银币　4.2克，25.4毫米
阿斯塔拉班铸。

2481　6迪尔汗银币　4.2克，28.8毫米
阿斯塔拉班铸。

2482　6迪尔汗银币　4.3克，27.2毫米
阿斯塔拉班铸。

2483　6迪尔汗银币　4.2克，28.8毫米
阿斯塔拉班铸。

2484　3迪尔汗银币，2.4克，23.0毫米
阿斯塔拉班铸。

萨法维王朝

　　萨法维王朝（公元1501-1736年），又称萨非王朝、沙法维王朝、波斯第三帝国，是由波斯人在伊朗地区建立的王朝。公元1502年，伊斯马利在伊朗建立萨法维王朝，伊斯马利自立为伊朗王，建都大不里士。

　　阿巴斯大帝时期，王朝达到全盛。苏莱曼一世时期，萨法维王朝开始衰落。

表056　萨法维王朝世系表

序号	王名	在位年代	备注
1	沙·伊斯马利一世	公元 1502－1524 年，回历 907－930 年	
2	沙·塔玛斯普一世	公元 1524－1576 年，回历 930－984 年	
3	沙·伊斯马利二世	公元 1576－1578 年，回历 984－985 年	
4	穆罕默德·库达班达	公元 1578－1588 年，回历 985－995 年	
5	阿巴斯一世	公元 1588－1629 年，回历 995－1038 年	
6	萨菲一世	公元 1629－1642 年，回历 1038－1052 年	
7	阿巴斯二世	公元 1642－1666 年，回历 1052－1077 年	

续表

序号	王名	在位年代	备注
8	苏莱曼一世	公元 1668－1694 年，回历 1079－1105 年	
9	苏丹·侯赛因	公元 1694－1722 年，回历 1105－1135 年	
10	塔玛斯普二世	公元 1722－1732 年，回历 1135－1145 年	
11	阿巴斯三世	公元 1732－1735 年，回历 1145－1148 年	
12	苏莱曼二世	公元 1750 年，回历 1163 年	
13	伊斯马利三世	公元 1750－1756 年，回历 1163－1169 年	

沙·伊斯马利一世

2485　1沙希银币　9.4克，27.0毫米
回历916年，大不里士铸。

2486　1拉林银币　4.9克，长57.2毫米

2487　1拉林银币　4.9克，长60.6毫米

沙·塔玛斯普一世

2488　1/2密斯卡尔金币　2.3克，15.6毫米
回历977年。

2489　1/2密斯卡尔金币　2.3克，17.6毫米
回历979年，赫拉特铸。

2490　1/4密斯卡尔金币　1.2克，13.4毫米

2491　1/4密斯卡尔金币　1.1克，11.4毫米
赫拉特铸。

2492　1/4密斯卡尔金币　1.2克，13.1毫米
赫拉特铸。

2493　1/2沙希银币　3.1克，20.9毫米
赫拉特铸。

2494　1拉林银币　4.9克，长47.4毫米

2495　1拉林银币　4.9克，长50.3毫米

2496　1拉林银币　4.9克，长49.8毫米

2497　1阿巴西银币　5.0克，26.4毫米

穆罕默德·库达班达

2498 1/2密斯卡尔金币 2.2克，17.4毫米
回历995年。

阿巴斯一世

2499 1阿巴西银币 7.6克，20.9毫米
回历1032年。

2500 1阿巴西银币 7.5克，20.0毫米
回历1036年。

2501 1密斯卡尔金币 3.8克，16.1毫米

萨菲一世

2502 1阿巴西银币 7.7克，19.8毫米
回历1038年。

2503 1阿巴西银币 7.6克，21.2毫米
回历1039年。

2504　1阿巴西银币　7.6克，20.5毫米
回历1040年。

2505　1阿巴西银币　7.6克，20.8毫米
回历1041年。

2506　1阿巴西银币　7.5克，22.4毫米
回历1042年。

2507　1阿巴西银币，7.7克，19.1毫米
回历1046年。

2508　1阿巴西银币　7.6克，20.5毫米
回历1048年。

2509　1阿巴西银币　7.6克，20.0毫米
回历1051年。

阿巴斯二世

2510　1阿巴西银币　7.7克，20.6毫米
回历1053年。

2511　1阿巴西银币　7.4克，20.6毫米
回历1054年。

2512　1阿巴西银币　7.3克，21.2毫米
回历1055年。

2513　1阿巴西银币　7.4克，20.1毫米
回历1056年。

2514　1阿巴西银币　7.4克，21.0毫米
回历1057年。

苏莱曼一世

2515　1阿巴西银币　7.3克，25.6毫米
纳赫加万铸。

苏丹·侯赛因

2516　1阿巴西银币　5.4克，24.5毫米
回历1130年，埃里温铸。

2517　1阿巴西银币　5.3克，23.7毫米
回历1131年，纳赫加万铸。

2518 1阿巴西银币 5.4克，24.1毫米
回历1134年，第比利斯铸。

阿夫夏尔王朝

阿夫夏尔王朝（公元1735-1796年）因建立者纳迪尔·沙出身于呼罗珊地区的土库曼阿夫夏尔部落，王朝故而得名。公元1727年，他支持萨法维王朝塔玛斯普二世，从此他的身份被官方认可，后来逐渐发展为割据一方的军阀。

公元1732年纳迪尔·沙废黜了塔玛斯普二世，公元1735年其自立为沙，建立了阿夫夏尔王朝。纳迪尔·沙在位期间，在波斯大兴土木，鼓励文化，使波斯再现了萨珊王朝统时期的繁荣景象。

公元1796年，卡加尔王朝征服了呼罗珊地区，阿夫夏尔王朝灭亡。

表057　阿夫夏尔王朝世系表

序号	王名	在位年代	备注
1	纳迪尔沙	公元 1735－1747 年，回历 1148－1160 年	
2	阿迪力沙	公元 1747－1748 年，回历 1160－1161 年	
3	易卜拉欣	公元 1748－1749 年，回历 1161－1162 年	
4	艾米尔·阿尔斯兰汗	公元 1748 年，回历 1161 年	大不里士总督

续表

序号	王名	在位年代	备注
5	沙路克	公元1748－1796年，回历1161－1210年	3次执政
6	纳迪尔·米扎尔	公元1796－1803年，回历1210－1218年	马什哈德总督

纳迪尔沙

2519　1莫霍尔金币 11.0克，21.4毫米
回历1156年，伊斯法罕铸。

2520　1莫霍尔金币 11.1克，20.2毫米
回历1159年，马什哈德铸。

2521　6沙希银币 6.9克，19.1毫米
回历1150年，伊斯法罕铸。

2522　6沙希银币 6.9克，17.3毫米
回历1151年，伊斯法罕铸。

2523　6沙希银币 6.9克，17.4毫米
回历1152年，第比利斯铸。

2524　1卢比银币，11.5克，23.7毫米
回历1152年，马什哈德铸。

2525　1卢比银币 11.6克，23.9毫米
回历1153年，伊斯法罕铸。

2526　1卢比银币，11.5克，24.9毫米
回历1154年，马什哈德铸。

2527　1卢比银币 11.5克，25.0毫米
回历1155年，马什哈德铸。

2528　1卢比银币 11.5克，23.2毫米
回历1158年，大不里士铸。

2529　1卢比银币 11.4克，23.5毫米
回历1158年，伊斯法罕铸。

2530　1卢比银币 11.6克，24.9毫米
回历1159年，大不里士铸。

阿迪力沙

2531　2卢比银币 22.9克，24.9毫米

沙路克

2532　1莫霍尔金币 10.9克，21.2毫米
马什哈德铸。

2533　1莫霍尔金币 11.0克，19.2毫米
马什哈德铸。

2534　1卢比银币 10.7克，22.0毫米
回历1162年，马什哈德铸。

2535　1卢比银币 11.4克，22.6毫米
回历1163年，马什哈德铸。

2536　1卢比银币 11.1克，21.9毫米
马什哈德铸。

2537　2卢比银币 23.3克，26.7毫米
回历1161年，马什哈德铸。

2538　2卢比银币 22.9克，26.2毫米
回历1162年，马什哈德铸。

2539　2卢比银币 22.9克，26.2毫米
回历1163年，马什哈德铸。

赞德王朝

赞德王朝（公元1753-1795年）是由赞德部落的酋长克里木汗·赞德建立的。克里木汗原是阿夫夏尔王朝的一名将军，1747年纳迪尔·沙去世后，克里木汗扶植萨法维王朝末王伊斯梅尔·沙三世为傀儡，自己却实权在握。随后以设拉子为首都，建立了赞德王朝。在他统治期间，积极恢复境内的经济和社会秩序，改善宗教政策。

卡加尔部落的酋长阿迦·穆罕默德·汗，他曾被克里木汗作为人质拘禁在设拉子长达15年之久。克里木汗去世后，阿迦·穆罕默德·汗逃回卡加尔部落并成为首领，随后开始进攻赞德王朝。公元1785年，占领了德黑兰、库姆、喀山、伊斯法罕等地。公元1789年，克里木汗的后人卢图夫·阿里汗自立为王，反击卡加尔，结果在公元1795年兵败被擒并被处死，赞德王朝灭亡。

表058　赞德王朝世系表

序号	王名	在位年代	备注
1	克里木汗	公元 1753－1779 年，回历 1166－1193 年	
2	穆罕默德·阿里汗	公元 1779 年，回历 1193 年	
3	阿布·法斯·桑德	公元 1779 年，回历 1193 年	
4	萨迪克汗	公元 1779－1781 年，回历 1193－1195 年	
5	阿里·穆拉德汗	公元 1781－1785 年，回历 1195－1199 年	
6	贾法尔汗	公元 1785－1789 年，回历 1199－1203 年	
7	赛义德·穆拉德	公元 1789－1790 年，回历 1203－1204 年	设拉子
8	卢图夫·阿里汗	公元 1789－1795 年，回历 1203－1209 年	

克里木汗

2540　1莫霍尔金币 11.0克，22.9毫米
回历1171年。伊斯法罕铸。

2541　1/4莫霍尔金币 2.8克，18.1毫米
回历1170年。伊斯法罕铸。

2542　1/4莫霍尔金币 2.5克，16.6毫米
回历1171年，伊斯法罕铸。

卡加尔王朝

卡加尔王朝的建立者原居住在波斯北部马赞达兰亚斯特巴地区的一个较小的卡加尔部落里。卡加尔人是突厥人的一支，其先祖曾任波斯伊尔汗国的太傅。卡加尔部落曾出兵帮助萨法维王朝，因此卡加尔人在该地区有着一定的声望。卡加尔部落的法塔赫·阿里汗酋长因反对纳迪尔王朝被杀害，其子穆罕默德·哈桑汗重振家族势力，在马赞达兰建立了地盘。

公元1758年，赞德人击败了卡加尔人，哈桑汗阵亡，两个部落成为世敌。随后，克里木汗建立了赞德王朝。克里木汗去世后，阿伽·穆罕默德·汗潜逃回乡，经过多次血战，他战胜了所有对手，成为卡加尔部落的新首领，又逐渐统治了马赞达兰、亚斯特拉克和吉兰地区。

公元1785年，阿伽·穆罕默德·沙统辖了德黑兰、库姆、卡尚、伊斯法罕等重镇。公元1794年，阿伽·穆罕默德·沙又逐渐统治了克尔曼城和格鲁吉亚首府第比利斯城。公元1796年，阿伽·穆罕默德·沙统一了波斯。

表059 卡加尔王朝世系表

序号	王名	在位年代	备注
1	穆罕默德·哈桑	公元 1750－1759 年，回历 1163－1172 年	
2	阿伽·穆罕默德·汗	公元 1779－1797 年，回历 1193－1211 年	
3	法斯·阿里·沙	公元 1797－1834 年，回历 1112－1250 年	
4	穆罕默德·沙	公元 1834－1848 年，回历 1250－1264 年	
5	纳斯尔丁·沙	公元 1848－1896 年，回历 1264－1313 年	
6	穆扎法丁·沙	公元 1896－1907 年，回历 1314－1324 年	
7	穆罕默德·阿里·沙	公元 1907－1909 年，回历 1324－1327 年	
8	艾哈迈德·沙	公元 1909－1925 年，回历 1327－1344 年	

法斯·阿里·沙

2543 1图曼金币 6.1克，22.7毫米
回历1213年，伊斯法罕铸。

2544 1图曼金币 6.1克，21.3毫米
回历1213年，伊斯法罕铸。

2545 1图曼金币 4.8克，23.7毫米
回历1230年，德黑兰铸。

2546 1里亚尔银币 10.4克，22.9毫米
回历1228年，伊斯法罕铸。

2547 1里亚尔银币 9.2克，21.6毫米
回历1232年，德黑兰铸。

2548 1里亚尔银币 8.9克，21.4毫米
回历1233年，加兹温铸。

穆罕默德·沙

2549　1图曼金币　3.4克，19.3毫米
回历1258年，设拉子铸。

2550　1奇兰银币　5.7克，21.2毫米
回历1253年，马什哈德铸。

2551　1奇兰银币　5.2克，17.8毫米
回历1255年，耶兹德铸。

2552　1奇兰银币　5.3克，18.4毫米
回历1257年，伊斯法罕铸。

纳斯尔丁·沙

2553　1图曼金币　3.3克，18.8毫米
回历1273年，塔巴里斯坦铸。

2554　1图曼金币　3.4克，20.2毫米
回历1273年，哈马丹铸。

2555　1图曼金币　3.4克，19.4毫米
回历1274年，塔巴里斯坦铸。

2556　1图曼金币　3.4克，17.2毫米
回历1276年，陀拔里斯坦铸。

2557　1奇兰银币 5.3克，18.5毫米
回历1273年，赫拉特铸。

2558　1奇兰银币 5.0克，17.3毫米
回历1278年，赫拉特铸。

2559　1奇兰银币 4.9克，18.4毫米
回历1279年，阿斯塔拉班铸。

2560　1奇兰银币 5.0克，18.0毫米
回历1270年，赫拉特铸。

昔班尼王朝

公元1500年，乌兹别克人首领穆罕默德·昔班尼率兵自北进入河中地区，推翻帖木儿后裔在中亚的统治，以撒马尔罕为首都建立昔班尼王朝。公元1561年迁都至布哈拉。公元1505年，昔班尼统治了花剌子模。公元1507年，攻取赫拉特，灭亡帖木儿帝国。

公元1510年，昔班尼为费尔干纳统治者莫卧尔王朝的巴布尔和波斯人的萨法维王朝联军所败，阵亡于梅尔夫城。昔班尼死后，王朝濒临崩溃。公元1512年，昔班尼之侄速云赤执政时，率军在尼尔杜万战役中打败萨法维王朝和巴布尔的军队，恢复和巩固了乌兹别克人在河中地区的统治。

在阿不都拉二世统治时期，昔班尼王朝国势强盛，重新统辖呼罗珊、花剌子模。公元1598年，阿不都拉二世死后，国内动乱，呼罗珊等地复失。王朝随后灭亡。

表060　昔班尼王朝世系表

序号	王名	在位年代	备注
1	穆罕默德·昔班尼	公元 1500－1510 年，回历 906－916 年	
2	速云赤	公元 1510－1531 年，回历 916－937 年	
3	奥巴达·阿拉	公元 1512－1513 年，回历 918－919 年 公元 1534－1539 年，回历 940－946 年	两次执政
4	阿布·赛义德	公元 1531－1534 年，回历 937－940 年	
5	阿不都拉一世	公元 1539－1540 年，回历 946－947 年	
6	阿不都拉·拉提夫	公元 1540－1552 年，回历 947－959 年	
7	纳乌鲁兹·艾哈迈德	公元 1552－1556 年，回历 959－963 年	
8	皮尔·穆罕默德一世	公元 1556－1561 年，回历 963－968 年	
9	伊斯坎德尔	公元 1561－1583 年，回历 968－991 年	
10	阿不都拉二世	公元 1583－1598 年，回历 991－1006 年	
11	阿不都拉·穆明	公元 1598 年，回历 1006 年	
12	皮尔·穆罕默德二世	公元 1598 年，回历 1007 年	
13	阿不都拉·阿明	公元 1599 年，回历 1007 年	

穆罕默德·昔班尼

2561　1天罡银币 5.2克，25.4毫米
布哈拉铸。

2562　1天罡银币 5.1克，26.5毫米
布哈拉铸。

2563　1天罡银币 5.1克，26.6毫米
回历914年，布哈拉铸。

2564　1天罡银币 5.1克，25.0毫米
回历914年，布哈拉铸。

2565　1天罡银币 5.1克，25.2毫米
回历914年，布哈拉铸。

奥巴达·阿拉

2566　1天罡银币 4.8克，32.5毫米
布哈拉铸。

2567　1天罡银币 4.7克，26.8毫米
回历940年，布哈拉铸。

2568　1天罡银币 4.7克，28.5毫米
回历941年，布哈拉铸。

2669　1天罡银币，4.7克，29.5毫米
回历941年，布哈拉铸。

2670　1天罡银币 4.7克，28.4毫米
回历941年，布哈拉铸。

2671　1天罡银币 4.7克，29.5毫米
回历942年，布哈拉铸。

阿布·赛义德

2672　1天罡银币 4.7克，29.1毫米
布哈拉铸。

2673　1天罡银币 4.7克，26.7毫米
回历938年，布哈拉铸。

2674　1天罡银币 4.7克，26.9毫米
布哈拉铸。

2675　1天罡银币 4.7克，26.0毫米
布哈拉铸。

2676　1天罡银币 4.6克，28.9毫米
布哈拉铸。

阿不都拉一世

2677　1天罡银币 4.8克，29.6毫米

阿不都拉·拉提夫

2678　1天罡银币 4.6克，28.5毫米

2679　1法尔斯铜币 9.8克，28.0毫米
昆都士铸。

2680　1法尔斯铜币 9.6克，28.5毫米
昆都士铸。

皮尔·穆罕默德一世

2681　1天罡银币 4.5克，31.8毫米

2682　1天罡银币 4.4克，28.3毫米

伊斯坎德尔

2683　1天罡银币 4.5克，30.1毫米

阿不都拉二世

2684　1/4密斯卡尔金币 0.9克，11.7毫米
回历991年。

2685　1/4密斯卡尔金币 0.9克，11.8毫米
回历991年。

2686　1/4密斯卡尔金币 1.0克，13.7毫米

2687　1/4密斯卡尔金币 1.0克，12.6毫米

2688　1/4密斯卡尔金币 1.0克，11.0毫米

2689　1/4密斯卡尔金币 0.9克，11.2毫米

2690　1/4密斯卡尔金币 0.9克，12.0毫米

2691　1/4密斯卡尔金币 1.0克，12.0毫米

信德艾米尔

信德地区是指从阿拉伯海到盐岭之间的印度河谷地区。约公元712年，穆罕默德·本·卡斯木奉哈里发东部地区副王哈贾吉的命令征服了信德地区，设艾米尔加以统治。

9世纪晚期，哈里发的影响力逐步下降，信德地区分裂成曼苏拉和木尔坦两个王国。曼苏拉的统治者即称为信德艾米尔。现在对信德艾米尔的世袭关系及执政年代知之甚少，只是在钱币上标有艾米尔的名讳。公元1030年哥疾宁王朝的马哈茂德征服了信德地区，信德艾米尔终并入哥疾宁王朝版图。

信德艾米尔打制的坎哈利迪尔汗银币非常粗糙，重量在0.3—0.8克之间，而且成色也很低，币文为阿拉伯文楔形字体，较难辨认。

匿名

2692　1银币　0.7克，9.8毫米
回历257-421年。

2693　1银币　1.0克，11.0毫米
回历257-421年。

2694　1银币　0.8克，10.5毫米
回历257-421年。

2695　1银币　1.1克，11.0毫米
回历257-421年。

2696　1银币　1.0克，10.1毫米
回历257-421年。

阿合麦德

2697　1银币　0.6克，9.1毫米
回历257-421年。

2698　1银币　0.3克，9.2毫米
回历257-421年。

2699　1银币　0.5克，9.1毫米
回历257-421年。

2700　1银币　0.3克，9.1毫米
回历257-421年。

2701　1银币 0.4克，10.4毫米
回历257-421年。

阿卜杜勒

2702　1银币 0.5克，9.0毫米
回历257-421年。

2703　1银币 0.5克，10.1毫米
回历257-421年。

2704　1银币 0.6克，9.0毫米
回历257-421年。

2705　1银币 0.5克，9.4毫米
回历257-421年。

乌玛尔

2706　1银币 0.4克，9.6毫米
回历257-421年。

2707　1银币 0.6克，9.7毫米
回历257-421年。

2708　1银币 0.4克，10.0毫米
回历257-421年。

2709　1银币 0.5克，10.7毫米
回历257-421年。

2710 1银币 0.5克，9.7毫米
回历257-421年。

阿里

2711 1银币 0.5克，9.4毫米
回历257-421年。

2712 1银币 0.6克，9.0毫米
回历257-421年。

2/13 1银币 0.4克，9.6毫米
回历257-421年。

2714 1银币 0.5克，9.7毫米
回历257-421年。

阿不都·阿里·拉赫曼

2715 1银币 0.4克，8.9毫米
回历257-421年。

2716 1银币 0.5克，10.7毫米
回历257-421年。

2717 1银币 0.6克，9.9毫米
回历257-421年。

2718 1银币 0.5克，9.7毫米
回历257-421年。

奴隶王朝（德里苏丹）

　　奴隶王朝（公元1206-1290年）是13世纪在印度德里所建的5个苏丹国中的第一个王朝，因创建者库特卜丁·艾伯克为奴隶出身，故得名。奴隶王朝前后共11位苏丹，历时84年。

　　库特卜丁·艾伯克原为廓尔王朝总督穆伊兹丁·穆罕默德·廓尔的奴隶。由于其屡建战功，深受器重和信任。公元1206年，廓尔王朝末王遇刺身亡，库特卜丁·艾伯克趁机夺得实权，自称为苏丹，定都拉合尔，后又迁都德里。他在位期间，大肆兴建清真寺和伊斯兰经学院，积极调和印度教与伊斯兰教的宗教矛盾，恢复国内和平秩序。公元1210年，库特卜丁·艾伯克去世，其女婿沙姆斯丁·伊尔图特米什即位，他原出身于突厥钦察贵族，后沦为奴隶被转卖给库特卜丁·艾伯克。公元1229年，沙姆斯丁·伊尔图特米什受到了巴格达阿巴斯王朝哈里发穆斯坦斯尔的册封和赐袍，随后的几任苏丹大多是沙姆斯丁·伊尔图特米什的后裔。

　　奴隶王朝的第9任苏丹吉亚斯丁·巴尔班出身亦是突厥贵族后裔沦落的奴隶，得到了沙姆斯丁·伊尔图特米什苏丹的重用，他先后服务于伊尔图特米什及其后代继任者，逐步晋升到侍卫大臣的显要地位。公元1266年初，吉亚斯丁·巴尔班继任德里苏丹王位。

公元1287年，吉亚斯丁·巴尔班去世，随后几年间王朝由盛转衰。公元1290年，费鲁兹·卡尔吉所建立的卡尔吉王朝取代了奴隶王朝。

表061　奴隶王朝世系表

序号	王名	在位年代	备注
1	穆罕默德·本·萨姆	公元 1193－1206 年，回历 589－602 年	
2	库特卜丁·艾伯克	公元 1206－1210 年，回历 602－607 年	
3	阿拉姆·沙	公元 1210 年，回历 607 年	
4	沙姆斯丁·伊尔图特米什	公元 1210－1235 年，回历 607－633 年	
5	卢肯丁·费鲁兹	公元 1235－1236 年，回历 633－634 年	
6	贾拉拉特丁·拉迪亚	公元 1236－1240 年，回历 634－637 年	
7	穆伊兹丁·巴赫兰	公元 1240－1242 年，回历 637－639 年	
8	阿拉丁·马斯乌德	公元 1242－1246 年，回历 639－644 年	
9	纳斯尔丁·马哈茂德	公元 1246－1266 年，回历 644－664 年	
10	吉亚斯丁·巴尔班	公元 1266－1287 年，回历 664－686 年	
11	穆伊兹丁·凯库巴德	公元 1287－1290 年，回历 686－689 年	
12	沙姆斯丁·卡尤马斯	公元 1290 年，回历 689 年	

纳斯尔丁·马哈茂德

2719　1天罡银币 10.7克，25.1毫米

2720　1天罡银币 10.8克，27.4毫米

2721　1天罡银币 10.7克，29.4毫米

吉亚斯丁·巴尔班

2722　1天罡金币　11.0克，27.4毫米　　　　　2723　1天罡金币　11.0克，28.4毫米

2724　1天罡银币　10.9克，28.9毫米　　　　　2725　1天罡银币　10.7克，29.3毫米

2726　1天罡银币　10.7克，29.9毫米

卡尔吉王朝（德里苏丹）

卡尔吉王朝（公元1290-1320年）是德里苏丹国第二个王朝。

卡尔吉王朝的创建者为贾拉拉丁·费鲁兹·卡尔吉。费鲁兹本为奴隶王朝的一名将领，于公元1290年取代了当时的奴隶王朝苏丹。费鲁兹死后，其子阿拉丁·穆罕默德大力加强中央集权，并整顿了财政和行政。军事上，他向南面的德干苏丹国发动进攻，并派遣马利克·卡富尔四次南征德干高原，大大扩张了王朝的领土。

公元1320年，卡尔吉王朝的最后一任苏丹纳斯尔丁·库思老被刺杀，王朝结束。

表062　卡尔吉王朝世系表

序号	王名	在位年代	备注
1	贾拉拉丁·费鲁兹沙	公元 1290－1296 年，回历 689－695 年	
2	卢肯丁·易卜拉欣	公元 1296 年，回历 695 年	
3	阿拉丁·穆罕默德	公元 1296－1316 年，回历 695－715 年	
4	谢哈卜丁·乌玛尔	公元 1316 年，回历 715 年	
5	库特卜丁·穆巴拉克沙	公元 1316－1320 年，回历 716－720 年	

续表

序号	王名	在位年代	备注
6	沙姆斯丁·马哈茂德	公元 1318 年，回历 718 年	
7	纳斯尔丁·库思老	公元 1320 年，回历 720 年	

贾拉拉丁·费鲁兹沙

2727　1天罡金币 10.8克，27.0毫米

2728　1天罡银币 10.8克，29.3毫米

2729　1天罡银币 10.9克，27.1毫米

2730　1天罡银币 10.9克，28.1毫米

2731　1派卡铜币 4.6克，17.2毫米

阿拉丁·穆罕默德二世

2732　1天罡金币 11.0克，23.9毫米

2733　1天罡金币 11.0克，24.4毫米

2734　1天罡银币 10.9克，27.8毫米

2735　1天罡银币 10.9克，28.5毫米

2736　1天罡银币 10.9克，26.9毫米

2737　6加尼低银币 3.5克，15.3毫米

2738　6加尼低银币 3.9克，15.2毫米

库特卜丁·穆巴拉克沙

2739　1/3天罡银币 3.6克，13.9毫米
回历718年。

2740　1/3天罡银币 3.6克，14.8毫米
回历718年。

2741　1/3天罡银币 3.6克，14.3毫米
回历719年。

2742　1/3天罡银币 3.6克，15.4毫米
回历719年。

2743　1/3天罡银币 3.6克，14.3毫米
回历720年。

2744　1/3天罡银币 3.6克，16.5毫米
回历720年。

图格鲁克王朝（德里苏丹）

　　图格鲁克王朝（公元1321－1405年）是德里苏丹国第三个王朝，其创建者为吉亚斯丁·图格鲁克。

　　图格鲁克王朝在苏丹穆罕默德·本·图格鲁克时期达到鼎盛。他在位期间发动了4次南征，统治了几乎整个南印度地区。然而，由于地方权力过大，再加上行政不当，图格鲁克王朝在穆罕默德后亦开始步入衰落。

表063　图格鲁克王朝世系表

序号	王名	在位年代	备注
1	吉亚斯丁·图格鲁克	公元 1321－1325 年，回历 720－725 年	
2	穆罕默德三世·本·图格鲁克	公元 1325－1351 年，回历 725－752 年	
3	马哈茂德·本·穆罕默德	公元 1351 年，回历 752 年	
4	费鲁兹沙三世·图格鲁克	公元 1351－1388 年，回历 752－790 年	
5	吉亚斯丁·图格鲁克二世	公元 1388－1389 年，回历 790－791 年	
6	阿布·伯克尔	公元 1389－1390 年，回历 791－792 年	

序号	王名	在位年代	备注
7	费鲁兹·沙·扎法尔	公元 1389 年，回历 791 年	
8	穆罕默德·本·费鲁兹	公元 1390－1393 年，回历 792－795 年	
9	阿拉丁·斯坎德尔	公元 1393 年，回历 795 年	
10	纳斯尔丁·马哈茂德	公元 1393－1413 年，回历 795－815 年	
11	纳斯尔·沙	公元 1395－1399 年，回历 797－802 年	
12	伊科巴拉汗	公元 1401－1405 年，回历 804－808 年	

吉亚斯丁·图格鲁克

2745　1 天罡金币 11.0 克，24.9 毫米

2746　1 天罡金币 11.0 克，24.5 毫米

穆罕默德三世·本·图格鲁克

2747　1 第纳尔金币 12.8 克，24.6 毫米

2748　1 天罡金币 11.0 克，23.3 毫米

2749　1 天罡金币 11.1 克，19.8 毫米

2750　1 天罡金币 11.0 克，20.7 毫米

2751　1天罡金币 11.1克，21.2毫米

2752　1天罡金币 11.0克，20.3毫米

2753　1第纳尔金币 12.8克，17.5毫米

2754　1天罡金币 11.1克，19.5毫米

2755　1天罡金币 11.0克，19.3毫米

2756　1天罡金币 11.0克，24.4毫米

2757　1天罡金币 11.1克，19.7毫米

2758　1阿德里银币 8.9克，17.8毫米

费鲁兹沙三世·图格鲁克

2759　1天罡金币 11.0克，23.3毫米

洛迪王朝（德里苏丹）

洛迪王朝（公元1451年－1526年）是德里苏丹国第五个王朝，其创建者是吉尔扎伊人部落的普什图人巴赫鲁尔·洛迪。

巴赫鲁尔·洛迪原为赛义德王朝的信德总督。公元1451年，巴赫鲁尔夺取了德里，建立洛迪王朝。王朝共历3代苏丹，管辖范围包括今旁遮普、北方邦等地区，末代苏丹是易卜拉欣·洛迪。公元1526年，莫卧尔帝国巴布尔在第一次帕尼帕特战役中击败洛迪王朝，随后攻入德里，洛迪王朝灭亡。

表064　洛迪王朝世系表

序号	王名	在位年代	备注
1	巴赫鲁尔·洛迪	公元 1451－1488 年，回历 855－890 年	
2	斯坎德尔·沙	公元 1488－1517 年，回历 894－923 年	
3	易卜拉欣·洛迪	公元 1517－1521 年，回历 923－932 年	

斯坎德尔·沙

2760　1天罡低银币　9.2克，19.5毫米
回历902年。

2761　1天罡低银币　9.1克，17.8毫米
回历905年。

2762　1天罡低银币　9.3克，18.2毫米
回历908年。

2763　1天罡低银币　9.3克，17.0毫米
回历914年。

2764　1天罡低银币　9.1克，18.5毫米
回历917年。

苏尔王朝

　　苏尔王朝（公元1538-1557年）是由出身阿富汗的普什图人后裔苏尔·沙在印度北部建立的王朝，建都德里。

　　苏尔·沙原为阿富汗南比哈尔的酋长。他利用印度莫卧尔王朝胡马雍讨伐古吉拉特巴哈杜尔沙的机会，在库特布丁的支援下进攻孟加拉苏丹，后又击溃莫卧尔王朝胡马雍的军队，迫使胡马雍逃往拉合尔。公元1540年，他占据德里后，自称法利德丁·苏尔·沙，建立苏尔王朝。他在统治期间实行高度的中央集权制度，组织完善了国家行政机构，并设立贵族、军人、学者、长老组成的咨询会议协助自己做出决策。他废除贵族的法律特权，实行较为宽松的宗教政策，允许其他宗教徒按其教规进行宗教活动，并任用印度教徒担任各级军政官员。积极发展农业，鼓励商业贸易，废除苛捐杂税，整顿币制，重新发行金、银、铜币。

　　公元1545年，苏尔·沙在对拉吉普特人的征战中阵亡。随后几任统治者在贵族们的拥立下，争权夺势，导致内战不断，苏尔王朝开始瓦解。公元1555年，胡马雍趁苏尔王朝混乱之际，迅速占领了拉合尔、德里和阿格拉，苏尔王朝灭亡。

表065　苏尔王朝世系表

序号	王名	在位年代	备注
1	舍尔·沙·苏尔	公元 1538－1545 年，回历 945－952 年	
2	伊斯拉姆·沙·苏尔	公元 1545－1552 年，回历 952－960 年	
3	费鲁兹·沙	公元 1552 年，回历 960 年	
4	马哈茂德·阿迪力	公元 1552－1556 年，回历 960－964 年	
5	易卜拉欣·沙	公元 1555 年，回历 962 年	
6	斯坎德尔·沙	公元 1554－1555 年，回历 961－962 年	

舍尔·沙·苏尔

2765　1卢比银币 11.2克，24.9毫米
回历949年。

2766　1卢比银币 11.3克，27.8毫米
回历951年。

2767　1卢比银币 11.3克，32.1毫米
回历952年。

伊斯拉姆·沙·苏尔

2768　1卢比银币 11.1克，29.2毫米
回历957年。

巴赫曼苏丹

  德干地区原为德里苏丹的领地，在图格鲁克王朝苏丹穆罕默德统治末期，国家开始分裂。当时任古尔巴加地区军事将领的哈桑趁机宣布独立，取号为阿拉丁·巴赫曼·沙，自称苏丹，建巴赫曼苏丹国，定都于阿萨拉巴德（即古尔巴加）。并以古尔巴加地区为基地，先后征服了果阿、达波尔、科尔哈普尔和德林加纳等印度教王公统治的小邦国，迫其称臣纳贡。随后他将领地划分为古尔巴加、德拉塔巴德、比拉尔和比达尔4省，派总督管理。

  穆罕默德·沙一世执政时，多次与南部信奉印度教的威加亚纳伽王朝抗衡，巩固了王朝的疆土。穆罕默德·沙二世执政时，王朝由征战转入安邦治国阶段。沙赫布丁·阿合麦德·沙一世统治时，再次与威加亚纳伽王朝争战，兼并瓦兰加尔国部分领土，并征服了德林加纳的印度教王公。

  公元1424年，迁都于新城比达尔，后发展为伊斯兰教文化中心。自苏丹阿拉丁·胡马庸·沙执政时，任用军事将领马赫穆德·加万为宰相，他连续辅佐3代苏丹，握有实权，励精图治，在政治、军事、经济和外交等方面政绩卓著，此时为巴赫曼苏丹的鼎盛时期。

  公元1490—1518年间，地方割据势力崛起，王朝无力控制，各行省总督相继宣布独立。此后王朝分裂为比贾布尔、阿赫马德拉加尔、戈尔康达、贝拉尔、比达尔5个独立小邦。公元1526年，大臣阿米尔·巴里德推翻苏丹，自立为王，巴赫曼苏丹灭亡。至公元1687年，5个小邦先后被莫卧尔帝国皇帝奥朗则布征服。

表066　巴赫曼苏丹王朝世系表

序号	王名	在位年代	备注
1	阿拉丁·巴赫曼·沙	公元 1347－1359 年，回历 748－760 年	
2	穆罕默德·沙一世	公元 1359－1375 年，回历 760－777 年	
3	阿拉丁·穆贾希德·沙	公元 1375－1378 年，回历 777－779 年	
4	达乌德·沙一世	公元 1378 年，回历 779 年	
5	穆罕默德·沙二世	公元 1378－1397 年，回历 780－799 年	
6	吉亚斯丁·塔赫曼坦·沙	公元 1397 年，回历 799 年	
7	沙姆斯丁·达乌德·沙二世	公元 1397 年，回历 800 年	
8	塔吉丁·费鲁兹·沙	公元 1397－1422 年，回历 800－825 年	
9	沙赫布丁·阿合麦德·沙一世	公元 1422－1436 年，回历 825－839 年	
10	阿拉丁·阿合麦德·沙二世	公元 1436－1458 年，回历 839－862 年	
11	阿拉丁·胡麻庸·沙	公元 1458－1461 年，回历 862－866 年	
12	尼扎姆丁·阿合麦德·沙三世	公元 1461－1463 年，回历 866－867 年	
13	沙姆斯丁·穆罕默德·沙三世	公元 1463－1482 年，回历 867－887 年	
14	沙赫布丁·马哈茂德·沙	公元 1482－1518 年，回历 887－924 年	
15	阿合麦德·沙四世	公元 1518－1520 年，回历 924－927 年	
16	阿拉丁·沙	公元 1520－1523 年，回历 827－929 年	
17	瓦里·阿拉	公元 1523－1526 年，回历 929－932 年	
18	卡里姆·阿拉	公元 1526－1538 年，回历 932－945 年	

塔吉丁·费鲁兹·沙

2769　1天罡金币 10.9克，20.8毫米
回历814年。

阿拉丁·阿合麦德·沙二世

2770 1天罡金币 11.2克，19.5毫米

沙姆斯丁·穆罕默德·沙三世

2771 1天罡金币 11.1克，21.7毫米

2772 1天罡金币 11.1克，20.3毫米

马拉瓦苏丹

马拉瓦位于印度中西部，原是中世纪印度地区拉其普特巴拉马拉王朝的领地。在公元1200年被德里苏丹所灭，并入德里苏丹王朝。

公元1436年马哈茂德沙登基宣称为苏丹，因此他成为马拉瓦苏丹国的第一位苏丹。公元1469年马哈茂德沙驾崩，其长子也是太子的吉亚斯沙即位，他将自己的儿子阿卜杜勒·卡迪尔立为太子，称号为纳斯尔沙。公元1500年吉亚斯沙的儿子纳斯尔沙登上王位，公元1510年纳斯尔沙去世，其三子穆罕默德沙二世继承王位。

公元1561年，莫卧尔帝国阿克巴大帝打败了马拉瓦苏丹，公元1562年，马拉瓦苏丹灭亡。

表067　马拉瓦苏丹王朝世系表

序号	王名	在位年代	备注
1	迪力瓦尔汗·古尔	公元 1392－1405 年，回历 794－808 年	
2	哈桑丁·侯赛因·沙	公元 1405－1435 年，回历 808－838 年	
3	塔吉丁·穆罕默德·沙一世	公元 1435－1436 年，回历 838－839 年	

序号	王名	在位年代	备注
4	马斯乌德·沙	公元 1436 年，回历 839 年	
5	乌玛尔·汗	公元 1436 年，回历 839 年	
6	沙赫布丁	公元 1436 年，回历 839 年	
7	阿拉丁·马哈茂德·沙一世	公元 1436－1469 年，回历 839－873 年	
8	吉亚斯·沙	公元 1469－1500 年，回历 873－906 年	
9	纳斯尔·沙	公元 1500－1510 年，回历 906－916 年	
10	马哈茂德·沙二世	公元 1500－1531 年，回历 916－937 年	
11	穆罕默德·沙二世	公元 1511－1516 年，回历 917－922 年	
12	侯赛因·沙二世	公元 1511 年，回历 917 年	
13	巴哈都尔·沙	公元 1531－1537 年，回历 937－943 年	古吉拉特
14	胡麻庸	公元 1535－1536 年，回历 941－942 年	莫卧尔开国君主
15	卡德尔·沙	公元 1537－1542 年，回历 943－949 年	
16	舍尔·沙·苏尔	公元 1542－1545 年，回历 949－952 年	总督
17	伊斯拉姆·沙·苏尔	公元 1545－1552 年，回历 952－960 年	总督
18	穆罕默德·阿迪力·苏尔	公元 1552－1555 年，回历 960－962 年	总督
19	巴兹·巴哈都尔	公元 1555－1561 年，回历 963－969 年	

阿拉丁·马哈茂德·沙一世

2773　1天罡金币 11.0克，23.9毫米

2774　1天罡银币 10.3克，24.6毫米
回历871年。

2775　1天罡银币 10.3克，25.9毫米
回历875年。

吉亚斯·沙

2776　1法尔斯铜币 8.9克，15.4毫米
回历903年。

2777　1法尔斯铜币 8.2克，17.3毫米
回历905年。

2778　1法尔斯铜币 8.3克，16.4毫米

2779　1/2法尔斯铜币 4.3克，13.0毫米

2780　1/2法尔斯铜币 4.4克，13.3毫米

纳斯尔·沙

2781　1/2天罡金币 5.5克，16.0毫米

2782　1法尔斯铜币 8.5克，17.4毫米
回历913年。

2783　1法尔斯铜币 8.7克，15.5毫米
回历914年。

2784　1法尔斯铜币 8.7克，17.5毫米
回历915年。

2785　1/2法尔斯铜币 4.3克，12.3毫米

2786　1/2法尔斯铜币 4.2克，12.6毫米

穆罕默德·沙二世

2787　1天罡金币 11.0克，17.8毫米

2788　1天罡金币 11.0克，18.0毫米

2789　1法尔斯铜币 8.3克，16.7毫米
回历917年。

2790　1法尔斯铜币 8.6克，14.5毫米
回历918年。

2791　1法尔斯铜币 8.5克，14.3毫米
回历919年。

2792　1法尔斯铜币 8.4克，14.2毫米
背面万字符。

2793　1/2法尔斯铜币　4.4克，16.3毫米
回历917年。

2794　1/2法尔斯铜币　4.1克，16.2毫米
回历918年。

2795　1/2法尔斯铜币　4.2克，13.3毫米
回历919年。

古吉拉特苏丹

公元1297年德里苏丹卡尔吉王朝的穆罕默德二世将古吉拉特纳入版图。公元1391年穆罕默德二世委任扎法尔·汗·穆扎法尔为古吉拉特新总督，他趁德里苏丹卡尔吉王朝内部争夺王位之时宣布独立，建立古吉拉特苏丹国。

公元1407年，沙姆斯汗登上王位称为沙姆斯丁·穆扎法尔·沙，随后出兵马拉瓦苏丹国。公元1411年穆扎法尔·沙驾崩，其孙艾合迈德即位，他在阿萨瓦尔镇区域修建了一座新城艾哈迈德阿巴德。公元1442年艾哈迈德去世，随后一百多年间古吉拉特苏丹国同周边邻国征伐不断，国内起义四起，王族争位混乱，贵族纷纷独立。

公元1584年古吉拉特苏丹国灭亡。

表068　古吉拉特苏丹王朝世系表

序号	王名	在位年代	备注
1	扎法尔·汗	公元 1396－1403 年，回历 798－806 年	
2	纳斯尔丁·穆罕默德·沙一世	公元 1403－1407 年，回历 806－810 年	
3	沙姆斯丁·穆扎法尔·沙一世	公元 1407－1411 年，回历 810－813 年	

续表

序号	王名	在位年代	备注
4	纳斯尔丁·艾哈迈德·沙一世	公元 1411－1442 年，回历 813－846 年	
5	吉亚斯丁·穆罕默德·沙二世	公元 1442－1451 年，回历 846－855 年	
6	库特卜丁·艾哈迈德是·沙二世	公元 1451－1458 年，回历 855－863 年	
7	达乌德·沙	公元 1459 年，回历 863 年	
8	纳斯尔丁·马哈茂德·沙一世	公元 1458－1511 年，回历 862－917 年	
9	沙姆斯丁·穆扎法尔·沙二世	公元 1511－1526 年，回历 917－932 年	
10	纳斯尔丁·斯坎德尔·沙	公元 1526 年，回历 932 年	
11	纳斯尔丁·马哈茂德·沙二世	公元 1526 年，回历 932 年	
12	库特卜丁·巴哈都尔	公元 1526－1535 年，回历 932－941 年 公元 1536－1537 年，回历 942－943 年	两次执政
13	莫卧尔帝国胡麻庸占领期	公元 1535－1536 年，回历 941－942 年	
14	穆罕默德·沙三世	公元 1537 年，回历 944 年	
15	纳斯尔丁·马哈茂德·沙三世	公元 1537－1554 年，回历 944－961 年	
16	吉亚斯丁·艾哈迈德·沙三世	公元 1554－1561 年，回历 961－968 年	
17	沙姆斯丁·穆扎法尔·三世	公元 1561－1573 年，回历 968－980 年 公元 1583－1584 年，回历 991－992 年	两次执政
18	莫卧尔帝国艾克拜尔占领期	公元 1573－1583 年，回历 980－991 年	

纳斯尔丁·马哈茂德·沙一世

2796　1天罡银币 7.3克，20.0毫米
回历903年。

沙姆斯丁·穆扎法尔·沙二世

2797　1天罡银币　7.2克，17.3毫米
回历921年。

2798　1天罡银币　7.2克，17.1毫米
回历922年。

2799　1天罡银币　7.2克，17.4毫米
回历923年。

2800　1天罡银币　7.2克，19.6毫米
回历930年。

孟加拉苏丹

　　公元1287年德里苏丹巴尔班去世，孟加拉苏丹国正式独立，建立者是纳斯尔·乌德丁·布格拉汗，他是德里苏丹巴尔班的儿子。

　　孟加拉苏丹国历经42位君主，近300年。其中比较著名的有吉亚斯丁·阿扎姆·沙，他曾派史节前往中国，还和波斯著名诗人哈菲兹互通书信。还有阿拉丁·侯赛因·沙，他是赛义德的后裔，他对印度教采取宽容态度，统治期间教内没有发生过叛乱。他的儿子纳斯尔丁·努斯拉特沙也是一位强大的统治者。

　　公元1536年，苏尔王朝的舍尔沙一度占领孟加拉。孟加拉苏丹国末王达乌德·沙·卡拉拉尼在与莫卧尔的战争中被俘，于公元1576年被杀，孟加拉苏丹国归入莫卧尔帝国版图。

斯坎德尔·沙·本·伊利亚斯（公元1357-1389年在位）

2801　1天罡银币　10.1克，30.4毫米

吉亚德·阿里·本·阿扎姆·沙（公元1389-1410年在位）

2802　1天罡银币　10.6克，30.0毫米　　　2803　1天罡银币　10.6克，28.7毫米

阿拉·阿里·丁·侯赛因·沙（公元1493-1519年在位）

2804　1天罡银币　10.3克，25.7毫米　　　2805　1天罡银币　10.5克，25.6毫米
　　　　　　　　　　　　　　　　　　　回历899年。

2806　1天罡银币　10.3克，27.5毫米
回历899年。

纳斯尔丁·奴沙特·本·侯赛因（公元1519-1531年在位）

2807　1天罡银币 10.6克，26.0毫米

2808　1天罡银币 10.5克，25.1毫米
回历925年。

2809　1天罡银币 10.4克，24.2毫米
回历925年。

2810　1天罡银币 10.4克，25.3毫米
回历925年。

2811　1天罡银币 10.1克，25.4毫米
回历925年。

吉亚斯丁·马哈穆德（公元1532-1538年在位）

2812　1天罡银币 10.7克，23.6毫米
法斯阿巴德铸。

2813　1天罡银币 10.8克，23.9毫米
法斯阿巴德铸。

克什米尔苏丹

克什米尔苏丹的建立者为米尔扎沙。公元1346年米尔扎沙夺得王位，取称号为舍姆斯丁·沙。统治几年后由他四个儿子依次执政，但这期间没有铸币。

公元1393年米尔扎沙的小儿子辛达尔驾崩，由其幼子斯坎达尔即位，开始打制克什米尔苏丹的首种钱币。公元1413年斯坎达尔的长子阿里沙即位。公元1420年，其兄弟扎因·阿比丁登上王位，他开明公平地进行了长达50年的统治，宽容地对待宗教，建设了各类公共设施，重视学术，改革币制，打制有金、银、铜系列钱币。

穆罕默德·沙

2814 1第纳尔金币 11.2克，18.4毫米

江布尔苏丹

江布尔位于德里苏丹东南部，由德里苏丹图格鲁克王朝费鲁兹沙建立。在帖木儿与德里苏丹发生战争时，派驻江布尔的总督马立克·萨瓦尔宣布独立，并以江布尔为基地，扩张至多阿布以及东部的迪鲁特和比哈尔，建立了江布尔苏丹。

公元1399年马立克·萨瓦尔去世，穆巴拉克·沙即位。公元1402年穆巴拉克·沙在与德里苏丹作战时突然驾崩，其弟沙姆斯丁·易卜拉欣·沙即位，在易卜拉欣近40年的统治期内，江布尔成为一座繁荣的城市，以建筑闻名。

侯赛因·沙（公元1458-1479年在位）

2815　1天罡金币　12.0克，22.2毫米

起尔曼和信德的苏丹

公元1205年，古尔王朝的统治者穆罕默德·本·萨姆任命纳斯尔丁·库巴查为乌奇总督。纳斯尔丁·库巴查娶了库特卜丁·阿伊拜克的女儿。不久库特卜丁·阿伊拜克到德里继承穆罕默德·本·萨姆成为德里苏丹。

公元1210年库特卜丁·阿伊拜克驾崩后，纳斯尔丁·库巴查宣布独立，并占领木尔坦，然后进军信德，将信德地区的所有城市和要塞纳入自己的统治区域。他多次进攻起尔曼总督塔吉丁·伊尔第兹管辖的拉合尔，最终占领了拉合尔。公元1217年德里苏丹沙姆斯丁·伊尔图特米什夺回拉合尔。公元1228年德里苏丹沙姆斯丁·伊尔图特米什占领了乌奇，纳斯尔丁·库巴查向南逃亡，后被追兵围堵在印度河巴卡尔岛的要塞里，随后战死。他统治的领土并入德里苏丹。

此后三十余年间这一区域时而独立时而被占领，分分合合，战乱不断。最后的统治者是纳斯尔丁·穆罕默德·卡拉鲁格，他在信德一直统治到公元1259年。

纳斯尔丁·穆罕默德·卡拉鲁格（公元1249-1259年在位）

2816　1吉塔尔低银币 3.3克，15.5毫米

2817　1吉塔尔低银币 3.6克，15.7毫米

2818　1吉塔尔低银币 3.7克，15.1毫米

2819　1吉塔尔低银币 3.7克，15.2毫米

2820　1吉塔尔低银币 3.7克，15.8毫米

2821　1吉塔尔低银币 3.6克，16.2毫米

2822　1吉塔尔低银币 3.6克，15.5毫米

2823　1吉塔尔低银币 3.7克，15.3毫米

2824　1吉塔尔低银币 3.5克，14.8毫米

莫卧尔帝国

　　莫卧尔帝国（公元1526-1858年），是帖木儿的后裔巴布尔在印度建立的王朝。帖木儿帝国崩溃后，其皇室后裔巴布尔建立莫卧尔帝国，帝国在其子胡马庸（公元1530-1540年、1555-1556年两次执政）时期曾一度衰落，后在第三代帝王阿克拜尔执政时进入全盛时期，这一时期莫卧尔帝国内部实行文化融合和宗教宽容政策，但这一政策在第四代帝王贾汗吉尔时期因国内叛乱而被抛弃。到了第五代帝王沙贾汗一世时，莫卧尔帝国空前强大，但由于沙贾汗大兴土木且赋税繁重而发生内部纠纷，著名的泰姬陵就是这一时期建造的。

表069　莫卧尔帝国世系表

序号	王名	在位年代	备注
1	巴布尔	公元 1526-1530 年，回历 933-937 年	
2	胡麻庸	公元 1530-1540 年，回历 937-947 年 公元 1555-1556 年，回历 963-964 年	两次执政 1 之子
3	阿克拜尔	公元 1556-1605 年，回历 964-1014 年	2 之子
4	贾汗吉尔	公元 1605-1627 年，回历 1014-1037 年	3 之子

续表

序号	王名	在位年代	备注
5	达瓦尔·巴克什	公元 1628 年，回历 1037 年	4 之孙
6	沙贾汗一世	公元 1628－1657 年，回 1037－1068 历年	4 之子
7	穆拉德·巴克什	公元 1657－1658 年，回历 1068 年	古吉拉特 6 之子
8	苏杰	公元 1657－1660 年，回历 1068－1070 年	孟加拉 6 之子
9	奥朗责布	公元 1658－1707 年，回历 1068－1119 年	6 之子
10	阿扎姆沙	公元 1707 年，回历 1119 年	9 之子
11	巴克什	公元 1707－1708 年，回历 1120 年	德干 9 之子
12	巴哈都尔沙一世	公元 1707－1712 年，回历 1119－1124 年	9 之子
13	阿扎姆	公元 1712 年，回历 1124 年	12 之子
14	查汗格尔	公元 1712－1713 年，回历 1124 年	12 之子
15	法鲁克西亚尔	公元 1713－1719 年，回历 1124－1131 年	13 之子
16	拉弗·乌德·达拉查特	公元 1719 年，回历 1131 年	14 之侄
17	沙贾汗二世	公元 1719 年，回历 1131 年	16 之兄弟
18	尼克西亚尔	公元 1719 年，回历 1132 年	12 之侄
19	穆罕默德·沙	公元 1719－1748 年，回历 1131－1161 年	14 之侄
20	阿合麦德·沙·巴哈都尔	公元 1748－1754 年，回历 1161－1168 年	19 之子
21	阿拉姆吉尔二世	公元 1754－1760 年，回历 1168－1173 年	14 之子
22	沙·阿拉姆二世	公元 1760－1806 年，回历 1173－1219 年	

胡麻庸

2825　1 天罡银币　4.8克，26.5毫米
阿格拉铸。

2826　1 天罡银币　4.8克，27.1毫米
阿格拉铸。

2827 1天罡银币 4.7克，27.3毫米
阿格拉铸。

2828 1萨斯努银币 6.2克，15.5毫米
克什米尔地区。

阿克拜尔

2829 1莫霍尔金币 10.7克，26.6毫米
回历972年，拉合尔铸。

2830 1莫霍尔金币 10.6克，25.8毫米
回历973年，拉合尔铸。

2831 1莫霍尔金币 10.8克，27.1毫米
回历976年，拉合尔铸。

2832 1莫霍尔金币 10.7克，23.9毫米
回历977年，萨伦布尔铸。

2833 1莫霍尔金币 10.9克，23.4毫米
回历982年，艾哈迈德巴德铸。

2834 1莫霍尔金币 10.8克，21.9毫米
回历984年，阿格拉铸。

2835　1莫霍尔金币 10.8克，27.0毫米
回历982年，阿格拉铸。

2836　1莫霍尔金币 10.9克，21.1毫米
回历984年，萨伦布尔铸。

2837　1莫霍尔金币 10.8克，21.8毫米
回历986年，萨伦布尔铸。

2838　1重莫霍尔金币 12.0克，18.2毫米
回历987年，艾哈迈德巴德铸。

2839　1莫霍尔金币 10.8克，17.2毫米
回历988年，法特布尔铸。

2840　1重莫霍尔金币 12.8克，18.4毫米
回历983年，马拉瓦铸。

2841　1/2莫霍尔金币 5.4克，长23.7毫米

2842　1/2卢比银币 5.6克，15.6毫米
锡克历1215年，莫合尔铸。

2843　1/2卢比银币 5.6克，14.5毫米
锡克历1217年，莫合尔铸。

2844　1/2卢比银币 5.6克，14.7毫米
回历1026年，莫合尔铸。

2845　1卢比银币 11.3克，23.4毫米
回历982年，阿格拉铸。

2846　1卢比银币 11.4克，22.0毫米
回历983年，江布尔铸。

2847　1卢比银币 11.3克，23.8毫米
回历983年，阿格拉铸。

2848　1卢比银币 11.4克，24.9毫米
回历984年，阿格拉铸。

2849　1卢比银币 11.4克，23.6毫米
回历984年，艾哈迈德巴德铸。

2850　1卢比银币 11.4克，24.3毫米
回历985年。

2851　1卢比银币 11.3克，24.2毫米
回历985年，马朱普尔铸。

2852　1卢比银，11.4克，24.2毫米
回历986年，阿格拉铸。

2853　1卢比银币 11.4克，23.8毫米
回历987年，艾哈迈德巴德铸。

2854　1卢比银币 11.4克，18.2毫米
回历1001年，艾哈迈德巴德铸。

2855　1卢比银币 11.4克，18.3毫米
回历992年，艾哈迈德巴德铸。

2856　1卢比银币 11.3克，17.8毫米
回历997年。

2857　1卢比银币 11.2克，17.4毫米
回历1011年，喀布尔铸。

2858　1卢比银币 11.4克，20.7毫米
艾哈迈德巴德铸。

2859　1卢比银币 11.3克，18.1毫米

2860　1卢比银币 11.3克，17.2毫米

2861　1卢比银币 11.4克，21.4毫米
艾哈迈德巴德铸。

2862　1卢比银币 11.4克，19.9毫米
艾哈迈德巴德铸。

2863　1卢比银币 11.4克，19.8毫米
回历43年，艾哈迈德巴德铸。

2864　1卢比银币 11.3克，17.2毫米
艾哈迈德巴德铸。

2865　1卢比银币　11.3克，20.3毫米　乌尔都铸。

2866　1卢比银币　11.3克，20.5毫米　乌尔都铸。

2867　1卢比银币　11.4克，20.2毫米

2868　1卢比银币　11.3克，19.8毫米　江布尔铸。

2869　1卢比银币　11.3克，23.3毫米　拉合尔铸。

贾汗吉尔

2870　1莫霍尔金币　10.9克，17.1毫米　回历1021年，布兰普尔铸。

2871　1莫霍尔金币　10.9克，16.9毫米　回历1033年，布兰普尔铸。

2872　1卢比银币　11.2克，19.9毫米　坎大哈铸。

2873　1卢比银币　11.4克，20.4毫米　坎大哈铸。

2874　1卢比银币 11.4克，20.7毫米
回历1029年，艾哈迈德巴德铸。

2875　1卢比银币 13.6克，22.8毫米
回历1022年。

2876　1卢比银币 11.3克，20.5毫米
回历1025年，塔塔铸。

2877　1卢比银币 11.4克，20.7毫米
回历1026年，坎大哈铸。

2878　1卢比银币，11.4克，20.6毫米
回历1027年，坎大哈铸。

2879　1卢比银币，11.4克，20.0毫米
回历1029年，拉合尔铸。

2880　1卢比银币 11.4克，22.1毫米
回历1030年，拉合尔铸。

2881　1卢比银币 11.3克，19.6毫米
回历1031年，坎大哈铸。

2882　1卢比银币 11.4克，20.4毫米
回历1035年，苏拉特铸。

2883　1卢比银币 11.3克，21.4毫米
回历1031年，拉合尔铸。

2884　1卢比银币　11.4克，22.1毫米
回历1026年，拉合尔铸。

2885　1卢比银币　11.2克，18.3毫米
回历1033年，塔塔铸。

2886　1卢比银币　11.4克，21.4毫米
坎大哈铸。

2887　1卢比银币　11.3克，21.5毫米
拉合尔铸。

2888　1卢比银币　11.3克，20.8毫米
回历1027年，坎大哈铸。

沙贾汗一世

2889　1莫霍尔金币　10.9克，23.8毫米
回历1039年，阿赫麦德纳加尔铸。

2890　1莫霍尔金币　10.9克，24.6毫米
回历1047年，沙贾汗巴德铸。

2891　1莫霍尔金币　10.9克，23.8毫米
回历1054年，阿克巴拉巴德铸。

2892　1莫霍尔金币　10.9克，23.2毫米
回历1039年。

2893　1莫霍尔金币 11.0克，20.2毫米
回历1048年，朱纳加德铸。

2894　1莫霍尔金币 11.0克，21.3毫米
回历1056年，苏拉特铸。

2895　1莫霍尔金币 10.9克，18.8毫米
回历1039年，艾哈迈德巴德铸。

2896　1莫霍尔金币 10.9克，21.4毫米

2897　1卢比银币 11.4克，21.5毫米
回历1038年，巴特纳铸。

2898　1卢比银币 11.3克，22.4毫米
回历1038年，苏拉特铸。

2899　1卢比银币 11.3克，22.3毫米
回历1039年，巴特纳铸。

2900　1卢比银币 11.4克，23.1毫米
回历1040年，布兰普尔铸。

2901　1卢比银币 11.4克，22.9毫米
回历1041年，木尔坦铸。

2902　1卢比银币 11.2克，20.8毫米
回历1041年。

2903　1卢比银币　11.5克，23.2毫米
回历1042年，木尔坦铸。

2904　1卢比银币　11.4克，25.4毫米
回历1042年，阿拉哈巴德铸。

2905　1卢比银币　11.3克，22.0毫米
回历1043年，木尔坦铸。

2906　1卢比银币　11.4克，21.7毫米
回历1044年，拉合尔铸。

2907　1卢比银币　11.4克，20.5毫米
回历1044年。

2908　1卢比银币　11.4克，21.7毫米
回历1045年，木尔坦铸。

2909　1卢比银币　11.4克，21.2毫米
回历1045年，木尔坦铸。

2910　1卢比银币　11.1克，21.7毫米
回历1046年，苏拉特铸。

2911　1卢比银币　11.4克，23.0毫米
回历1048年，拉合尔铸。

2912　1卢比银币　11.3克，20.3毫米
回历1049年。

2913　1卢比银币 11.3克，20.0毫米
回历1050年。

2914　1卢比银币 11.5克，19.0毫米
回历1052年，塔塔铸。

2915　1卢比银币 11.4克，20.1毫米
回历1052年，木尔坦铸。

2916　1卢比银币 11.3克，21.7毫米
回历1054年，坎大哈铸。

2917　1卢比银币 11.4克，21.2毫米
回历1056年。

2918　1卢比银币 11.5克，22.8毫米
回历1058年，坎大哈铸。

2919　1卢比银币 11.4克，18.6毫米
回历1059年。

2920　1卢比银币 11.2克，21.8毫米
回历1059年，阿克巴拉巴德铸。

2921　1卢比银币 11.4克，21.5毫米
回历1059年，苏拉特铸。

2922　1卢比银币 11.4克，20.6毫米
回历1061年，帕坦铸。

2923　1卢比银币　11.4克，20.7毫米
回历1061年，塔塔铸。

2924　1卢比银币　11.5克，21.3毫米
回历1065年，木尔坦铸。

2925　1卢比银币　11.4克，19.8毫米
回历1066年，木尔坦铸。

2926　1卢比银币　11.4克，19.8毫米
回历1068年。

2927　1卢比银币　11.5克，21.5毫米
回历1068年。

2928　1卢比银币　11.3克，22.9毫米
回历1068年。

奥朗责布

2929　1莫霍尔金币　10.9克，21.4毫米
回历1075年，木尔坦铸。

2930　1莫霍尔金币　11.0克，20.5毫米
回历1082年，木尔坦铸。

2931　1莫霍尔金币　10.9克，22.0毫米
回历1099年，沙贾汗阿巴德（德里）铸。

2932　1莫霍尔金币　10.9克，21.8毫米
回历1106年，伊塔瓦铸。

2933　1莫霍尔金币　10.9克，20.8毫米
回历1117年，沙贾汗阿巴德（德里）铸。

2934　1卢比银币　11.4克，23.4毫米
回历1071年，阿克巴拉巴德铸。

2935　1卢比银币　11.4克，19.6毫米
回历1071年，阿克巴纳加尔铸。

2936　1卢比银币　11.5克，22.6毫米
回历1078年，苏拉特铸。

2937　1卢比银币　11.5克，22.8毫米
回历1080年，苏拉特铸。

2938　1卢比银币　11.4克，20.7毫米
回历1089年，木尔坦铸。

2939　1卢比银币　11.3克，23.1毫米
回历1097年，坎巴雅特铸。

2940　1卢比银币　11.5克，22.0毫米
回历1099年，拉合尔铸。

2941　1卢比银币　11.5克，25.5毫米
回历1102年，苏拉特铸。

2942　1卢比银币　11.4克，26.8毫米
回历1103年，伊塔瓦铸。

2943 1卢比银币 11.2克，26.5毫米
回历1104年，伊塔瓦铸。

2944 1卢比银币 11.5克，21.0毫米
回历1106年，塔塔铸。

2945 1卢比银币 11.2克，26.5毫米
回历1106年，伊塔瓦铸。

2946 1卢比银币 11.5克，23.4毫米
回历1107年，拉合尔铸。

2947 1卢比银币 11.3克，23.0毫米
回历1108年，拉合尔铸。

2948 1卢比银币 11.3克，21.2毫米
回历1109年，塔塔铸。

2949 1卢比银币 11.5克，23.2毫米
回历1109年，拉合尔铸。

2950 1卢比银币 11.3克，24.2毫米
回历1109年，拉合尔铸。

2951 1卢比银币 11.4克，21.9毫米
回历1110年，拉合尔铸。

2952 1卢比银币 11.4克，24.6毫米
回历1111年，苏拉特铸。

2953　1卢比银币 11.5克，21.4毫米
回历1112年，拉合尔铸。

2954　1卢比银币 11.3克，22.3毫米
回历1112年，拉合尔铸。

2955　1卢比银币 11.4克，21.6毫米
回历1113年，拉合尔铸。

2956　1卢比银币 11.3克，24.8毫米
回历1114年，伊塔瓦铸。

2957　1卢比银币 11.4克，24.1毫米
回历1114年，拉合尔铸。

2958　1卢比银币 11.4克，24.1毫米
回历1114年，拉合尔铸。

2959　1卢比银币 11.4克，24.3毫米
回历1115年，伊塔瓦铸。

2960　1卢比银币 11.4克，23.5毫米
回历1115年，拉合尔铸。

2961　1卢比银币 11.5克，23.9毫米
回历1116年，勒克瑙铸。

2962　1卢比银币 11.4克，23.7毫米
回历1116年，伊塔瓦铸。

2963 1卢比银币 11.3克，23.2毫米
回历1117年，阿克巴拉巴德铸。

2964 1卢比银币 11.4克，22.7毫米
回历1117年，沙贾汗巴德铸。

2965 1卢比银币 11.6克，22.2毫米
回历1118年。

巴哈都尔沙一世

2966 1莫霍尔金币 10.7克，18.3毫米
回历1123年。

2967 1莫霍尔金币 11.0克，20.2毫米
回历1120年。

2968 1卢比银币 11.4克，21.5毫米
奥朗责布与巴哈都尔沙合背，一面回
历1110年，一面回历1119年。

2969 1卢比银币 11.4克，22.7毫米
回历1119年，伊塔瓦铸。

2970 1卢比银币 11.6克，21.4毫米
回历1119年，拉合尔铸。

2971 1卢比银币 11.5克，20.9毫米
回历1120年，拉合尔铸。

2972　1卢比银币 11.5克，23.7毫米
回历1120年，苏拉特铸。

2973　1卢比银币 11.4克，20.5毫米
回历1121年，拉合尔铸。

2974　1卢比银币 11.3克，21.9毫米
回历1121年，沙贾汗巴德铸。

2975　1卢比银币 11.4克，20.1毫米
回历1121年，塔塔铸。

2976　1卢比银币 11.3克，24.1毫米
回历1122年，伊塔瓦铸。

2977　1卢比银币 11.4克，22.1毫米
回历1122年，巴雷利铸。

2978　1卢比银币 11.4克，22.0毫米
回历1122年，拉合尔铸。

2979　1卢比银币 11.5克，23.1毫米
回历1122年，布尔汉普尔铸。

法鲁克西亚尔

2980　1莫霍尔金币 10.9克，20.4毫米
回历1126年，沙贾汗阿巴德（德里）铸。

2981　1卢比银币 11.5克，21.9毫米
回历1125年，塔塔铸。

2982　1卢比银币 11.6克，21.6毫米
回历1125年。

2983　1卢比银币 11.3克，23.0毫米
回历1125年，沙贾汗巴德铸。

2984　1卢比银币 11.3克，23.2毫米
回历1126年，苏拉特铸。

2985　1卢比银币 10.6克，21.6毫米
回历1126年，阿克巴拉巴德铸。

2986　1卢比银币 11.6克，23.3毫米
回历1126年，沙贾汗巴德铸。

2987　1卢比银币 11.6克，24.1毫米
回历1126年，拉合尔铸。

2988　1卢比银币 11.3克，21.2毫米
回历1127年，拉合尔铸。

2989　1卢比银币 11.4克，22.3毫米
回历1128年，拉合尔铸。

2990　1卢比银币 11.4克，21.9毫米
回历1128年，拉合尔铸。

2991　1卢比银币 11.4克，25.3毫米
回历1129年，沙贾汗巴德铸。

2992　1卢比银币 11.3克，26.2毫米
回历1129年，伊塔瓦铸。

2993　1卢比银币 11.4克，23.6毫米
回历1130年，布尔汉普尔铸。

2994　1卢比银币 11.2克，24.3毫米
回历1130年，勒克瑙铸。

2995　1卢比银币 11.3克，23.8毫米
回历1130年，阿克巴拉巴德铸。

2996　1卢比银币 11.4克，26.1毫米
回历1130年，伊塔瓦铸。

穆罕默德·沙

2997　1莫霍尔金币 10.9克，20.2毫米
回历1137年，沙贾汗阿巴德（德里）铸。

2998　1莫霍尔金币 10.9克，20.1毫米
回历1149年，沙贾汗阿巴德（德里）铸。

2999　1莫霍尔金币　10.9克，20.3毫米
回历1155年，拉合尔铸。

3000　1卢比银币　11.6克，24.3毫米
回历1131年。

3001　1卢比银币　11.4克，20.3毫米
回历1136年，沙贾汗巴德铸。

3002　1卢比银币　11.4克，22.3毫米
回历1136年，拉合尔铸。

3003　1卢比银币　11.4克，20.3毫米
回历1137年，库拉铸。

3004　1卢比银币　11.4克，24.4毫米
回历1138年，苏拉特铸。

3005　1卢比银币　11.4克，21.6毫米
回历1140年，库拉铸。

3006　1卢比银币　11.3克，22.5毫米
回历1143年，库拉铸。

3007　1卢比银币　11.0克，22.9毫米
回历1143年，沙贾汗巴德铸。

3008　1卢比银币　11.5克，20.1毫米
回历1145年，拉合尔铸。

3009　1卢比银币　11.3克，23.4毫米
回历1147年，沙贾汗巴德铸。

3010　1卢比银币　11.3克，23.1毫米
回历1149年，库拉铸。

3011　1卢比银币　11.3克，22.4毫米
回历1149年，沙贾汗巴德铸。

3012　1卢比银币　11.4克，20.3毫米
回历1150年，拉合尔铸。

3013　1卢比银币　11.3克，22.1毫米
回历1151年，沙贾汗巴德铸。

3014　1卢比银币　11.2克，23.8毫米
回历1155年，沙贾汗巴德铸。

3015　1卢比银币　11.3克，21.7毫米
回历1159年，沙贾汗巴德铸。

3016　1卢比银币　11.4克，23.9毫米
回历1159年，阿克巴拉巴德铸。

3017　1卢比银币　11.4克，23.2毫米，
回历1160年，沙贾汗巴德铸。

阿合麦德·沙·巴哈都尔

3018　1卢比银币 11.1克，23.7毫米
回历1161年，法鲁克巴德铸。

3019　1卢比银币 11.4克，24.0毫米
回历1163年，阿克巴拉巴德铸。

3020　1卢比银币 11.4克，22.1毫米
回历1162年，沙贾汗巴德铸。

3021　1卢比银币 11.1克，21.5毫米
回历1163年，沙尔纳德铸。

3022　1卢比银币 11.3克，21.9毫米
回历1163年，沙贾汗巴德铸。

3023　1卢比银币 11.3克，24.2毫米
回历1163年，阿克巴拉巴德铸。

3024　1卢比银币 11.5克，20.1毫米
回历1163年，拉合尔铸。

3025　1卢比银币 11.4克，23.2毫米
回历1164年，沙贾汗巴德铸。

3026　1卢比银币 11.4克，22.9毫米
回历1160年？阿克巴拉巴德铸。

3027　1卢比银币 11.4克，20.8毫米
回历1164年，木尔坦铸。

3028　1卢比银币 11.5克，20.3毫米
回历1164年，拉合尔铸。

3029　1卢比银币 11.4克，20.4毫米
回历1166年，拉合尔铸。

阿拉姆吉尔二世

3030　1莫霍尔金币 10.8克，19.3毫米
回历1170年，沙贾汗巴德铸。

3031　1卢比银币 11.3克，20.7毫米
回历1168年。

3032　1卢比银币 11.2克，25.8毫米
回历1168年，阿克巴拉巴德铸。

3033　1卢比银币 11.4克，21.2毫米
回历1168年，沙贾汗巴德铸。

3034　1卢比银币 11.3克，21.9毫米
回历1169年，沙贾汗巴德铸。

3035　1卢比银币 11.3克，21.1毫米
回历1171年，拉合尔铸。

3036　1卢比银币 11.3克，21.5毫米
回历1172年，阿克巴拉巴德铸。

3037　1卢比银币 11.2克，20.8毫米
回历1172年，木拉达巴德铸。

沙·阿拉姆二世

3038　1卢比银币 11.0克，22.7毫米
回历1176年，安瓦拉铸。

3039　1卢比银币 10.9克，24.5毫米
回历1175年，安瓦拉铸。

3040　1卢比银币 11.0克，23.2毫米
回历1176年，安瓦拉铸。

3041　1卢比银币 11.2克，23.8毫米
回历1181年，木拉达巴德铸。

3042　1卢比银币 11.3克，22.5毫米
回历1191年，沙贾汗巴德铸。

斋普尔邦

  斋普尔邦位于印度西北部，原属拉其普特邦。16世纪斋普尔邦王室因骁勇善战而被莫卧尔王朝重用。18世纪初，这一地区大小土邦主纷纷占地为王。其中有一位杰出土邦主马哈罗阁·贾·辛格二世，他建造了斋普尔这座独特的城市。

  马哈罗阁·贾·辛格二世文武双全，尤其是对天文、数学和建筑都颇有研究。公元1728年，他建设了一座天象观测站，遂召集当时有名的天文学家在这里进行天象观测和研究。马哈罗阁·贾·辛格二世为了使斋普尔这座城市与众不同且更加美丽，对城市建设实行"色彩控制"，为斋普尔赢得了"粉红色之城""玫瑰城"的美誉。

马德哈·辛格（公元1880-1922年在位）

3043 1莫霍尔金币 10.8克，18.6毫米
公元1886年，斋普尔铸。

3044 1莫霍尔金币 10.8克，18.8毫米
公元1899年，斋普尔铸。

3045 1莫霍尔金币 10.8克，18.7毫米
公元1904年，斋普尔铸。

3046 1莫霍尔金币 10.8克，18.8毫米
公元1907年，斋普尔铸。

3047 1莫霍尔金币 10.8克，18.9毫米
公元1909年，斋普尔铸。

3048 1莫霍尔金币 10.8克，18.5毫米
公元1916年，斋普尔铸。

3049 1卢比银币 11.3克，22.1毫米
公元1899年，斋普尔铸。

信德王国

"信德"这个单词来源于梵语，字面意思是"河"。

公元1591年，艾克拜尔大帝在攻占克什米尔地区后进军信德，先后占领了拉合尔、木尔坦等主要城市。

公元1739年，波斯的阿夫夏尔王朝统治者纳迪尔沙与莫卧尔帝国争战，莫卧尔军败，失去印度河以西的土地。

莫卧尔王朝衰微后，海德拉巴德的卡和普艾米尔来到信德以杜朗尼王朝阿合麦德沙·杜朗尼的名义打制银币。

海尔布尔的艾米尔（公元1832-1843年）

3050 1卢比银币 11.3克，22.7毫米
巴喀尔铸。

海德拉巴德的艾米尔（公元1812-1848年）

3051 1卢比银币 10.8克，20.1毫米
信德铸。

3052 1卢比银币 11.0克，19.9毫米
信德铸。

3053 1轻卢比银币 7.6克，19.0毫米
信德铸。

3054 1轻卢比银币 7.8克，18.3毫米
信德铸。

3055 1轻卢比银币 7.6克，19.2毫米
信德铸。

3056 1轻卢比银币 7.8克，19.6毫米
信德铸。

3057 1轻卢比银币 7.8克，19.4毫米
信德铸。

锡克王国

"锡克"一词是梵文Sikha的音译，意为"门徒"，每个锡克教徒自称是教主的门徒，因此称该教为锡克教。锡克教由第一代果鲁（祖师）纳那克创立。

纳那克出生于旁遮普塔尔万提村的一个印度教家庭，他自幼不仅接受梵文教育，学习印度教经典，而且也接受阿拉伯文和波斯文教育，学习伊斯兰教思想。大约30岁时，他开始广收弟子，创立门派，宣传新的教义。

锡克教的第五代祖师阿尔琼一生做了两件大事：一是在阿姆利则建立了一座金庙，此庙后来一直是锡克教的圣地和行政管理中心；二是编纂了锡克教经典《阿底格兰特》并把它供奉在金庙中。后来因阿尔琼卷入莫卧尔帝国皇室纠纷，被莫卧尔君主贾汗吉尔所杀。阿尔琼的儿子哈尔·戈宾德继任第六代祖师，为报杀父之仇，把锡克教逐步发展成军事集团，成为王国，并与莫卧尔帝国多次发生战争。第九代祖师德格·巴哈都尔在与莫卧尔帝国作战中屡建战功，后在战斗中被俘，被奥朗责布处决。他的儿子格温德·辛格成为第十代祖师，在他的领导下锡克教进行了改革，最终与印度教决裂。他削弱锡克教上层的特权，调动下层教徒的积极性，最后组成军政府，继续与莫卧尔帝国斗争。

3058　1卢比银币 10.8克，21.6毫米
公元1809年，阿姆利则铸。

3059　1卢比银币 11.0克，21.9毫米
公元1810年。

3060　1卢比银币，11.0克，22.7毫米
公元1818年，阿姆利则铸。

3061　1卢比银币 11.1克，21.7毫米
公元1819年，阿姆利则铸。

3062　1卢比银币 11.1克，22.0毫米
公元1820年，阿姆利则铸。

3063　1卢比银币 11.1克，23.8毫米
公元1821年，阿姆利则铸。

3064　1卢比银币 11.1克，24.2毫米
公元1827年，阿姆利则铸。

3065　1卢比银币 11.0克，23.6毫米
公元1828年，阿姆利则铸。

拉达克邦

　　拉达克王国位于克什米尔东南部，首府列城。拉达克在清朝时是受驻藏大臣节制的西藏藩属。居民主要是藏族人，有"小西藏"之称，信仰噶举派佛教。

3066　1卢比银币　11.3克，22.2毫米

3067　1卢比银币　11.3克，22.6毫米

3068　1卢比银币　11.4克，22.1毫米

海德拉巴德邦

海德拉巴德邦位于印度中南部，是印度最大的土邦。海德拉巴德城由戈尔康达王国于公元1591年在穆西河边建立，名为巴基亚纳加尔。

公元1685年莫卧尔帝国占领戈尔康达王国，命名海德拉巴德城为德干首府。公元1724年由莫卧尔帝国德干总督阿萨夫贾希家族宣布独立，建立尼扎姆王朝。公元1763年成为海德拉巴德土邦首府。

尼扎姆·阿里·汗（公元1761-1803年在位）

3069 1卢比银币 11.0克，20.3毫米
回历1230年。

3070 1卢比银币 10.9克，19.4毫米
回历1231年。

3071 1卢比银币 11.2克，21.5毫米
回历1235年。

3072 1卢比银币 11.1克，22.3毫米
回历1243年。

纳斯尔·丁·达乌拉（公元1829-1857年在位）

3073 1卢比银币 11.1克，22.7毫米
回历1249年。

3074 1卢比银币 11.2克，22.3毫米
回历1250年。

奥德邦

　　奥德邦位于印度西北部，首府勒克瑙。勒克瑙是印度历史上著名的戒日王朝都城曲女城所在地。据说公元1256年有一批谢克人来到这里居住，他们请了一位叫勒克瑙·巴斯的工程师为他们建一座城堡，并以他的名字命名。久而久之，城市也随着城堡名字由勒克那变成勒克瑙。

3075　1卢比银币 11.0克，17.5毫米
回历1189年。

3076　1卢比银币 10.9克，17.3毫米
回历1194年。

3077　1卢比银币 11.1克，21.8毫米
回历1224年。

奥尔恰邦

　　16世纪初，拉伽·鲁陀罗·普拉塔帕在奥尔恰建立了班德拉·拉其普特印度教王国。从公元1531年至1783年，奥尔恰一直作为班德拉·拉其普特王国首府。

3078　1卢比银币　10.8克，19.8毫米
回历1258年。

3079　1卢比银币　11.0克，19.0毫米
回历1278年。

3080　1卢比银币　10.9克，18.4毫米
回历1282年。

3081　1卢比银币　10.9克，19.9毫米
回历1311年。

3082　1卢比银币 10.8克，18.5毫米
回历1313年。

3083　1卢比银币 10.8克，19.4毫米
回历1318年。

普拉塔加尔邦

  普拉塔加尔邦位于印度西北部，公元1553年由拉其普特人建立。18世纪初由马哈拉瓦尔·帕塔布·辛格正式建城。

  普拉塔加尔邦原属马拉塔王朝。马拉塔王朝是公元1674年贾特拉帕提·希瓦吉建立的印度教国家。17世纪末，莫卧尔帝国国势渐弱，出身马拉塔家族的勇士贾特拉帕提·希瓦吉乘势起兵，击退莫卧尔帝国的军队，建立了马拉塔王朝。到18世纪初马拉塔王朝逐渐发展成由五个独立小王朝组成的松散联合体，叫马拉塔联盟。这一联盟一度非常强大，甚至问鼎德里。

都勒普·辛格（公元1825-1864年在位）

3084　1卢比银币　10.9克，18.3毫米
回历1236年。

3085　1卢比银币　10.9克，20.1毫米
回历1236年。

卡劳利邦

卡劳利邦位于印度西北部拉其普特地区。约公元11世纪就建立了卡劳利王国。德里苏丹帝国、莫卧尔帝国统治时期，因拉其普特联盟的存在而保持相对独立。

18世纪，拉其普特联盟因马拉塔人的介入而分崩离析。在马拉塔联盟统治时期卡劳利依然保持相对独立。

3086 1卢比银币 11.0克，20.8毫米
公元1852年。

3087 1卢比银币 11.0克，21.1毫米
公元1859年。

3088 1卢比银币 11.1克，20.6毫米

科塔邦

科塔邦位于印度西北部，是拉贾斯坦邦东部的一个城市。为拉其普特人卓罕氏统治的小王国。其原是本迪土邦的一部分，公元1631年科塔土邦从本迪土邦脱离出来，成为一个独立的王国。

3089　1卢比银币　11.3克，21.1毫米
公元1835年。

克什米尔邦

公元1586年克什米尔终臣服于莫卧尔帝国阿克拜尔大帝，克什米尔苏丹国不复存在，归入莫卧尔帝国统治。18世纪中期，阿富汗杜朗尼王朝统治了该地区。克什米尔邦一直保持着相对独立，19世纪后由道格拉王室统治。

古拉巴·辛格（公元1846-1856年在位）

3090 1卢比银币 10.7克，20.1毫米

焦特普尔邦

焦特普尔位于印度西北塔尔大沙漠东南缘，是拉贾斯坦邦的第二大城市。焦特普尔古称马华尔，其历史可追溯到孔雀王朝时期。公元1194年卡脑季的拉托尔家族进入马华尔。

公元1459年拉其普特人的首领拉加德哈开始建设焦特普尔城，他的子孙不仅统治焦特普尔，还统治着拉其普特的广大地区。梅和拉伽城堡是焦特普尔城的象征，伫立在城市中心一座125米高的陡峭山峰顶部，当年拉加德哈在建设这座城堡时充分利用了其陡峭的山势，使城堡与山体浑然一体，居高临下，易守难攻。

公元1561年莫卧尔帝国阿克巴征服了焦特普尔，将焦特普尔划入莫卧尔帝国版图。随着莫卧尔帝国的崩溃，焦特普尔再度独立。

3091　1卢比银币　11.4克，21.7毫米

杜朗尼王朝

杜朗尼王朝（公元1747-1842年）是阿富汗普什图人艾哈迈德建立的王朝。

艾哈迈德原为伊朗阿夫夏尔王朝纳迪尔·沙的近卫军首领，公元1747年，纳迪尔·沙遇刺身亡，艾哈迈德带领4000名骑兵返回坎大哈。在阿富汗各部落首领的支尔格大会上，时年25岁的艾哈迈德成功当选为统治者，他宣布自己为艾哈迈德·沙·杜朗尼，意为"珍珠般的帝王艾哈迈德"。此时的阿富汗四分五裂，新成立的王朝仅控制着兴都库什山以南的部分地区。所以艾哈迈德·沙·杜朗尼掌权后立刻开始向四周扩张。

公元1772年，艾哈迈德·沙·杜朗尼去世，国家很快陷入混乱，王权频繁更换。公元1818年，马哈茂德·沙被推翻后杜朗尼王朝分裂成赫拉特、坎大哈、喀布尔、白沙瓦和克什米尔5个独立土邦，形成割据局面。直到公元1836年，杜斯特·穆罕默德建立巴拉克扎王朝时才重新统一了阿富汗。

表070　杜朗尼王朝世系表

序号	王名	在位年代	备注
1	阿合麦德·沙·杜朗尼	公元 1750－1773 年，回历 1164－1187 年	
2	苏莱曼·沙	公元 1773 年，回历 1187 年	
3	帖木儿·沙	公元 1757－1793 年，回历 1171－1208 年	
4	胡麻庸·沙	公元 1793 年，回历 1208 年	
5	沙·扎曼	公元 1793－1801 年，回历 1208－1216 年	
6	马赫穆德·沙	公元 1801－1803 年，回历 1216－1218 年 公元 1809－1817 年，回历 1224－1233 年	两次执政
7	沙·叔佳	公元 1801 年，回历 1216 年 公元 1803－1809 年，回历 1218－1224 年 公元 1812 年，回历 1227 年	三次执政
8	苏丹·阿里	公元 1817 年，回历 1233 年 公元 1839－1842 年，回历 1255－1258 年	两次执政
9	阿尤布·沙	公元 1817－1829 年，回历 1233－1246 年	
10	法斯·江	公元 1842 年，回历 1258 年	
11	沙普尔·沙	公元 1842 年，回历 1258 年	

阿合麦德·沙·杜朗尼

3092　1莫霍尔金币　11.0克，19.6毫米
拉赫尔铸。

3093　1卢比银币　11.5克，21.8毫米
回历1165年，第5年，木尔坦铸。

3094　1卢比银币　11.6克，22.8毫米
回历1169年，拉合尔铸。

3095　1卢比银币　11.6克，21.4毫米
回历1169年，德拉贾特铸。

3096　1卢比银币　11.5克，22.8毫米
回历1170年，木尔坦铸。

3097　1卢比银币　11.6克，23.2毫米
回历1171年，木尔坦铸。

3098　1卢比银币　11.4克，22.8毫米
回历1172年，白沙瓦铸。

3099　1卢比银币　11.4克，20.5毫米
回历1174年，拉合尔铸。

3100　1卢比银币　11.2克，22.8毫米
回历1173年，木拉达巴德铸。

3101　1卢比银币　11.1克，24.6毫米
回历1185年，克什米尔铸。

帖木尔·沙

3102　1莫霍尔金币　10.8克，18.7毫米
回历1187年，拉合尔铸。

3103　1莫霍尔金币　11.0克，20.3毫米
回历1187年，喀布尔铸。

3104　1莫霍尔金币　10.9克，20.1毫米
回历1188年，喀布尔铸。

3105　1莫霍尔金币　11.0克，20.0毫米
正面回历1207年，背面回历1208年，赫拉特铸。

3106　1卢比银币 11.0克，23.4毫米
回历1187年，信德铸。

3107　1卢比银币 11.1克，23.1毫米
回历1192年，克什米尔铸。

3108　1卢比银币 11.4克，19.5毫米
回历1197年，赫拉特铸。

3109　1卢比银币 11.5克，21.4毫米
回历1201年，赫拉特铸。

3110　1卢比银币 11.6克，24.6毫米
回历1204年，喀布尔铸。

3111　1卢比银币 11.7克，24.5毫米
回历1187年，喀布尔铸。

3112　1卢比银币 11.6克，23.8毫米
回历1205年，赫拉特铸。

3113　1卢比银币 11.6克，23.3毫米
白沙瓦铸。

3114　1卢比银币 11.7克，24.9毫米
回历1205年，坎大哈铸。

3115　1卢比银币 11.5克，22.9毫米
回历1206年，坎大哈铸。

3116　1卢比银币 11.5克，23.8毫米
回历1208年，喀布尔铸。

3117　1卢比银币 11.5克，24.6毫米
回历1208年，坎大哈铸。

3118　1卢比银币 11.5克，20.7毫米
回历1211年，赫拉特铸。

沙·扎曼

3119　1卢比银币 11.5克，23.1毫米
回历1210年，坎大哈铸。

3120　1卢比银币 11.6克，23.5毫米
回历1211年，坎大哈铸。

3121　1卢比银币 11.6克，22.6毫米
回历1211年，拉合尔铸。

3122　1卢比银币 11.6克，22.4毫米
回历1211年，白沙瓦铸。

3123　1卢比银币 11.6克，22.9毫米
回历1212年，坎大哈铸。

3124　1卢比银币 11.5克，21.6毫米
回历1212年，赫拉特铸。

3125　1卢比银币 11.6克，22.1毫米
回历1210年，喀布尔铸。

沙·叔佳

3126　1莫霍尔金币 10.8克，17.4毫米
回历1220年，阿合麦德沙赫铸。

3127　1卢比银币 11.5克，22.3毫米
回历1219年，白沙瓦铸。

3128　1卢比银币 10.4克，22.2毫米
喀布尔铸。

3129　1卢比银币 11.5克，20.4毫米
回历1219年，阿合麦德沙铸。

马赫穆德·沙

3130　1莫霍尔金币 10.9克，18.3毫米
回历1219年，赫拉特铸。

3131　1卢比银币 11.6克，20.0毫米
回历1216年，赫拉特铸。

3132 1卢比银币 11.6克，18.4毫米
回历1217年，赫拉特铸。

3133 1卢比银币 11.0克，22.3毫米
回历1217年，克什米尔铸。

3134 1卢比银币 11.5克，19.3毫米
回历1218年，赫拉特铸。

3135 1卢比银币 11.4克，19.0毫米
回历1224年，阿合麦德铸。

3136 1卢比银币 11.5克，20.4毫米
回历1225年，阿合麦德铸。

3137 1卢比银币 11.5克，18.4毫米
回历1225年，赫拉特铸。

3138 1卢比银币 10.7克，22.0毫米
喀布尔铸。

3139 1卢比银币 11.6克，23.3毫米
喀布尔铸。

3140 1卢比银币 10.2克，21.7毫米
回历1230年，阿合麦德铸。

3141 1卢比银币 10.4克，21.7毫米
回历1232年，阿合麦德铸。

阿尤布·沙

3142　1卢比银币 10.5克，22.5毫米
回历1236年，白沙瓦铸。

3143　1卢比银币 10.6克，22.8毫米
回历1238年，白沙瓦铸。

3144　1卢比银币 10.6克，22.6毫米
回历1239年，白沙瓦铸。

苏丹·穆罕默德

3145　1卢比银币 9.5克，25.3毫米
回历1247年，白沙瓦铸。

巴拉克扎王朝

巴拉克扎王朝是普什图人建立的王朝。该王朝由杜斯特·穆罕默德于公元1836年延续杜兰尼王朝之后所建立。而该王朝一直存在至公元1973年穆罕默德·查希尔·沙阿遭到罢黜为止。

表071　巴拉克扎王朝世系表

序号	王名	在位年代	备注
1	杜斯特·穆罕默德	公元 1836－1839 年，回历 1241－1255 年	在喀布尔
2	沙·叔佳	公元 1839－1842 年，回历 1255－1258 年	
3	穆罕默德·阿克巴	公元 1842 年，回历 1258 年	
4	穆罕默德·雅各布	公元 1863 年，回历 1280 年 公元 1879 年，回历 1296 年	两次执政
5	舍尔·阿里	公元 1863－1879 年，回历 1280－1296 年 公元 1879－1889 年，回历 1296－1307 年	两次执政
6	穆罕默德·阿夫扎里	公元 1866－1867 年，回历 1283－1284 年	喀布尔和坎大哈

续表

序号	王名	在位年代	备注
7	穆罕默德·阿扎姆	公元 1867－1868 年，回历 1284－1285 年	喀布尔和坎大哈
8	沙·阿里	公元 1868－1879 年，回历 1285－1296 年	喀布尔
9	穆罕默德·雅各布	公元 1879－1880 年，回历 1296－1297 年	喀布尔
10	阿不都·热赫曼	公元 1880－1901 年，回历 1297－1319 年	
11	哈比布拉汗	公元 1901－1919 年，回历 1319－1337 年	
12	阿曼乌拉汗	公元 1919－1929 年，回历 1337－1347 年	

杜斯特·穆罕默德

3146　1卢比银币 9.8克，22.7毫米
回历1242年，喀布尔铸。

3147　1卢比银币 9.7克，22.0毫米
回历1243年，喀布尔铸。

3148　1卢比银币 9.7克，22.9毫米
回历1244年，喀布尔铸。

3149　1卢比银币 9.7克，27.7毫米
回历1245年，喀布尔铸。

3150　1卢比银币 9.5克，22.5毫米
回历1247年，喀布尔铸。

3151　1卢比银币 9.4克，23.8毫米
回历1250年，喀布尔铸。

3152　1卢比银币 9.2克，22.9毫米
回历1250年，阿合麦德沙铸。

3153　1卢比银币 9.4克，23.1毫米
回历1252年，喀布尔铸。

3154　1卢比银币 9.4克，23.1毫米
回历1265年，喀布尔铸。

3155　1卢比银币 9.2克，21.2毫米
回历1267年，喀布尔铸。

3156　1卢比银币 9.4克，21.9毫米
回历1272年，阿合麦德沙赫铸。

3157　1卢比银币 9.2克，21.7毫米
回历1273年，喀布尔铸。

3158　1/2卢比银币 5.6克，18.7毫米
回历1272年，阿合麦德沙赫铸。

沙·叔佳

3159　1卢比银币 9.3克，20.8毫米
回历1255年，喀布尔铸。

3160　1卢比银币 9.1克，21.6毫米
回历1255年，阿合麦德沙铸。

3161　1卢比银币　9.4克，19.2毫米
回历1257年，喀布尔铸。

3162　1卢比银币　9.5克，20.9毫米
回历1258年，喀布尔铸。

穆罕默德·阿夫扎里

3163　1卢比银币　9.2克，22.5毫米
回历1283年，喀布尔铸。

3164　1卢比银币　9.1克，20.2毫米
回历1283年，喀布尔铸。

沙·阿里

3165　1卢比银币　9.3克，21.5毫米
回历1280年，喀布尔铸。

3166　1卢比银币　9.2克，21.6毫米
回历1281年，喀布尔铸。

3167　1卢比银币　9.2克，18.9毫米
回历1286年，喀布尔铸。

3168　1卢比银币　9.1克，20.7毫米
回历1287年，喀布尔铸。

3169　1卢比银币 9.2克，21.6毫米
回历1288年，喀布尔铸。

3170　1卢比银币 9.3克，22.0毫米
回历1290年，喀布尔铸。

3171　1卢比银币 9.4克，25.4毫米
回历1294年，喀布尔铸。

穆罕默德·雅各布

3172　1卢比银币 9.3克，20.6毫米
回历1296年，喀布尔铸。

3173　1卢比银币 9.2克，21.0毫米
回历1296年，喀布尔铸。

阿不都·热赫曼

3174　1卢比银币 9.2克，21.3毫米
回历1297年，喀布尔铸。

3175　1卢比银币 9.1克，19.7毫米
回历1303年，喀布尔铸。

3176　1卢比银币 9.1克，19.1毫米
回历1303年，喀布尔铸。

3177　1卢比银币 9.2克，20.0毫米
回历1306年，喀布尔铸。

3178　1卢比银币 9.0克，18.2毫米
回历1208年，喀布尔铸。

布哈拉汗国

　　布哈拉汗国是公元1500年至公元1920年间位于中亚河中地区的一个由乌兹别克人建立的王朝。因16世纪中叶迁都至布哈拉而得名，布哈拉汗国为中央集权封建王朝，设有比较完善的官僚机构，中央宫廷为王朝权力的中心，但国内仍保留着不少游牧部落社会、奴隶制以及分封制残余。

　　阿斯特拉罕王朝末代可汗阿布·加兹统治期间，曼吉特首领沙·穆拉德迎娶其女，建立布哈拉汗国的曼吉特王朝。在他统治期间，采用"埃米尔"称号，实行行政和财政方面的改革，兴修水利，发展农业，加强了布哈拉汗国的中央政权。

　　公元1868年，在穆扎法尔丁统治时期，布哈拉汗国沦为沙皇俄国的附庸。公元1920年9月，当地人民和苏俄红军推翻布哈拉汗国曼吉特王朝，建立布哈拉苏维埃人民共和国，布哈拉汗国正式灭亡。

表072　布哈拉汗国世系表

序号	王名	在位年代	备注
1	穆罕默德·拉希姆	公元 1747－1758 年，回历 1160－1172 年	
2	丹尼雅尔·贝伊	公元 1758－1785 年，回历 1172－1200 年	
3	沙·穆拉德	公元 1785－1799 年，回历 1200－1215 年	
4	海达尔	公元 1799－1826 年，回历 1215－1242 年	
5	赛义德·侯赛因	公元 1826 年，回历 1242 年	
6	乌玛尔	公元 1826 年，回历 1242 年	
7	纳斯尔·阿拉	公元 1826－1860 年，回历 1242－1277 年	
8	穆扎法丁	公元 1860－1886 年，回历 1277－1303 年	
9	赛义德·阿不都拉·阿哈德	公元 1886－1910 年，回历 1303－1329 年	
10	阿里木汗	公元 1910－1920 年，回历 1329－1339 年	

海达尔

3179　1提剌金币 4.5克，22.2毫米
回历1215年，布哈拉铸。

3180　1提剌金币 4.5克，22.1毫米
回历1231年，布哈拉铸。

3181　1提剌金币 4.5克，20.6毫米
回历1233年，布哈拉铸。

3182　1提剌金币 4.6克，19.9毫米
回历1235年，布哈拉铸。

纳斯尔·阿拉

3183　1提剌金币 4.5克，22.4毫米
回历1256年，布哈拉铸。

赛义德·阿不都拉·阿哈德

3184　1提剌金币 4.6克，22.9毫米
回历1329年，布哈拉铸。

浩罕汗国

　　浩罕汗国（公元1710-1876年）是由乌兹别克人明格部落在中亚建立的。

　　公元17世纪末，布哈拉汗国国势渐微，中亚东部费尔干纳盆地的明格部落强大起来。初始，明格部落实力较弱，在名义上仍是布哈拉汗国的附庸。酋长沙鲁克依靠与吉尔吉斯人的结盟，建立起相对独立的地方政权，只管理纳曼干和安集延。公元1740年，阿不都·克里木以浩罕城为首都建立起了浩罕汗国。

表073　浩罕汗国世系表

序号	王名	在位年代	备注
1-6	/	/	省略
7	纳尔巴图·贝格	公元 1770－1799 年，回历 1185－1213 年	
8	穆罕默德·阿里木汗	公元 1799－1810 年，回历 1213－1225 年	
9	乌马尔汗	公元 1810－1822 年，回历 1225－1238 年	
10	穆罕默德·阿里汗	公元 1823－1842 年，回历 1238－1258 年	
11	舍尔·阿里汗	公元 1842－1844 年，回历 1258－1260 年	

续表

序号	王名	在位年代	备注
12	穆拉德·巴格汗	公元 1844 年，回历 1260 年	
13	胡达雅尔汗	公元 1848－1859 年，回历 1264－1275 年 公元 1862－1863 年，回历 1278－1280 年 公元 1865－1875 年，回历 1282－1292 年	3 次执政
14	马拉汗	公元 1858－1862 年，回历 1275－1278 年	
15	沙·穆拉德汗	公元 1862 年，回历 1278 年 公元 1865－1866 年，回历 1282－1283 年	
16	赛义德·苏丹汗	公元 1863－1865 年，回历 1280－1282 年	
17	比尔·巴赫乞汗	公元 1865 年，回历 1282 年	
18	纳斯尔丁汗	公元 1875 年，回历 1292 年	
19	普拉德汗	公元 1875 年，回历 1292 年	

胡达雅尔汗

3185　1提拉金币　4.5克，22.5毫米
回历1272年，浩罕铸。

3186　1提拉金币　4.5克，21.5毫米
回历1287年，浩罕铸。

马拉汗

3187　1提拉金币　4.6克，22.4毫米
回历1275年，浩罕铸。

3188　1提拉金币　4.2克，21.7毫米
回历1288年，浩罕铸。

3189 1提拉金币 4.4克，22.6毫米
回历1289年，浩罕铸。

后 记

　　90年代后期，我开始接触和收集丝绸之路钱币，其丰富的内涵和精美的造型深深地吸引了我。但苦于手中没有资料，钱币上复杂的文字，正背面人像、神像及各种徽记符号无法识读。国内几乎找不到这方面的资料，我便想尽各种办法寻找资料和书籍。1998年，有幸得到新疆社会科学院蒋其祥研究员的帮助，认识了美国著名中亚及伊斯兰钱币专家史蒂芬·艾尔本和他的学生艾德山先生。他们给我邮寄了钱币目录和各种资料，解决了我在丝绸之路钱币上的认知和识读的问题，这也极大促进了我的丝绸之路钱币收藏、系统分类、整理、补缺和进一步的研究。2001年开始，李铁生先生的丝绸之路钱币系列丛书陆续出版，这套丛书起到了启蒙和普及的积极作用，国内开始出现丝绸之路钱币收藏的热潮。

　　2010年后，我的钱币收藏初具规模，收集到了近100个丝绸之路古国及政权发行的钱币。但是面临的问题依然很多，更深层次的钱币信息识读、分析还是困难重重。随后通过各种方式从国外寻到了不少稀缺资料，我开始更加系统地收集、整理和研究丝绸之路钱币。2016年，我萌生了将自己收藏的丝绸之路钱币整理出书的念头，一方面为自己的丝绸之路钱币收藏做一个总结，另一方面将自己的收藏和认知分享给大家。李铁生先生知道了我的想法后，给予我极大的帮助，特别是将他在国外考察学习收集到的钱币学方面的资料慷慨地赠送与我，解决了我在印度币和中亚币方面的很多问题。随后就开始动手整理、拍照、注解、量尺寸、查资料、写注释，等等，从近15000枚的藏品中挑拣出品相佳、具有代表性且成系列的钱币，逐一编号注释。因还要忙于生计和其他方面的考察和学习，直到2019年底才完成初稿。后又数次改稿，直到今年付梓出版。

在这里要特别感谢我的父母和家人，我收藏研究丝绸之路钱币得到了父母及家人的理解和大力支持。

更要感谢李铁生、周卫荣、杨君、王东、李晓萍、宋志勇、宋功、张献虎等诸位老师和朋友在我撰写此书过程中给予的大力支持和帮助。

丝绸之路钱币历史发展的地域跨度大、时间延续长，涉及历史、地理、民族、文化、语言、文字、艺术、宗教等多项专业学科，作者学识有限，书中多有纰漏和不足，恳请读者批评斧正。

2024年2月28日于乌鲁木齐市玉泉斋